Ich kann nicht mehr

Alexander Feodor

Der Autor

Alexander Feodor ist in München aufgewachsen und entwickelte schon früh sein Interesse für Erzählungen. Das Seelenleben der Menschen erforschte er seit seiner Jugend.

Der plötzliche Herztod seiner Mutter zwang den jungen Halbwaisen von heute auf morgen dazu, auf eigenen Beinen zu stehen und mit den Widrigkeiten des Lebens fertig zu werden.

Der Autor studierte und arbeitete unter anderem in Neuseeland, Italien und in den USA. Seinen ursprünglichen, naturwissenschaftlichen Beruf gab er auf und arbeitet heute als selbständiger Berater in der Luftfahrtbranche.

Meiner Mutter

Meinem Großvater,

Meinem geliebten, vermissten Kind

… und Dir! Ich danke Dir von ganzem Herzen, dass Du einen Teil
des Weges mit mir gegangen bist! Par Procuration.

Zum Schutz der Identität und ihrer Privatsphäre sind die Namen der in diesem Buch handelnden Personen geändert worden.

Prolog

PROLOG

Was ist denn auf einmal los mit mir? Till, kannst Du bitte übernehmen?« Das bekam ich gerade noch heraus. Mein Kollege führte für mich das Gespräch weiter. Ich hangelte mich entlang der Messetheke und setzte mich auf einen Stuhl.

Bis jetzt hatte ich auf der Messe einen gewöhnlichen Arbeitstag mit Kundengesprächen verbracht. Doch als ich an unserer Messetheke mit einem Kunden sprach, zog es mich plötzlich nach hinten. Ich war wie vom Blitz getroffen. Schnell griff ich nach der Tischplatte und hielt mich gerade noch fest, um nicht hinterrücks auf den Boden zu fallen. Kurz darauf geschah es ein zweites Mal. Es zog mich wie von Geisterhand nach hinten. Ich hatte keine Kontrolle mehr über meinen Körper. Abermals fing ich mich gerade noch ab und lehnte mich nach vorne auf den Tisch, um mich abzustützen. Meine Knie wurden weich. Der Kunde, der meine Probleme eigentlich bemerkt haben musste, reagierte gar nicht darauf. Er schien mich nur seltsam anzuschauen, aber das interessierte mich in diesem Moment eher weniger.

Mir war schwindelig und übel, wie bei einem Kreislaufkollaps. Mein Herz raste, und kalter Schweiß zeigte sich auf meiner Stirn. Ich verlor zunehmend die Kontrolle. Meine Arme und Beine begannen zu zittern. Mehrmals hatte ich das Gefühl, in Ohnmacht zu fallen, aber es passierte nicht! Wie in Wellen rollte dies alles auf mich zu, immer und immer wieder. Meine Kollegen waren beunruhigt und besorgten mir etwas zu trinken und zu essen. Als ich mich nach einiger Zeit immer noch nicht besser fühlte, bat ich sie, die Sanitäter zu holen. Dies hier war anders als alle Kreislaufprobleme, die ich jemals gehabt hatte. Ich hatte so etwas noch nie erlebt. Die Hände zitterten immer noch, und die Beine wollten mich nicht mehr tragen. Ich verlor die Kontrolle!

»Was ist bloß los? Warum gehorcht mir mein Körper nicht mehr?« Mittlerweile lag ich auf dem Boden, um meinen Kreislauf zu stabilisieren.

Die Sanitäter trafen ein. Der Blutdruck schien normal, ich hatte wohl noch eine gesunde Gesichtsfarbe.

»Check doch bitte einmal auf Schlaganfallzeichen!«, hörte ich.

Was hatte er da gerade gesagt? Ich erschrak und befürchtete das Schlimmste.

»Vielleicht wirklich ein Schlaganfall!? Was soll ich denn nun machen?«, schoss es mir durch den Kopf. Trotz des anfänglichen Schrecks beruhigte mich die Anwesenheit der Sanitäter. Es war jemand da, mir wurde geholfen.

Im Laufe der nächsten Viertelstunde fühlte ich mich langsam besser. Ich beruhigte mich etwas. Selbst aufstehen war aber immer noch unmöglich, da ich nicht die von mir gewünschten Bewegungen ausführen konnte. Die Sanitäter halfen mir in einen Rollstuhl und schoben mich in Richtung Ausgang. Ich war froh, hier fortzukommen. Was mir fehlte, wusste ich nicht. Und es kam dann alles ganz anders als ich mir je hätte vorstellen können. Als ich aus der Messehalle in die warme Frühlingssonne geschoben wurde, sagte ich es zum ersten Mal.

»Ich kann nicht mehr!«

01

Es war ein Freitagnachmittag im April 2009, und die letzten Tage hatten sich für mich angefühlt wie die reinste Hölle.

Seit Monaten war es mir zunehmend schlechter gegangen. In den vorangegangenen Jahren hatte ich mich daran gewöhnt, mich körperlich nicht mehr »gut« zu fühlen. Es hatte sich gewissermaßen ein Gleichgewicht eingestellt, bei dem »sich schlecht fühlen« allgegenwärtig war, dieses Gefühl aber kompensiert wurde durch meinen starken Willen, immer zu funktionieren. Auf diese Weise fühlte sich für mich alles normal an. Über die letzten Jahre hatten sich allerdings immer mehr körperliche Symptome eingeschlichen, die ich nun nicht mehr auseinanderhalten konnte. Reizbarkeit, Schlafprobleme, leichter Tinnitus, Hautausschläge, Spannungskopfschmerzen, Übelkeit und Verdauungsprobleme waren Symptome, die ich schon lange mit mir herumtrug. Bisher hatte ich diese körperlichen Zeichen immer wieder gespürt und ignoriert, weil sie sich entweder bald wieder abschwächten oder gänzlich verschwanden. Für mich war dies nichts Ungewöhnliches.

In den vergangenen Monaten aber hagelte es auf einmal körperliche Beschwerden, die sich abwechselten oder zusammen auftraten, wie es ihnen gerade zu passen schien. Ich konnte nichts dagegen tun: Symptome wie Trittunsicherheit, Schwindelanfälle, kurzer Hörverlust, starker Tinnitus, Hyperakusie traten auf. Nun spürte ich mehr und mehr ein pelziges Gefühl über einer Seite des Kopfes und des Gesichts. Ich litt immer wieder unter Konzentrationsschwierigkeiten, Wortfindungsstörungen und Schwierigkeiten mit dem Kurzzeitgedächtnis. Hinzu kamen Sehstörungen, Verschlechterungen des Farb- und des Kontrastsehens, Nachtblindheit, Spannungskopfschmerzen, Rückenschmerzen und Gliederschmerzen. Seit Monaten war ich zunehmend reizbarer und verlor oft die Beherrschung gegenüber meinen Mitmenschen. Regelmäßig überkamen mich spontane Übelkeit und Darmkrämpfe, begleitet von Kreislaufproblemen. Meine Zähne waren schon ganz ramponiert durch das nächtliche Zähneknirschen, welches ich früher nie hatte. Eines Morgens vor dem Spiegel stellte ich fest, dass aus meinen Zähnen sogar die Füllungen oder Teile meiner Zähne abgebrochen und die Kauflächen ganz schroff waren. Meine einst so schönen Zähne sahen schlimm aus. Die Kiefermuskeln schmerzten und waren ganz verspannt, genauso wie die gesamte Muskulatur meines Körpers. Ich hatte zunehmend das Gefühl, neben mir zu stehen und mein Leben von außen zu betrachten, kurzum, wie man neudeutsch sagt: «Ich war wie ferngesteuert! Wie sandgestrahlt!«

Da ich aber einige dieser Symptome kannte, sie immer nur kurzzeitig und nicht so heftig auftraten, war ich zunächst nicht wirklich beunruhigt gewesen. Bisher hatte ich immer alles in den Griff bekommen. Ich konnte funktionieren, ich fühlte mich stark und fähig genug, diese Zustände zu kontrollieren. Diesmal fragte ich mich aber: »Was ist denn los mit Dir, verdammt?! So schlimm war es doch noch nie!«

Oft stiegen mir Tränen in die Augen, wenn ich abends zu Hause vor dem Fernseher saß. Ich wünschte mir, dass ich mich besser fühlen und endlich dieser Hölle entkommen könnte. Ich war so angespannt und gleichzeitig so kraftlos, und hatte ebenso Panik wie Todesangst.

»Es ist die Hölle! Aber was genau macht mir denn solche Probleme?«

Es war nicht möglich, einen klaren Gedanken zu fassen, da ich sehr viel organisieren musste. Die Arbeit musste wohl die Hauptursache sein. Mein Job hatte mich die letzten Jahre aufs Äußerste beansprucht, mir alles abverlangt. Am liebsten wollte ich nur noch weglaufen und alles einfach hinschmeißen. Ein Flugticket kaufen und weg!

Eines Montags wachte ich nach einer unruhigen Nacht auf, mit einem Gefühl des Unwillens, überhaupt noch arbeiten zu gehen.

Mir war übel, ich war in Panik und wollte am liebsten zu Hause bleiben. Mein Pflichtgefühl war jedoch stärker. Es verbot mir einfach, blau zu machen. Schließlich musste ich für die kommende Woche einen Messeauftritt unserer Firma organisieren.

Zähneknirschend fuhr ich ins Büro. Seltsamerweise gab mir dies doch ein wenig Halt, da mich die Arbeit von meinem Zustand der letzten Tage recht gut ablenkte.

So kämpfte ich mich durch die Woche und hielt durch. Als ich aber in der darauffolgenden Woche mit unserer Firma auf der Messe ankam, nahmen die Spannungs- und Angstzustände immer weiter zu und hielten jetzt sogar über Stunden, ja fast über den ganzen Tag hinweg an. Kaum einer meiner Kollegen merkte, wie es mir wirklich ging. Ich ließ mir nichts anmerken, da es mir zur Gewohnheit geworden war, meine Ängste zu überspielen.

Aber nun schien es so, als ob mich mehr und mehr Dinge ängstigten. Das Gefühl, nicht mehr ich selbst zu sein, verstärkte sich. Alles lief nur noch wie im Traum ab, der Aufbau zur Messe, die Vorbesprechungen, und dann konnte ich auch nicht mehr schlafen. Gar nicht mehr! Ich verbrachte die ganze Nacht damit, mich gegen die Angst und die Anspannung zu stemmen. Stundenlang lag ich wach, bis zum nächsten Morgen.

Nach der ersten schlaflosen Nacht telefonierte ich mit meinem Vater, der Arzt ist. Ich fragte ihn, ob ich mir Beruhigungsmittel verschreiben lassen sollte, da ich mir einfach nicht mehr anders zu helfen wusste. Er war sich unsicher, daher entschied ich mich vorerst dagegen.

»Was soll's? Ich werde schon durchhalten, wie immer.« Ich ging in die Apotheke und ließ mir leichte Tabletten auf Baldrianbasis zur Beruhigung geben, um irgendetwas zu tun. Aber sie halfen mir nicht.

Den ganzen Tag über war ich angespannt und wie benebelt, völlig neben mir. Ich kämpfte mich durch den Messetag. Die zweite Nacht konnte ich wieder nicht schlafen. Angst! Panik! Kein Ausweg! Wenn ich ruhig dalag, war es nicht zum Aushalten. Ich versuchte die Zeit und meine Gefühle mit Fernsehen totzuschlagen und mich abzulenken, was mir aber nicht gelingen wollte.

Der Messeaufbau war fast abgeschlossen, und ich war nach den letzten zwei Nächten wie gerädert. Abends traf ich mich mit den Mitarbeitern zum Essen. Ich spielte den freundlichen Kollegen. Auch in der dritten Nacht fand ich keinen Schlaf. Ich war wie ein Schatten meiner selbst. Ich wollte alleine sein und schlafen. Nur schlafen!

Der offizielle Teil der Messeveranstaltung hatte gerade begonnen, und ich kämpfte mich durch bis zu unserem Stand. Ein Kollege kam auf mich zu und fragte:

»Alex, ist alles in Ordnung mit Dir?« Da ich ihn nicht sehr gut kannte, überspielte ich meinen Zustand.

»Ja, ja, Michi, alles in Ordnung! Passt schon! Bin nur ein bisschen überarbeitet!«

Er sah mich seltsam an, und ich merkte, dass er mir nicht glaubte. So wandte ich mich ab und ging meiner Arbeit weiter nach. Die Kundengespräche strengten mich sehr an, lenkten mich jedoch zugleich von meinem Zustand ab. So konnte ich wenigstens hin und wieder ein wenig verschnaufen. Nur wenn ich Zeit zum Nachdenken hatte, überkam mich wieder die Panik. Meinen Chef sah ich zu dieser Zeit gar nicht, obwohl er die ganze Zeit auf der Messe war.

»Der treibt sich bestimmt mal wieder irgendwo herum und führt Pseudogespräche!«, dachte ich.

Natürlich ging es mir schlecht, aber von meinem Chef war ich in den letzten Monaten durchaus einiges gewohnt und hatte mir eine entsprechende Meinung über ihn gebildet. Und ich stand damit nicht allein. Ihn verfluchte ich zunehmend, war er doch Teil meines Problems. Ich machte ihn und die Firma verantwortlich für meinen Zustand.

Dann, ganz plötzlich, verschwanden meine Angst und die Spannungszustände, so schnell wie sie gekommen waren. Innerhalb von etwa fünf Minuten wurde ich klar. Ich war völlig verblüfft. Keine Taubheit und keine Anspannung mehr! Nicht mehr wie in Watte gepackt! Keine Panik! Offenbar hatte ich es wieder einmal geschafft.

Ich entspannte mich. Was sich verändert hatte, wusste ich nicht. Aber es war mir auch egal, ich konnte endlich wieder durchatmen.

Ich lächelte, und auf einmal verlief der Tag problemlos. Hundemüde war ich. Und das Beste war, dass ich nachts endlich wieder schlafen konnte. Was für ein Geschenk!

Gut gelaunt ging ich am folgenden Tag mit einem Kollegen zu unserem Messestand. Auf dem Weg dorthin beobachteten wir eine seltsame Szene. Ein alter und gebrechlicher Mann versuchte mehrmals, sich auf den Treppenstufen vor dem Luftschiffhangar niederzulassen. Er schlingerte und zitterte dabei so stark mit den Armen, dass die Tasse Kaffee und der Teller samt Bratwurst, welche er in seinen beiden Händen hielt, sich wild auf und ab bewegten. Die Bratwurst auf dem Teller fing regelrecht an zu springen. Zu dieser Szene ließ mein Kollege Paul den passenden Kommentar fallen:

»Du, Alex, schau mal, das ist der Kapitän vom Luftschiff!«

Ich brach in schallendes Gelächter aus und hörte gar nicht mehr auf zu lachen. Ich lachte, bis mir die Tränen herunterliefen. So hatte ich schon jahrelang nicht mehr gelacht, und es tat mir richtig gut. Es schien alles in Ordnung zu sein, aber noch vor 24 Stunden hatte es ganz anders ausgesehen. Ich machte mir keine Gedanken mehr darüber.

Nur kurze Zeit später fand ich mich auf dem Boden der Messehalle wieder. Was war passiert, und wie war es so weit mit mir gekommen?

Meine Gedanken gingen einige Monate zurück. Im Januar 2009 saß ich im Flieger. Ich kam aus meinem ersten Urlaub seit zwei Jahren zurück, und es ging mir gar nicht gut. Mir war schwindelig, und ich hatte ständig das Gefühl, der Flieger würde kontinuierlich nach links rollen. Dieses Gefühl kam und ging über die gesamten dreißig Stunden dieser Reise. Ich fand keinen Schlaf. Dazu war mir übel und ich hatte Magenkrämpfe bei dem Gedanken, bald wieder ins Büro zu müssen.

Nach meiner Ankunft in Frankfurt fiel ich erschöpft ins Bett. Als ich abends aufwachte, glühte mein Kopf bei vierzig Grad Fieber. Eine ganze Woche lag ich flach, dann fühlte ich mich endlich deutlich besser und erholter. Diese weitere Woche weg von der Arbeit hatte ich ganz gut gebrauchen können.

Als ich wieder auf meiner Arbeitsstelle eintraf, würdigte mich mein Chef nicht eines Blickes. Stattdessen kam er mit gesenktem Blick auf mich zu, reichte mir die Hand, ohne mir in die Augen zu sehen, und befahl:

»Alex, in mein Büro, ich muss mit Dir reden!«

Dort bekam ich eine Standpauke, die mich am Verstand meines Chefs zweifeln ließ:

»Sag mal, was fällt Dir eigentlich ein, eine Woche lang krank zu sein?«, schrie er mich an.

»Wie bitte? Ich lag mit fast vierzig Grad Fieber im Bett, die Ärztin kann Dir das bestätigen! Das ist doch wohl nicht meine Schuld?!«, sagte ich irritiert.

»Dann musst Du das halt ändern und eher aus dem Urlaub zurückkommen! Das musst Du anders timen!«, erwiderte er.

»Natürlich, weil ich genau weiß, wann ich krank werde und dann deswegen meinen Urlaub abkürze! Außerdem habe ich den Kollegen auch Bescheid gegeben; die wussten, was los ist!«

Da traten seine Augen aus den Höhlen hervor, und mit hochrotem Kopf schrie er:

»Du sollst aber nicht immer mit Deinen Kollegen sprechen! Ich bin Dein Vorgesetzter, und Du hast gefälligst mit mir zu reden und nicht mit den anderen! Du hast nur mir zu berichten!«

»Weißt Du was? Mir reicht es langsam mit Dir! Seit Monaten reden wir überhaupt kein vernünftiges Wort mehr miteinander. Jedes Mal, wenn ich Dich anrufe oder Dich etwas fragen will, dann werde ich angeblökt, und oft grüßt Du ja nicht einmal mehr am Telefon!«, platzte es aus mir heraus. Dabei versuchte ich meine Fassung zu bewahren, sonst hätte ich mich wohl komplett vergessen.

»Ich mache eine schwere Zeit durch, und ich brauche das!«, fuhr er mich an.

Dann schob er noch hinterher:

»Wenn Du das nicht abkannst, dann musst Du Dir halt einen neuen Job suchen!«

Ich war baff! Es reichte mir. Ich strich die Segel in seinem Büro, denn was hätte ich auf solch eine Äußerung noch entgegnen sollen? Seit fast zweieinhalb Jahren hatte ich seine Launen und Eskapaden miterlebt, aber diesmal hatte ich endgültig genug. Seitdem ich in der Firma zu arbeiten begonnen hatte, hatte ich in der Regel 60 bis 80 Stunden die Woche geackert, bis zum Umfallen, und hatte ihm den Rücken frei gehalten. Und dann bekam ich so etwas zu hören!

Nach diesem Streitgespräch, das nur eine von vielen absurden Begebenheiten darstellte, fasste ich den Entschluss, mich aktiv nach einer neuen Beschäftigung umzusehen. Abends telefonierte ich deshalb auch mit einer guten Freundin und berichtete ihr von diesem unfassbaren Erlebnis sowie von meinen diesbezüglichen Plänen. Ich merkte, dass ich trotz meines Entschlusses, mich nach einer neuen Beschäftigung umzusehen, nach wie vor sehr an dieser Firma hing. Auf meine Erklärungen, ich sei ja so eng mit den Kollegen und dies sei mein erster richtiger Job mit Verantwortung, entgegnete sie mir:

»Alex, Du bist doch mittlerweile ganz wild darauf, den Retter zu spielen und die Firma immer wieder aus dem Dreck zu holen. Du liebst es doch, Dich dafür geißeln zu lassen!«

So hart diese Aussage auch klang, so sehr traf sie ins Schwarze. Und sie machte mich nachdenklich. So recht akzeptieren wollte ich das Ganze jedoch nicht.

Das neue Jahr im Büro fing so an, wie das alte aufgehört hatte: stressig und chaotisch. Da erhielt ich einen schockierenden Anruf von einer Mitarbeiterin. Mein Kollege Walter hatte einen schweren Herzinfarkt erlitten, und es war ungewiss, ob er diesen überstehen würde. Und das mit 42!

Mir wurde augenblicklich schlecht und ich musste mich hinsetzen. Sofort fühlte ich mich wieder an den Tod meiner Mutter erinnert, die im selben Alter durch einen schweren Herzinfarkt verstorben war. Damals war ich gerade erst siebzehn geworden. Alles kam plötzlich wieder hoch, und ich wusste nicht, wie ich darauf reagieren sollte.

Sprachlosigkeit. Walter und ich waren vor kurzem noch beruflich zusammen in Kanada gewesen. Auch wenn wir keine engen Freunde waren, so hatte sich aufgrund der schwierigen beruflichen Situation so etwas wie eine freundschaftliche Beziehung entwickelt.

»Oh nein! Ihn kannst Du auch bald auf seinem letzten Gang begleiten«, dachte ich mir. Ich sah mich wieder in der Situation, einen mir nahe stehenden Menschen begraben zu müssen. Ich war wie taub, konnte nicht klar denken. Aber ich riss mich zusammen, um halbwegs funktionieren zu können.

Sofort informierte ich telefonisch unseren Chef. Der aber war komplett überfordert und wusste nicht, was er sagen sollte. Bis auf ein hilfloses Brummen war nichts von ihm zu hören. Eine Anweisung bekam ich nicht, aber das war ich von ihm schon gewohnt. So hatte er schon öfters auf schwierige Situationen reagiert. Ich legte den Hörer auf und versuchte nachzudenken. Dieser Zwischenfall war nur einer von vielen, die wir in den letzten zwei Jahren erlebt hatten. Wir waren immer in irgendeiner misslichen Lage, aber diesmal war es viel schlimmer. Nachdem ich den ersten Schreck überwunden hatte, entschied ich mich, die Dinge selbst in die Hand zu nehmen. Etwas anderes blieb mir ja nicht übrig.

Walters Abteilungen, die er als leitender Angestellter unter sich hatte, mussten koordiniert werden. Ich konzentrierte mich ganz auf dieses Problem, rechts und links gab es nichts anderes. Zuerst informierte ich die Kollegen über seinen Zustand. Ich wurde zunehmend ruhiger, wie immer in Krisenzeiten der Firma. Im Gegensatz zu anderen Angestellten war ich trotz meines Alters von 33 Jahren bereits sehr abgeklärt. Beruflich und auch privat war ich es gewohnt, schwierige Situationen in den Griff zu bekommen. Die letzten 16 Jahre hatte ich nichts anderes getan als Probleme aus der Welt zu schaffen und meinen Kopf über Wasser zu halten. Ich konnte mich zusammenreißen und ganz klare Entscheidungen treffen, trotz der Dramatik der gesamten Lage, in der viele nicht zu handeln wussten. Seltsam war, dass diese Situation mir auch Halt gab. Ehrlich gesagt, gab sie mir geradezu einen Kick. Ich war richtig berauscht davon. Ein Phänomen, wie ich es in den letzten

Jahren zunehmend an mir bemerkt hatte. Es gab keine wichtigeren Probleme, ich war ganz fokussiert. Ich war im Fluss, im »Flow«.

Walters Zustand war überaus kritisch, hatte sich aber nach einer Notoperation einigermaßen stabilisiert. Jedenfalls erfuhren wir dies durch eine Kollegin, die uns dabei einen merkwürdigen Zettel unter die Nase hielt. Es war ein EKG mit handschriftlichen Notizen, aus denen ich eine unregelmäßige Abfolge von Buchstaben erkennen konnte, die sich zu schwer verständlichen Sätzen zusammensetzten. Man sah im EKG deutlich, dass der Sinusrhythmus des Herzens nicht normal verlief, sondern unregelmäßig und schwach war. Es handelte sich um Walters Herzschlag und um Walters Handschrift!

Es stellte sich heraus, dass Walter bereits eine Stunde nach der OP im Aufwachraum Anweisungen für seine Abteilungen aufgeschrieben hatte. Meine Güte! Mein Kollege war eben erst knapp mit dem Leben davon gekommen und dachte zuerst an die anderen, anstatt an sich selbst. Irritiert nahm ich den Zettel an mich. Ich schüttelte den Kopf, so etwas hatte ich bis dahin noch nicht erlebt.

Zwei Wochen nach Walters OP war ich immer noch geschäftig, organisierte und fühlte mich unbesiegbar, wie ein Fels in der Brandung. Der Kick hielt nach wie vor an, ich hatte die Kontrolle. Durch die Krisensituation traten meine eigenen Probleme und Beschwerden, die ich seit Jahren mit mir herumtrug, mehr und mehr in den Hintergrund. Ich musste einfach handeln. Es gab nur diesen einen Weg, und ich fühlte mich sehr gut.

Eines Morgens wachte ich mit einem starken Tinnitus auf. Da ich diesen aber in leichter Form schon seit meiner Jugend hatte und wusste, dass dieser ab und zu stärker wurde, dachte ich mir: »Passt schon! Weitermachen!« Aber nach einer Woche war der Tinnitus immer noch in unverminderter Form zu hören, und wurde sogar immer stärker. Ich wurde zunehmend beunruhigter und ging zum Arzt, der keine Ursache fand, wie bereits andere Ärzte vor ihm. Er bemerkte dazu mit ärztlicher Arroganz:

»Gehen Sie nach Hause und machen Sie etwas Schönes.«

Ich dachte nur: »Aha! Etwas Schönes also ... Spaßvogel!«

Nach der zweiten Woche mit Tinnitus war mir eigentlich bereits klar, dass ich mich dringend hätte krankschreiben lassen müssen. Ich ging zu einem anderen Arzt. Auch dieser fand nichts, verschrieb mir aber durchblutungsfördernde Mittel. Wenigstens jetzt hatte ich etwas Hoffnung und fühlte mich besser, da dieser Arzt auf mich persönlich mehr einging und mich nicht einfach nach »Schema F« weiterschicken wollte.

Mir fiel ein schlechter Witz von früher ein, bei dem ein Patient mit Tinnitus immer wieder zum Arzt geht, sich auf Anraten seines Arztes kastrieren lässt, nur um später herauszufinden, dass er Hemden mit zu enger Kragenweite trägt. Mein Problem war nur: Ich trug eher selten Hemden, also kam diese Lösung wohl nicht in Betracht.

Tatsächlich spiegelten diese Behandlungen eine Reihe von Arztbesuchen wider, die ich in den letzten Jahren durchlebt hatte. Ich hatte mich zunehmend erschöpft und krank gefühlt. Wenn ich eine Grippe hatte, fiel diese immer stärker aus als gewohnt. So war ich nicht nur für drei Tage, sondern immer gleich für eine ganze Woche komplett ausgeschaltet. Früher war das nie so gewesen. Ganz im Gegenteil, wenn ich krank war, hatte ich immer essend vor dem Fernseher gesessen und meine Freizeit genossen. Nun waren immer mehr unerklärliche Symptome aufgetreten, die kamen und gingen. Da diese schon für eine so lange Zeit Teil meines Lebens gewesen waren, gehörten sie zu meinem normalen Befinden. Ich war mir der Symptome nicht einmal wirklich bewusst, bis diese nun immer auffälliger und stärker in mein Leben traten.

Meine Hausärztin riet mir immer öfter, ich sollte kürzer treten. Sie hatte mich schon mehrmals auf die Situation in unserer Firma angesprochen, und ich hatte ihr detailliert berichtet, was sich dort so ereignete.

»Herr Feodor, Sie sollten mehr auf sich Acht geben.«

»Ja, ja, ich habe es im Griff, keine Sorge ... ich ziehe schon rechtzeitig die Notbremse! Es ist hart dort, aber ich weiß, was ich tue.«

Eines Nachmittags im Büro nahm ich den Anruf eines englischen

Kunden entgegen. Dieser Kunde stand uns sehr nahe, und durch unsere Verträge waren wir gezwungen, diesem Kunden immer wieder große Zugeständnisse zu machen. Nun gab es aber Angestellte dieses Kunden, die es nur allzu gut verstanden, dies auszunutzen, und die damit einen riesigen Druck auf uns ausübten. Leider bekamen wir niemals Rückendeckung durch unseren Chef, egal, ob diese Forderungen berechtigt oder unberechtigt waren. Unser Chef hatte die Verträge verhandelt und wollte sich nicht gerne vor dem Kunden oder vor den Angestellten die Blöße geben. Daher wurden eigentlich immer die Angestellten nach vorne geschickt. Eher gesagt, meist wurde ich nach vorne geschickt und musste dem Kunden wieder einmal eine Absage erteilen.

Aber diesmal passierte etwas in mir, als ich dieses Telefongespräch führte. Ich hatte schon oft Kunden vor den Kopf stoßen müssen, und war nun wieder einmal von meinem Chef in eine schwierige Situation bugsiert worden. Bisher hatte ich immer mein ganzes Verhandlungsgeschick ausspielen und den »Retter« spielen können. Doch jetzt kam es ganz anders, mich ergriff eine riesige Angst: »Ich halte das nicht mehr aus, wie soll ich das denn hier jemals schaffen? Wie soll man denn hier jemals auf einen grünen Zweig kommen?« Ein Gefühl wie vor einem Fallschirmsprung. Man möchte partout nicht aus dem Flieger springen, weil man Todesangst hat, aber man muss springen! Todesangst, das traf es!

Ich war fertig. Etwas war in diesem Moment in mir gestorben, und ich wusste nicht mehr damit umzugehen. Als wäre ich bereits hunderte Male gegen eine Wand gelaufen, mit der Hoffnung auf Erfolg. Sisyphus, der den Stein den Berg hinauf rollt, bis er kurz vor der Spitze wieder herabstürzt. Mein Magen schnürte sich zusammen.

Dieser Moment holte mich endgültig aus meiner Phase der eingebildeten Unbesiegbarkeit und zurück auf den Boden der Tatsachen. Nach dem Hochgefühl kam nun der Fall, und mit ihm setzte eine Kettenreaktion ein.

In den nächsten zwei Wochen verstärkte sich mein Gefühl der Hilflosigkeit, der Desillusion und der Angst, und mir wurde immer häufiger schwindelig. Die Muskeln meines Körpers spannten sich so stark an, dass sie mir ständig wehtaten. Ich musste mich konzentrieren, um aufrecht stehen zu können und nicht das Gleichgewicht zu verlieren. Solange ich am Schreibtisch saß, war das Ganze noch auszuhalten. Im Stehen war es schon deutlich schwieriger. Wenn ich mich bewegte und mich beschäftigen konnte, war es erträglich, aber kostete mich unendlich Kraft.

»Hoffentlich überstehe ich diese Woche noch. Nächste Woche geht es zur Messe. Ich muss noch zehn Tage durchhalten, und alles wird gut werden. Dann nehme ich nochmal Urlaub.«

Jedenfalls sagte ich mir das immer wieder, um mir Mut zuzusprechen.

Ich fühlte mich immer müder und ausgelaugter. Eigentlich hätte ich doch vor Kraft strotzen müssen, nach meinem ersten Urlaub nach zwei Jahren ununterbrochener Schufterei? Und nach Walters Herzinfarkt hatte ich ja auch funktioniert und alles geschafft. Aber die 650 Überstunden, die ich allein in den letzten acht Monaten angehäuft hatte und die nun aufgrund einer quasi aufgezwungenen Vertragsänderung mit einem erhöhten Gehalt abgegolten waren, sprachen Bände. Alle Angestellten hatten ähnliche Stundenzahlen vorzuweisen, manche noch viel mehr als ich. Die kleine Gehaltserhöhung war ein Witz, da sie lange nicht den Arbeitseinsatz entlohnte, den wir alle leisteten. Aber alle Angestellten nahmen diese Umstellung zähneknirschend zur Kenntnis. Sie hatten auch gar keine andere Wahl, da unser Chef uns unmissverständlich zu verstehen gab: »Friss oder stirb!«

Wieder einmal ging ich die Tage zum Internisten und ließ ein EKG sowie ein komplettes Blutbild machen.

»Vielleicht habe ich ja Borreliose oder Diabetes, sonst ist doch diese Kraftlosigkeit, diese Erschöpfung nicht anders zu erklären?«

Der Arzt fand wieder einmal nichts. Sein leicht ironischer, überheblicher Kommentar, wie ich ihn von Ärzten so liebe, lautete:

»Herr Feodor, Sie sind kerngesund, Ihre Blutwerte sind jungfräulich!«

»Ja, aber irgendetwas muss mit mir nicht stimmen. Ich fühle

mich schon seit so langer Zeit krank und kraftlos, das geht schon seit Monaten!«

»Wer weiß, vielleicht haben Sie ja eine Depression?« Er lächelte und zog die Augenbrauen hoch, als wäre es ihm eigentlich völlig egal, so wie: »Ja, den Job muss ich halt machen, noch so ein Simulant in der Praxis! Sie müssen wohl selbst herausfinden, was Ihnen fehlt.«

Eine Depression war das letzte, worüber ich nachdachte, obwohl ich wusste, dass ich eigentlich schon seit Jahren nicht mehr glücklich war. Ich hatte ja noch Spaß, und mit den Kollegen konnte ich oft zusammen lachen. Auch hatte ich viel Energie und schaffte Dinge, bei denen andere schon längst die Flinte ins Korn geworfen hätten.

»Pah, depressiv! Das sind doch Leute, die nur noch daheim sitzen, gar nicht mehr leben wollen und nichts mehr auf die Reihe bekommen. Wie im guten alten Hollywood: viele Tränen, viel Geschrei, ein paar Tabletten und Abgang! Leaving Las Vegas hoch drei!«

Nach diesem Arztbesuch fühlte ich mich hilflos und missverstanden. Warum konnte mir denn keiner helfen und mir erklären, was mit mir nicht stimmte?

Endlich war das Wochenende gekommen. Nach einer unruhigen Nacht ging ich in die Innenstadt, um mich etwas auszuruhen und zu frühstücken. Ich sah auf meine völlig abgefressenen Fingernägel, und da ich viele Kundenkontakte hatte, beschämte mich der Gedanke an die nächste Woche. Noch dazu konnte ich mich überhaupt nicht entspannen. Die Tränen liefen mir über das Gesicht. Meine Finger gehorchten mir nicht richtig. Sie waren angespannt und ich konnte sie nicht mehr richtig ruhig halten. Ich fühlte mich wie taub, wie in Watte gepackt, und alles um mich herum verschwamm wie in einem Traum. Nach einem Frühstück und einem kleinen Spaziergang ging es mir besser. Essen half mir immer, es nahm mir den Druck im Magen und entspannte mich. In der letzten Zeit hatte ich das Essen in meiner Anspannung immer hektisch heruntergeschlungen. Wie ein Süchtiger kippte ich mir täglich neben dem Essen noch Tonnen an Schokolade und süßer Coca Cola hinein, weil es das Einzige war, womit ich mich noch entspannen konnte. Hätte ich geraucht, ich wäre wohl zum Kettenraucher mutiert.

Ich rief meine ältere Schwester Beatrice an, da ich nicht mehr wusste, wie es weitergehen sollte. Ich beschrieb ihr mein Gefühl des Sterben-Müssens, wenn ich auch nur einen Tag länger zur Arbeit gehen müsste. Sie versuchte mich zu beruhigen, aber es gelang ihr nicht. Vor allem betrübte es mich sehr, dass sie mich nicht zu verstehen schien. Oder hatten sich meine Familienmitglieder einfach schon an die jahrelangen Meckereien und Wehklagen von mir gewöhnt? In letzter Zeit fühlte ich mich von meinen Freunden und der Familie überhaupt nicht mehr verstanden. Meine Probleme wurden nicht anerkannt, so schien es mir jedenfalls. Alle redeten mir immer wieder gut zu, dass es woanders auch nicht besser wäre. Jeder hätte einen nervigen Chef, und das Leben wäre nun mal kein Wunschkonzert. Ich aber wollte das partout nicht akzeptieren. Warum konnten sie mich einfach nicht verstehen? Alles, was ich brauchte, war jemand, der mich verstand und mir zuhörte. Und jemand, der für mich da war und mir half, aus dieser Situation herauszukommen. Ich fühlte mich allein gelassen. Hilflos.

02

Der Überwachungsraum des Roten Kreuzes war schwül. Außer mir und einem Sanitäter war sonst niemand im Raum. Mein Puls hatte sich mittlerweile wieder normalisiert, aber mir war immer noch schwindelig, und meine Beine fühlten sich an wie Gummi. Ich hatte Angst, das Bewusstsein zu verlieren. Vielleicht hatte ich ja doch einen Schlaganfall erlitten? Ich erlangte langsam wieder mehr Kontrolle über meinen Körper. Der Sanitäter etwas fortgeschrittenen Alters, der mein Vater hätte sein können, gab mir Wasser und kümmerte sich um mich. Wir besprachen das weitere Vorgehen, und er überließ mir die Entscheidung, ob ich lieber in eine Klinik oder zurück in mein Hotel gehen wollte. Mit sonorer Stimme und seinem stark schwäbischen Akzent rief er:

»Wöisch! Du hasch halt a bisserl Burn-out! Das wird schon wieder!«

Ich rief meinen Vater an, um ihm zu erzählen, was passiert war. Wir besprachen, was wohl das Beste für mich sei. Nach meinen Schilderungen empfahl er mir, erst einmal ins Hotel zu gehen und mich baldmöglichst gründlich durchchecken zu lassen, sobald ich wieder zu Hause wäre.

Kurze Zeit darauf holte mich mein Kollege Paul in der Sanitätsstation ab. Auf dem Weg zum Parkplatz stützte er mich, da ich immer noch ganz wackelig auf den Beinen war. Schon komisch, Paul war Rentner, und ich war halb so alt wie er. Jetzt musste er mich stützen! Im Hotel konnte ich mich nur fortbewegen, indem ich mich immer wieder irgendwo festhielt, so unsicher fühlte ich mich auf meinen Beinen. Mir war einfach zu schwindelig. Ich befürchtete jeden Moment, zu stürzen oder in mich zusammenzusacken. Ich war so benommen, als hätte ich eine Menge Alkohol getrunken. Nur die angenehmen Nebeneffekte des Rausches fehlten mir. Als ich endlich im Kollegenkreis beim Abendessen saß, konnte ich mich durch die aufmunternden Worte und die Anteilnahme meiner Kollegen etwas entspannen und ablenken.

Da kam mein Chef an den Tisch, den ich seit über drei Tagen nicht gesehen hatte. In seiner stets jovialen Art fragte er mich, als ob nichts passiert wäre:

»Na, Alex! Wie geht's Dir?«

»Mir geht es sehr schlecht, Manfred!«, sagte ich ihm eindringlich, denn die Situation ließ ja auch gar nichts anderes zu.

»Mir ist schwindelig, und ich kann mich nicht auf den Beinen halten. Mir geht's nicht gut! Heute haben sie bei mir einen Schlaganfall vermutet und ich muss mir überlegen, wie es jetzt weitergeht. Ich muss mich wohl im Krankenhaus gründlich untersuchen lassen.«

Er schaute mich verdutzt an und war ganz still. Dann drehte er seinen Kopf zu meinen Kollegen und ging zum Alltagsgeschäft über, als ob das, was ich gerade von mir gegeben hatte, ihn überhaupt nicht erreicht hätte. Er redete darüber, wie furchtbar wenig auf der Messe los sei. Er blendete völlig aus, dass einer seiner Angestellten gerade auf der Messe zusammengeklappt war. Dabei war ich ja nicht einmal der Erste gewesen. Mittlerweile hatte es schon sechs Angestellte der Firma mit schweren gesundheitlichen Problemen erwischt.

»Wieso ist er nur so ignorant?«, dachte ich mir.

Auch Till, der mir gegenüber saß, wirkte wie vor den Kopf gestoßen.

Als ich am nächsten Morgen im Hotel aufwachte, war mir immer noch schwindelig und ich fühlte mich völlig zerstört. Ich hatte jedoch erstmals das Gefühl, dass ich zerstört und erschöpft sein durfte. Wenigstens hatte ich auch in dieser Nacht durchschlafen können. Mir kamen die Tränen, und ich rief meine Schwester Beatrice an, die als zweites Familienmitglied medizinisch ausgebildet war. Von ihr als Ärztin hoffte ich zu erfahren, was ich denn ihrer Meinung nach jetzt tun sollte. Zu meiner Überraschung redete sie mir gut zu und sagte, dass ich mich endlich einmal ausruhen dürfte, ich hätte genug geschuftet. Ich hatte gar nicht damit gerechnet, solche mitfühlenden Worte von ihr zu hören. Ihre Worte waren wie Balsam für meine Seele. Sie war ganz bei mir, so wie ich es mir vorher immer gewünscht hatte. So ein Gespräch hatte ich lange nicht mehr mit meiner Schwester geführt. Endlich wurde ich gehört.

Da auch sie wegen meines Zustandes keine akuten Bedenken hatte, verbrachte ich noch zwei Tage auf dem Hotelzimmer und versuchte hin und wieder, etwas spazieren zu gehen oder etwas zu essen. Immer noch bewegte ich mich wie ein alter Mann mit Rollator. Wenigstens verschlechterte sich mein Zustand nicht, und ein Schlaganfall schien es wohl auch nicht zu sein, sonst wäre ich schon längst umgefallen. Strengte ich mich aber zu sehr an, wurde mir übel und mein Herz begann zu rasen. Panikattacken überfielen mich und es brauchte einige Minuten, bis ich mich wieder einigermaßen beruhigt hatte. Danach war ich immer am Boden zerstört. Ich wusste nicht, wie ich diese Attacken in den Griff bekommen sollte.

Wieder und immer wieder überfielen mich Übelkeit, Herzrasen, Schweißausbrüche, und dann sehr starker Schwindel. Die Episoden hielten lange an, über mehrere Stunden, und ich war überaus schreckhaft und nervös. Sobald ich mich traute, einen Fuß vor die Türe zu setzen, ließ mich jedes vorbeifahrende Auto, jede aufgehende Tür zusammenfahren. Ich musste mich stark konzentrieren, um überhaupt hinausgehen zu können, so unsicher war ich auf den Beinen.

Mein Chef ließ sich nicht mehr bei mir blicken. Er rief mich nur ein einziges Mal an, während wir im Kollegenkreis beim Abendessen saßen, aber nur, um die Kollegen zu grüßen und die Rechnung auf seinen Namen schreiben zu lassen. Über meinen Zustand verlor er kein Wort. Seltsam, da war ich schon sein Vertreter in der Firma, war am Boden, und er hielt es nicht einmal für nötig, bei mir vorbeizuschauen oder zu fragen, ob er etwas für mich tun könnte? Ich war wohl schon abgeschrieben worden. Ähnlich hatte er sich auch schon bei anderen Mitarbeitern verhalten. Am liebsten wollte ich einfach nur noch weg hier, nach Hause.

Nach Hause, wo war das eigentlich? In Frankfurt, wo ich seit über zweieinhalb Jahren alleine lebte und niemanden hatte? Nein, definitiv nicht. Erst einmal nach München, zu meiner Familie und meinen Freunden. Bloß nicht zurück nach Frankfurt!

Am nächsten Tag konnte ich endlich nach München fahren. Mein Kollege Paul hatte mir angeboten, mich in seinem Auto mitzunehmen. Als Beifahrer war meine Anspannung kaum zu ertragen. Unerwartete Bewegungen der anderen Verkehrsteilnehmer machten mir die Fahrt zur Hölle. Ich fühlte mich wie bei einer ununterbrochenen Achterbahnfahrt, aus der ich nicht aussteigen konnte. Ich rang heftig mit mir und hoffte die Fahrt durchzustehen, ohne Paul zum Anhalten nötigen zu müssen. Er sollte nicht mitbekommen, was für ein nervliches Wrack ich war. Ich überspielte meinen Zustand, so gut es ging, aber am liebsten hätte ich geschrien, er solle anhalten und mich aussteigen lassen. Aber wie hätte ich dann nach München kommen sollen?

Nach der erlösenden Ankunft in München fiel ich meinem Vater in die Arme. Ich war so erleichtert, ihn zu sehen. Endlich ein Vertrauter und eine Wohnung in meiner Heimatstadt, in der ich mich wohl fühlte. Ich berichtete ihm, was sich in den letzten Tagen zugetragen hatte. Zu meinem Erschrecken kündigte mein Vater an, er müsse am nächsten Morgen nach Kanada fahren, da er dort geschäftlich zu tun hatte. Es schlug mir auf den Magen, wieder alleine gelassen zu werden, wo ich doch gerade angekommen war. Trotz alledem war ich in meiner Heimatstadt und fühlte mich schon sicherer als vorher. Und meine Freunde lebten ja auch hier. Die Umgebung war mir vertraut. Kein Frankfurt, keine Arbeit! Gott sei Dank.

Gleich am nächsten Tag stellte ich mich im Klinikum Großhadern vor und ließ mich gründlich durchchecken. Schon die Fahrt ins Krankenhaus war wieder eine Tortur. Kleine Schritte, überall festhalten, Müdigkeit und Erschöpfung. Immer noch war ich wie ferngesteuert, in ständiger Anspannung. »So wie ich mich fortbewege, müssen die Menschen auf der Straße mich für besoffen, bekifft oder was auch immer halten«, schoss es mir durch den Kopf.

Nach zwei Stunden Wartezeit in der Notaufnahme war ich an der Reihe. Ich konnte mich etwas entspannen. Die Aussicht auf Hilfe war überaus beruhigend. So gelang es mir eine Zeit lang, meinem benommenen Spannungszustand zu entfliehen. Es folgten verschiedene Untersuchungen, die ich mit positiver Spannung erwartete. Schlaganfallkontrolle beim Neurologen, CT, großes Blutbild, und anderes mehr. Welche Antwort erhielt ich?

»Nichts! Sie sind körperlich absolut gesund, Herr Feodor!«, tönte es mir entgegen. Ich fiel vom Glauben ab und dachte, man wollte mich offenkundig auf den Arm nehmen.

»Aber mir ist schwindelig, und ich bin müde und nervös. Was soll ich denn jetzt tun?«

»Na ja, ruhen Sie sich aus, wir alle schwanken ab und zu! Eventuell wären SSRIs für Sie nicht schlecht. Das sind Serotonin-Re-Uptake-Hemmer!«, erläuterte sie kurz.

Von dem Wirkstoff Serotonin hatte ich schon einmal gehört, aber was das für mich bedeutete, war mir nicht ganz klar.

»Was hat Serotonin für eine Wirkung?«, fragte ich nach, bekam jedoch keine Antwort. Viel mehr war aus dieser Ärztin einfach nicht herauszubekommen. Nicht zum Aushalten! Immer deutlicher trat zutage, dass bei mir nichts Auffälliges gefunden wurde. Ich hatte mit vielem gerechnet, aber nicht mit diesem Ergebnis, nämlich keinem! Das ergab doch alles keinen Sinn?

So verwirrend auch alles war, so erleichternd war wenigstens, dass die Ärzte nichts Ernstes gefunden hatten. Man gab mir den Arztbrief, in dem »nichts« stand außer dem Vorschlag für eine ambulante Psychotherapie, da ein »psychovegetativer Erschöpfungszustand«, auch »Neurasthenie« genannt, vorläge. SSRIs seien angeraten.

»Aha, Psychotherapie also und Neurasthenie ...?« Damit konnte ich nichts anfangen. Wieso denn eine Psychotherapie? Mir war schwindelig! Niemand nahm mich zur Seite und erklärte es mir.

Zu Hause berichtete ich meiner Schwester von den Ergebnissen. Sie riet mir, mich doch in einer psychosomatischen Klinik vorzustellen. Doch von dieser Idee war ich gar nicht begeistert, sah ich mich doch gleich als ein Psycho abgestempelt! »Norman Bates lässt grüßen!«, entgegnete ich ihr. Da fauchte sie mich auf einmal an:

»Hör auf damit! Hör auf! Ich möchte meinen Bruder wieder haben!«

Ich war wie vor den Kopf gestoßen. Obwohl ich nicht genau wusste, was sie eigentlich damit meinte, wurde mir erst in diesem Moment klar, dass hier etwas nicht stimmte. Aber ich verstand es nicht!

»Ich bin doch Dein Bruder, oder nicht!?«

»Nein, das bist Du nicht mehr! Du bist nicht mehr der, den ich gekannt habe! Du bist jetzt ein anderer!«

Das reichte, auf einmal waren alle Zweifel in mir beseitigt. Ich verstand in diesem Moment, wie sehr es meine nächsten Verwandten bedrückte, was mit mir geschehen war und wie sehr ich mich wohl verändert haben musste. Mit dieser konfrontativen Aussage meiner Schwester fiel die Entscheidung, die einzig richtige für mich. Ich brauchte Hilfe!

»Okay, Beatrice, ich melde mich gleich morgen an. Ich verspreche es Dir.«

Erstmals seit langer Zeit wurde mir klar, dass ich es nicht mehr alleine schaffte. Aber was war jetzt alles zu tun? Ich hatte überhaupt keine Vorstellung davon, wie eine Behandlung aussehen könnte und wie diese mir überhaupt helfen sollte. Auch wusste ich ja immer noch nicht, was mir fehlte.

Die Psychosomatische Klinik war mein Rettungsanker und eine Möglichkeit, Hilfe zu bekommen. Auch wenn ich nicht wusste, wie man mir dort helfen sollte, rief ich gleich am nächsten Morgen verschiedene Einrichtungen in München und Umgebung an. Die Aussichten auf einen freien Platz waren jedoch nicht berauschend. Alle Kliniken, die ich anrief, waren voll und hatten teilweise Wartezeiten von bis zu neun Monaten! Ich zweifelte, ob ich hier die richtige Hilfe finden würde, aber ich blieb hartnäckig und versuchte weiter mein Glück.

Den Rest des Tages gestaltete ich für mich. Das war nicht so einfach, denn ich musste mich immerzu überwinden, aufzustehen und etwas zu erledigen. Hatte ich etwas erledigt, lag ich wie apathisch auf der Couch oder schlief stundenlang, so als ob ich ein Jahr nicht geschlafen hätte. Es war sehr anstrengend. War dies nur Erschöpfung? Es tat mir sehr gut, einfach nur auszuruhen. Keine Verpflichtung, keine Arbeit, kein Chef, keine Kunden, nur Schlaf! Solange ich ruhend auf der Couch lag, ging es mir einigermaßen gut.

Trotz meiner Erschöpfung und meiner anderen eingeschränkten körperlichen Funktionen bekam ich tatsächlich einiges in den Griff. Ich stellte mich ein paar Tage später in der ersten Klinik vor, die mir ein Erstgespräch gewährte und mich nicht gleich von vornherein abgewiesen hatte.

Als ich im Wartebereich, der sich im Flur befand, Platz nahm, beschlich mich ein seltsames Gefühl. Ich musterte alle vorbeigehenden Menschen und fragte mich, ob sie wohl Patienten oder Ärzte waren. Sehr genau beobachtete ich, ob sie ernsthafte Zeichen für psychische Störungen aufwiesen. Ich konnte mir lebhaft vorstellen, wie sich plötzlich jemand vor mir auszog und schreiend den Gang hinunterlief. Alle meine Gedanken wurden von der Angst beherrscht, dass ich in der Klapsmühle landen würde.

Dann wurde ich ins Behandlungszimmer gerufen. Eine Psychologin stellte sich mir vor. Sie war wohl einige Jahre jünger als ich und womöglich noch in der Ausbildung. Ich schilderte ihr die letzten Monate und Jahre meines Lebens im Schnelldurchlauf, also in etwa 20 Minuten. Wie beschreibt man sein Leben in 20 Minuten? Unmöglich! Aber es reichte ihr für eine erste Schnelldiagnose.

»Nun, Herr Feodor, ich denke, Sie haben ein typisches Burn-out Syndrom. Ich verstehe, es ist dringend, nur sind wir bis zu neun Wochen ausgebucht. Sie können sich gerne bei unserer Tagesklinik anmelden. Sie können sich auch gerne weiter umschauen, vielleicht geht es woanders schneller.«

Ich versuchte mich mit dem eben Gesagten abzufinden. Es war deprimierend. Andererseits hatte ich erstmals einen Namen für mein Leiden bekommen: das »Burn-out Syndrom«! Ich hatte von dem Burn-out Syndrom bereits gehört, jedoch hatte ich mir bisher nicht vorstellen können, wie es sich anfühlte.

Jetzt, wo es eine Diagnose gab, musste man mir doch helfen können! Aber wie sollte ich es schaffen, diese Anstrengung noch neun Wochen alleine durchzuhalten?

Bevor ich ging, stellte ich der Therapeutin eine mir wichtige Frage. Dabei konnte ich meine Tränen fast nicht unterdrücken. Diesen einen Punkt wollte ich noch unbedingt ansprechen, und ich befürchtete das Schlimmste:

»Sagen Sie, e-e-eine Tagesklinik ist doch hoffentlich nicht so etwas wie eine Psychiatrie, oder?« Ich hatte eine solche Angst davor, denn es fühlte sich an, als würde ich eine Schwelle übertreten und plötzlich als in einer Gummizelle umherspringender Außenseiter gebrandmarkt werden.

»Aber nein, Herr Feodor! Das ist eine klinische Einrichtung, eine Psychiatrie ist dann doch etwas ganz anderes. Eine Tagesklinik ist eher mit einer Kur zu vergleichen.« Mir fiel ein Stein vom Herzen. Ich war so erleichtert, dies zu hören. Getragen von Euphorie und der Erkenntnis über meinen Zustand, rief ich am selben Tag noch in zwei weiteren Tageskliniken an.

»Acht Wochen Wartezeit?«

»Tut uns sehr leid, wir sind voll!«

»Vier Monate Wartezeit?«

»Ja, Herr Feodor! Sehen Sie, wir haben im Moment einen Run auf die Kliniken und sind komplett ausgebucht!«

Auch in weiteren Kliniken waren die Aussichten nicht gerade rosig. Ich war wohl nicht der Einzige, dem es schlecht ging. Es konnte doch wohl nicht sein, dass sich die halbe Stadt behandeln lassen musste! Ich überlegte, was ich nun tun sollte. Ich konnte mich ja schlecht zwischen acht Wochen und neun Monaten krankschreiben lassen und Däumchen drehen? Mit jedem Anruf wurde ich verzweifelter. Ich brauchte dringend Hilfe, aber alle ließen mich warten. Ich fühlte mich völlig im Stich gelassen. Dazu kamen viele Fragen, die ich mir selbst nicht beantworten konnte: »Was wird mit meiner Arbeit und den Kollegen? Was wird mit mir? Wie geht es weiter?« Dies war die härteste Prüfung meines Lebens. Ich war hilflos zum Warten verdammt, ohne zu wissen, was mit mir weiter geschehen würde.

Zu allem Überfluss ereignete sich in diesen Tagen eine groteske Szene. Mein Chef, der sich anfangs überhaupt nicht für meinen Zustand interessiert hatte, rief mich zu Hause an und wollte wissen, wie es mir ging. Seine Motive waren alles andere als selbstlos. Allein durch die Art, wie er mich telefonisch begrüßte, hätte ich schon wieder innerlich zerplatzen können.

»Hallo, lieber Alex! Du wolltest Dich doch bei mir melden, oder nicht?«, kam es mit einem freundlichen, aber bestimmten, leicht ironischen Ton aus dem Hörer.

Von wegen wollen, erwartet hatte er es! Ich hatte jedoch ganz andere Sorgen. Zwischen uns hatten sich in den letzten Monaten sowieso einige Dinge sehr schlecht entwickelt. So hatte ich keinerlei Lust, ihm wieder einmal pflichtgemäß Bericht zu erstatten.

»Ich habe mich ja schon bei Marie und Till gemeldet und habe ihnen ... «, wollte ich gerade erklären, da herrschte er mich wutentbrannt an:

»Du sollst nicht mit den anderen Kollegen sprechen, habe ich Dir doch gesagt! Du hast nur mir zu berichten! Immer redest Du mit den anderen, nur nicht mit mir! Wann kommst Du endlich wieder zur Arbeit?«

Seine unkontrollierten Wutausbrüche war ich ja durchaus gewohnt, nur diesmal hatte ich überhaupt keine Kraft, ihm irgendetwas entgegenzusetzen. Ich war einfach zu schwach. Ich war fassungslos und schwieg eine ganze Zeitlang. Dann nahm ich auf einmal von tief unten eine unglaubliche Kraft zusammen und antwortete laut und eindringlich:

»Ich habe die Diagnose Burn-out bekommen und weiß im Moment überhaupt nicht, wo oben und unten ist und was ich damit anfangen soll. So wie es aussieht, muss ich erst einmal in eine Klinik, und die Wartezeiten können zwischen mehreren Wochen bis zu neun Monaten betragen! Ich habe einfach keine Ahnung, was als nächstes passiert! Wie soll ich Dir da etwas Vernünftiges sagen?«

Schweigen. Ich war selbst über meinen Ausbruch verblüfft. Seltsamerweise war ich völlig klar in diesem Moment, ganz ohne Beschwerden! Nach einer längeren Pause bekam ich folgenden Kommentar mit ruhiger Stimme zu hören:

»Kannst Du nicht zu einem anderen Arzt gehen und irgendetwas einnehmen?« Sein Ton, der sich anhörte, als ob mein Auto kaputt wäre und ich einfach in eine andere Werkstatt gehen müsste, machte mir wieder klar, dass dieser Mensch einfach ignorant war. Er verstand nicht, worum es ging. Ich schüttelte den Kopf.

»Wie meinst Du das? Etwas einnehmen?«

»Du musst doch meine Lage auch verstehen, Alex! Ich mache das hier alles ganz alleine und brauche Dich! Kannst Du nicht irgendetwas einnehmen?«

Ich glaubte, nicht recht zu hören! Er musste jetzt wohl die Arbeit ganz alleine erledigen. Nun wollte er, dass ich etwas einnähme, um wieder bei der Arbeit anzutreten! Ich fragte mich, welche Substanzen er meinte. Tranquilizer, oder besser noch Drogen?

»Kannst Du mir nicht sagen, wann Du ungefähr wieder arbeiten kannst?«, fragte er fordernd. In diesem Moment platzte mir endgültig der Kragen.

»Nein, definitiv nicht! Sobald ich weiß, was mit mir los ist, gebe ich Dir Bescheid! Ich melde mich bei Dir!« Hätte ich ein altes Wählscheibentelefon gehabt, ich hätte den Hörer krachend aufgelegt. Nach allem, was sich in den letzten Jahren zwischen mir und meinem Chef ereignet hatte, war für mich nun eine Grenze überschritten. Ich dachte:

»Von wegen, er macht alles alleine. Till, Marie und ich haben doch eh alles alleine gemacht, und wenn man ihn brauchte, war er nie da!«

Genervt rief ich Mike an. Er war unsere Vertrauensperson in der Firma. Einen Betriebsrat hatten wir nicht, unser Chef hatte eine Betriebsratsbildung verhindert. Meine Schilderungen stießen Mike zwar übel auf, jedoch tendierte er dazu, meinen Chef in Schutz zu nehmen. »Weißt Du, Alex, er hat es sicher nicht so gemeint. Er hat halt immer Angst, dass ihn jemand aufs Kreuz legt und einen auf krank macht, obwohl dem nicht so ist.«

»Was?! Mike! Ich habe in den letzten 8 Monaten 650 Überstunden angesammelt und bin sogar oft krank arbeiten gegangen. Nie habe ich auch nur einmal krankgefeiert! Du weißt, was ich alles für die Firma in den letzten Jahren geleistet habe. Und Walter hatte

1.200 Überstunden und ist fast umgekommen!«

»Weißt Du, Alex, der Manfred hat halt viel Angst!«, versuchte Mike zu beschwichtigen.

»Und was ist mit mir!? Ich habe wohl keine Angst? Mike, ich werde mir dies einfach nicht länger bieten lassen! Ich denke, sobald ich mehr Klarheit über meine Zukunft habe, werde ich meine Kündigung einreichen!«

Es war doch wieder einmal typisch, dass gewisse Eigenschaften des Chefs und die gesamte Firmensituation heruntergespielt wurden. Ich fühlte meine Glaubwürdigkeit in Frage gestellt. Lange genug hatte ich in der Geschäftsleitung gearbeitet und hatte in meinem Leben Dinge getan, die andere so nicht gemacht hatten. Es nervte mich, nicht ernst genommen zu werden.

Jede Nacht träumte ich von der Firma, von meinem Chef, von irgendwelchen Verhandlungen oder Dingen, die ich dringend erledigen musste. So ging mir das immer wieder, schon seit Monaten. Doch seit zwei Monaten war es so, dass ich wirklich jede Nacht von der Arbeit träumte. Bisher waren solche Träume für mich nichts Ungewöhnliches, denn ich hatte während meiner Anstellung bei dieser Firma regelmäßig Schlafstörungen und Alpträume gehabt. Der Druck, erfolgreich zu sein, war immer entsetzlich hoch gewesen.

Einmal träumte ich, dass während der Vertragsabwicklung mit einem italienischen Kunden dessen Mitarbeiter hinter mir stand und dabei seelenruhig einen Schalldämpfer auf eine Pistole schraubte:

»Alex, es tut mir sehr leid, ich mag Dich wirklich, aber ich muss Dich leider beseitigen.«

So sehr ich mich über diesen Traum amüsierte, so zeigte es doch, dass ich mich schon damals in einem Ausnahmezustand befunden haben musste.

Den vorerst letzten heftigen Alptraum dieser Alptraumserie hatte ich drei Wochen nach meinem Zusammenbruch. In diesem Traum versuchte ich verzweifelt, mit meinem Chef zu reden. Er wollte mir aber partout nicht zuhören. Interessanterweise standen wir nicht etwa in der Firma, sondern in meinem alten Elternhaus. Er ignorierte mich die ganze Zeit und ging gar nicht auf meine Worte ein. Wild lief er durch die Gegend.

»Du hörst mir ja gar nicht zu!«, schrie ich und brach in Tränen aus. Es hörte sich an wie der Schrei eines kleinen Jungen, der trotzig weinend seinen Vater anbrüllte. Ich erwachte mit einem riesigen Schreck und dachte, ich müsste mich übergeben. Es passierte aber nicht.

Nach dieser Nacht ging es mir plötzlich ein wenig besser. Ich merkte, dass sich etwas in mir verändert hatte und ich langsam ein wenig Abstand zu meiner Arbeit bekam. Mein Kopf war nun freier für meine eigenen Belange. Und ich träumte seltener von meiner Arbeit.

Endlich war eine Klinik bereit, mich ab Mitte Mai aufzunehmen. Ich war so erleichtert, dass ich nun professionelle Hilfe in Anspruch nehmen konnte und nicht mehr allzu lange warten musste. In etwa vier Wochen war es soweit! Im Vorgespräch hatte man mir die Wahl gelassen zwischen einer ambulanten Therapie oder dem Aufenthalt in einer Tagesklinik. Das fühlte sich für mich gut an, ich konnte mich frei entscheiden. Nicht allen Patienten war diese Wahl vergönnt. Ambulante Therapien waren mir jedoch bekannt, bisher hatte ich nicht besonders gute Erfahrungen damit gemacht. Ich wollte nicht mehr monatelang sinnlose Gespräche führen müssen. Mich intensiv behandeln zu lassen, schien mir in meiner Situation das Sinnvollste zu sein. Daher entschied ich mich für die Tagesklinik.

Ich bekam neuen Antrieb und neue Hoffnung. Der nächste Schritt war getan. Ich musste nur noch ein paar Wochen aushalten, bis ich Hilfe bekam. Positiv gestimmt, verbrachte ich die nächsten Tage mit Freizeitgestaltung. Stundenlang lag ich vor dem Fernseher oder ging mit Freunden in den Englischen Garten. Ich verschlang alle möglichen Bücher über Burn-out und Angststörungen. Ich wollte selbst aktiv werden und nicht tatenlos zusehen, was mit mir geschah. Die Angst- und Spannungszustände ließen mich nach wie vor nicht los. Nur wusste ich nicht, wovor ich Angst hatte und warum ich so angespannt war.

Durch den Burn-out, die Angst und den Schwindel hatte ich mir selbst eine allgemeine Angststörung diagnostiziert. »Man ist ja schließlich Arztsohn!«

Immer noch plagten mich alle möglichen Symptome, die sich ständig veränderten und gegenseitig abwechselten. An einem Tag quälte mich Übelkeit, gepaart mit Magenkrämpfen und Schwindel, am anderen Tag litt ich an Hörverlust mit starkem Tinnitus, Verlust vom Farbsehen, dazu Panikattacken und Konzentrationsstörungen. Was für eine Kombination!

Mit jedem Tag ging es mir zwar langsam etwas besser. Nach meinem Zusammenbruch konnte ich jedoch nur ein bis zwei Stunden täglich aktiv sein. Danach musste ich entweder schlafen, oder ich hing untätig auf dem Sofa herum. Ich war völlig erschöpft. Vor allem der Schwindel kostete mich viel Kraft. Sobald ich etwas unternahm, war es sehr anstrengend, mich überhaupt auf den Beinen zu halten. Manchmal stand ich so neben mir, dass ich bei Rot über die Straße hätte laufen können, ohne es zu merken.

Meine Wahrnehmung war eingeschränkt, und mein Kurzzeitgedächtnis spielte verrückt. Oft wusste ich nicht mehr, was ich eigentlich machen wollte, geschweige denn, was ich kurz zuvor gesagt oder getan hatte. Erst nach einiger Zeit fiel es mir wieder ein, oder ich musste mich sehr stark konzentrieren, um mich zu erinnern. Mir kam es vor, als befände sich mein Gehirn im permanenten Überlastungszustand.

Ich war ungeduldig. Die Angst- und Spannungszustände verschlimmerten alles noch.

»Kann das denn nie aufhören?«, fragte ich mich immer wieder.

Es gab Situationen, denen ich schnellstmöglich entfliehen wollte. Wenn ich mich überwand, in der überfüllten U-Bahn Platz zu nehmen, oder wenn ich an der Kasse im Supermarkt warten musste, hätte ich vor Anspannung schreien können. Vor allem machte mich wütend, wenn die Menschen herumtrödelten und mir das Warten aufzwangen. Am liebsten hätte ich alle Leute um mich herum attackiert, wie ein verängstigter Hund, der anfängt zu beißen, weil ihm nichts anderes übrig bleibt.

Ich entwickelte richtige Gewaltphantasien und verspürte in solchen Situationen einen starken Bewegungsdrang. Ich verstand nicht, warum ich so verängstigt und aggressiv war. Diese Gewaltphantasien, die am stärksten waren, sobald ich unter Menschen ging oder starkem Stress ausgesetzt war, wurden zunehmend zum Problem. Ich fürchtete mich vor mir selbst, vor dem, was ich den Menschen um mich herum antun könnte. Die Spannung und Aggressionen nahmen erst dann ab, wenn ich mich bewegen konnte und mich nicht mehr eingeengt fühlte. In diesem Moment verschwanden auch die Phantasien.

Um den Druck und den Frust abzubauen, trieb ich Sport, was aber nicht funktionierte. Jede körperliche Belastung verschlimmerte die Symptomatik, und vor allem der Schwindel machte mir oft so zu schaffen, dass ich beim Joggen und beim Schwimmen nicht mehr weiterkonnte. Diese Übererregung ließ sich einfach nicht abbauen. Zugleich war ich immer noch geschwächt. Beim ersten Schwimmengehen schaffte ich nur zwei Bahnen und hatte das Gefühl, gleich unterzugehen. Der Puls raste, ich war außer Atem, mir war schwindelig. Ich hielt mich wie ein kleiner Junge mit einer Hand am Beckenrand fest, weil ich fürchtete, mich nicht über Wasser halten zu können. Das Einzige, was mir gut half, waren die kalten Duschen nach dem Schwimmen. Nach jeder Abkühlung fühlte ich mich klar und gut. Dann setzten die Symptome allmählich wieder ein.

Ich war nie dick gewesen, hatte aber durch die Büroarbeit der letzten Jahre und durch meine schlechte Ernährung zugenommen. 89 Kilo brachte ich auf die Waage, was bei knapp 1,80 Meter Körpergröße nicht viel ist. Ich war jedoch früher sehr sportlich und muskulös gewesen, mit einem Gewicht von 72 Kilo. Jetzt fühlte ich mich wie ein Achtzigjähriger, eingeschränkt, träge, kurzatmig und müde. Ein armseliger Anblick im Vergleich zu früher.

Durch das, was ich in den Jahren zuvor gegessen hatte, hätte ich eigentlich noch viel dicker sein müssen. Es lag wohl an meinem hohen Grundumsatz, dass es nicht noch schlimmer war. Gewöhnlich startete ich morgens meinen Tag mit einem halben Liter Schwarzen Tee und darin aufgelösten drei bis vier Löffeln Zucker. Gegen 10 Uhr trank ich meist noch einen Tee, natürlich mit derselben Menge Zucker. Dazu gab es zwei belegte Brötchen mit Salami und Mayonnaise, oft noch ein Marzipan-Croissant. Mittags folgte meist ein halber Liter Coca Cola und eine Tafel Schokolade. Abends trank ich dann nochmals eineinhalb Liter Coca Cola, zu einem fetten Abendessen und Schokolade. Keine Seltenheit waren vier Brote mit Wurst, oder auch Pizza in Übergröße. Wenn ich fertig gegessen hatte, fühlte ich mich oft sehr erleichtert. Meine Ess- und Trinkgewohnheiten dienten der Kompensation des Stresses, der Angst und der Einsamkeit, die ich oft fühlte, wenn ich nach vierzehn Stunden Arbeit alleine daheim vor dem Fernseher saß.

Vor gut zweieinhalb Jahren war ich von München nach Frankfurt am Main gezogen. Aufgrund meines hohen Arbeitspensums hatte ich einfach keine Zeit gehabt, ein soziales Netz aufzubauen. Eine Freundin hatte ich nicht. Die Arbeit hatte mich komplett vereinnahmt. Wenn ich nicht arbeitete, saß ich einfach alleine daheim und hatte keine Lust mehr, neue Leute kennenzulernen.

Mit meinem Zusammenbruch hatte sich alles verändert. Nun war ich erst einmal in München, bei Familie und Freunden. Bald stoppte ich den Konsum koffeinhaltiger Getränke, da diese meine nervöse Symptomatik verstärkten. Wenn ich einen schwarzen Tee oder eine Coca Cola auch nur ansah, verschlimmerte sich meine Symptomatik sofort. Auch verzichtete ich zunächst auf jede erdenkliche Form von Zucker, da ich merkte, dass mir Zucker nicht guttat. Meine Schwester äußerte den Verdacht auf Diabetes und führte mit mir einen entsprechenden Bluttest durch.

Heraus kam, dass ich wohl so an Zucker gewöhnt war, dass mein Körper mit einer recht hohen Insulinausschüttung reagierte. So hoch, dass ich nach etwa zwei Stunden eine paradoxe Unterzuckerungsreaktion bekam, wie mir meine Schwester erklärte. Der Körper produzierte einfach so viel Insulin, dass später viel zu wenig Zucker zur Verfügung stand. Dies bedeutete zugleich, dass ich immer wieder Zucker nachführen musste. Ein Teufelskreis!

Jetzt wurde mir einiges klar. Aufgrund dieser Insulinreaktion und des Unterzuckertseins fühlte ich mich einige Zeit nach dem Essen immer müde und antriebslos. Meine Konzentrationsfähigkeit verschlechterte sich. Dies lag also nicht nur am Burn-out, sondern schien seit langem eine Reaktion meines Körpers auf den Zucker zu sein.

Es war überraschend. Sobald ich meine Ernährung umgestellt hatte und mein Körper aufgrund des hohen Verlangens nach Zucker alles verbrannte, was ihm in die Hände fiel, verlor ich allein in den ersten zwei Wochen fünf Kilo. Die zunehmende Bewegung tat ihr Übriges und half mir zusätzlich, Gewicht abzubauen. Ab und zu versuchte ich koffeinhaltige Getränke zu mir zu nehmen, reagierte darauf aber jedes Mal sehr nervös. Also hörte ich schnell damit auf, es immer und immer wieder zu versuchen.

Ø3

Im Mai 2009 hatte ich um acht Uhr meinen ersten Termin in der Tagesklinik eines bekannten Münchener Klinikums. Eigentlich hatte ich mich richtig darauf gefreut, endlich professionelle Hilfe in Anspruch nehmen zu können. Aber das erste, was mir auffiel, waren die vergitterten Fenster und gespannten Sicherheitsnetze in jedem Stockwerk des Treppenhauses.

»Na toll! Ich bin wohl doch in einer Psychiatrie gelandet?!« Ich erwartete jeden Moment, dass schreiende Patienten versuchten, sich das Leben zu nehmen und sich vor meinen Augen über das Treppengeländer zu stürzen, um zappelnd in einem dieser Sicherheitsnetze aufgefangen zu werden. Doch es blieb still. Es war ruhig, zu ruhig. Mut machte mir das alles nicht.

Im dritten Stockwerk angekommen, traf ich auf einen Mann, der sich hier wohl auch zum ersten Mal vorstellte. Ich freute mich, dass ich nicht der Einzige war, der sich hier einer neuen Situation stellen musste. Noch dazu schien er in meinem Alter zu sein.

»Moin, ich bin Jörg.«

»Hi, ich bin Alex. Du bist heute auch zum ersten Mal da, oder?«

»Klar.«

Sein stark norddeutscher Akzent stach mir sofort ins Ohr, ich spürte meine Affinität zu Dialekten und Sprachen. Dem ersten Eindruck nach schien er ganz normal zu sein, so wie alle anderen Umherlaufenden. Meine Nervosität wich langsam meiner Neugier.

Kurz darauf stellte sich uns Rita vor, eine Frau in den Fünfzigern, ebenfalls Patientin und zum ersten Mal hier. Sie war von der Erscheinung her, was ich mir unter einer typischen Münchenerin aus der Grünwalder Schickeria vorstellte. Sie wirkte jedoch nett und aufgeschlossen.

Wir setzten uns gemeinsam in den Frühstücksraum und warteten. Gespannt beobachteten wir jeden Patienten. Wir fragten uns, wie lange die Anwesenden wohl schon hier waren und was ihnen fehlte. Dabei fiel es uns zunächst nicht leicht, Patienten vom Klinikpersonal zu unterscheiden. Alle sahen sie gleich aus, ganz normal gekleidet und unauffällig. Nach einer Weile gelang es uns, die Patienten zu identifizieren. An diesem Tag waren es etwa achtzehn Patienten, bei denen sich später herausstellte, dass sie bereits unterschiedlich lange Aufenthaltszeiten in der Klinik hinter sich hatten. Zwischen einer und neun Wochen. Das erinnerte mich an eine meiner wichtigsten Fragen. Wie lange würde mein Aufenthalt dauern? Bei meinem Erstgespräch hatte man mir bereits gesagt, ich könnte mit einer Behandlungszeit von etwa sechs Wochen rechnen. Es gab jedoch Patienten, die schon deutlich länger da waren. Ich war verunsichert, da mir nicht klar war, woran sich die verlängerte Aufenthaltszeit fest machte. Hatten die anderen Patienten etwas, was ich nicht hatte? Ging es ihnen schlechter? Oder waren sie einfach nur privat versichert?

Eine Krankenschwester kam in den Aufenthaltsraum und schloss die Tür. Alle Patienten sollten sich in einem Kreis einfinden, für die sogenannte »Morgenrunde«. Wie uns erklärt wurde, sollte dieses Ritual jeden Morgen zu Beginn und jeden Spätnachmittag zum Ende des Behandlungstages stattfinden. Ich fühlte mich seltsam. Nun ja, so stellte ich mir ungefähr ein Treffen der Anonymen Alkoholiker vor. Hollywoodstreifen verreißen solche Gruppengespräche nur allzu gerne.

Nun schien es ernst zu werden. Ich war aufgeregt und gespannt, was nun folgen würde.

»Wer möchte heute anfangen? Wir haben heute drei neue Patienten. Daher stellen Sie sich doch bitte alle mit Namen vor und erzählen Sie etwas über sich.«

Längeres Schweigen unter den Patienten, niemand rührte sich. Ich wollte dies sicherlich nicht unterbrechen. Zunächst wollte ich schauen, wie hier alles vor sich ging. Zögerlich fing ein Patient an:

»Na ja, dann fange ich mal an. Ich bin der Peter, bin seit zwei

Wochen hier und leide unter Depressionen. Und ich fühle mich heute schlecht, will aber nicht darüber reden.«

Wieder machte sich langes Schweigen breit:

»Ach ja, und ich gebe weiter an die Sabine!«

Ich beobachtete diese Szene aufmerksam. Sie lief immer gleich ab, denn auch Sabine stellte sich vor, nannte ihre Aufenthaltsdauer, Diagnose und wie sie sich fühlte. Ihr schien es ganz gut zu gehen, und so gab sie an die nächste Person weiter.

Diagnosen wie Essstörungen, Depressionen, Burn-out wurden genannt, und auch Symptome wie Migräne oder Bauchschmerzen. Ich wunderte mich, denn ich hatte erwartet, dass alle Patienten »Burn-out« oder ähnliche Krankheitsbilder haben würden. Aber nicht alle Patienten antworteten mit Angabe ihrer Diagnosen, vielleicht weil sie zu diesem Zeitpunkt noch nichts über ihre Krankheit wussten. Möglicherweise wollten sie auch nicht darüber sprechen oder sie schlicht nicht wahrhaben.

Einige Patienten waren deutlich älter als ich, es gab aber auch einen Schwung an jüngeren Patienten. Von achtzehn bis über sechzig Jahre war hier alles vertreten. Sie schienen aus allen Gesellschaftsschichten zu kommen.

Als ich an der Reihe war, klopfte mein Herz bis zum Hals. Ich schwitzte heftig und stotterte:

»Ja, also..., ich bin der Alex, 33 Jahre alt, habe jahrelang 60-80 Stunden die Woche gearbeitet und darüber hinaus viele schwere Entscheidungen treffen müssen. ... Dann konnte ich einfach nicht mehr! Burn-out!«

Ich bekam anerkennendes Nicken, hier und da sogar ein: »Oh mein Gott!« gespendet. Ich fühlte mich an die Serie »O. C. California« erinnert, in der Kirsten Cohen wieder einmal rückfällig geworden war und bei den Anonymen Alkoholikern unter Tränen über ihren Fehltritt berichtete. Ihre Mitpatienten schauten sie mitleidig an und applaudierten angesichts ihrer Offenheit. Gott sei Dank passierte das hier nicht. Ich gab weiter und war erleichtert. Wieder hatte ich einen Schritt geschafft. Es war gar nicht so einfach, sich hier zu outen und seine Schwächen zuzugeben, von allen in der Runde beobachtet. Bei Freunden und Familie war mir dies überhaupt nicht schwergefallen.

Die Morgenrunde war beendet und löste sich auf. Alle Stühle wurden aufgeräumt und einige Patienten begannen mit dem Frühstück. Wiederum andere, die schon vorher gefrühstückt hatten, fingen an zu lesen oder unterhielten sich. Einige wurden sofort nach der Runde von Mitarbeitern der Tagesklinik gebeten, ihnen zu folgen. Sie wurden wohl zu ihren Behandlungen abgeholt. Ich war froh, dass ich Jörg und Rita an meiner Seite hatte. Mit ihnen konnte ich mich gleich austauschen, wir verstanden uns von Anfang an überaus gut. So fühlte ich mich nicht ganz so alleine und unsicher.

Eine Krankenschwester forderte uns auf, mitzukommen. Zusammen mussten wir nun den ganzen Verwaltungskram über uns ergehen lassen, aber wir hatten ja eh nichts Besseres zu tun. So unterhielten wir uns ausgiebig, während wir auf unsere Termine warteten, und tauschten uns über unsere Vorgeschichten aus. Jörg war Vertriebler und erzählte uns, dass er einfach eines Tages nicht mehr arbeiten konnte. Er hatte sich daher für eine Behandlung in der Klinik entschieden. Rita schien schon etwas fortgeschrittener zu sein. Sie war schon einmal in einer Klinik gewesen und hatte sich zu einer Nachbehandlung entschieden, weil sie sich nicht für ganz gesund hielt.

Nach der offiziellen Aufnahme wurde ich in ein Wartezimmer gebracht.

Eine Frau stellte sich mir vor: »Guten Tag, Herr Feodor, ich bin Ihre Körperärztin.«

Es klang komisch, war aber so! Sie erklärte mir, sie sei für alle physischen Zustände meines Körpers verantwortlich, und neben dem Gesundheitszustand würde sie auch die Verträglichkeit von Medikamenten, die während der Behandlung notwendig sein könnten, überwachen. Kurz gesagt, sie war einfach eine Ärztin wie jede andere auch, und hatte wohl mit den Therapien nichts oder nur sehr wenig zu tun.

Sie befragte mich nach meiner Krankheitsgeschichte und der meiner Familie.

»Haben Sie schon einmal Psychopharmaka genommen?«

»Ja, ich habe das vor ein paar Jahren ausprobiert, aber ich habe sie nach zwei Monaten wieder abgesetzt. Außer Potenzstörungen und einem Gefühl von kaltem Schauer, der mir über den Rücken lief, haben sie gar nichts gebracht.«

»Drogen?«

»Hm, ob ich Drogen nehme? Nein.«

Ich ging davon aus, dass mir aufgrund meiner starken Symptomatik irgendein Medikament verschrieben werden sollte. Das stand ja auch auf dem Ärztebrief aus dem Klinikum, aber zunächst geschah nichts, außer der Untersuchung und der Entnahme von Blut und Urin. Danach war wieder Warten angesagt. Jörg, Rita und ich trafen uns immer wieder in verschiedenen Wartezimmern und tauschten uns aus.

»Was haben sie bei Dir gemacht? Aha. Interessant. Alles klar.«

Dann lernte ich meine sogenannte »Bezugsschwester« kennen. Eine seltsame Bezeichnung, fand ich. Eine Frau mittleren Alters stellte sich mir vor und sagte, sie würde mit mir Gespräche führen und sich um meine Bedürfnisse kümmern. Was das wohl sein würde?

Eine Patientin erklärte mir später ihre Funktion:

»Also, Alex, die Bezugsschwester kümmert sich immer dann um Dich, wenn Dich Deine Einzeltherapeuten zerstören. Sie baut Dich wieder auf, wenn es Dir danach so richtig schlecht geht!«

Ich verzog das Gesicht und fand ihre Erklärung nicht besonders ermutigend. Ich fragte mich, was noch alles auf mich zukommen würde. Die Klinik war nicht so, wie ich sie mir anfangs vorgestellt hatte. Dinge, die mich vorher geängstigt hatten, stellten sich als harmlos heraus. Mit manchen Überraschungen hatte ich wiederum nicht gerechnet.

Der erste Tag ging zu Ende. Er endete mit der so genannten »Abschlussrunde«, das Déjà-vu der Morgenrunde. Jeder Patient gab erneut Auskunft über seinen Zustand, verabschiedete sich und gab an den nächsten Patienten weiter. Auch ich war wieder an der Reihe und fühlte mich jetzt schon etwas routinierter. Ich gab an, mich schon besser zu fühlen, obwohl mich hier vieles überforderte.

Auch am zweiten Tag meines Aufenthalts passierte nicht viel. Nach der Morgenrunde tauschte ich mich mit meinen Mitpatienten aus. Dabei freundete ich mich mit zwei jungen Frauen an, die mir am Esstisch direkt gegenübersaßen. Petra und Julie kamen beide aus Ostdeutschland und waren etwas jünger als ich. Sie wirkten auf mich wie ein unzertrennliches Geschwisterpaar. Zur Auflockerung der Runde gab ich mich sogleich als Gesprächspartner mit bestem imitierten Sächsisch, und beide Mädels stiegen darauf ein. Die durch meine Showeinlagen gelockerte Stimmung am Tisch tat mir gut und lenkte mich ab. So hatte ich das bereits viele Jahre zuvor gemacht, immer dann, wenn ich innerlich angespannt war.

Aber nicht jeder war über unsere Späße entzückt, wie in einigen Gesichtern zu lesen war. Für manche war dieser Ort mehr ein Ort des Ernstes. »Man ist ja schließlich Patient und leidet.« Als ich trotzdem weitermachte und die Showeinlage ihren Höhepunkt erreicht hatte, meinte meine Sitznachbarin Michaela, eine ältere Dame, zu mir:

»Also, Alex, es geht mich ja nichts an, aber ich habe den Eindruck...«, sie machte eine lange Pause, »Du bist ... zu viel ...!«

Sie schüttelte den Kopf und bedauerte wohl, dass sie so offen mit mir gesprochen hatte. Zunächst dachte ich, sie könnte einfach nichts mit dem jungen Partyvolk anfangen. Aber ich musste mir eingestehen, dass sie wohl auch recht hatte. Vielleicht sollte ich einfach den Mund halten, dies war nun mal eine Klinik und keine Party.

Außerdem ging mir meine »Showmaster-Art« selbst auf den Wecker. Ich konnte sie schwer abstellen, und ich fühlte mich mehr und mehr getrieben. Wie in einer Spirale, ständig überdreht. Gleichzeitig machte es mich krank, mich zu verstellen. Es war ein wohltuender Bestandteil meines Charakters, immer »happy« zu sein, aber dies schmerzte auch, weil sich mein Verhalten ins Gegenteil verkehrt hatte. Wann dies genau passiert war, wusste ich nicht. Diesen inneren Zwang hatte ich schon lange ablegen wollen. Aber ich hatte mich hinter dieser Art auch gut verstecken können.

Ich entschuldigte mich bei Michaela und versuchte mich nun etwas zurückzuhalten. Gleichwohl wollte ich kein Trübsal blasen, denn warum soll man nicht auch lachen können?

Allgemein gab es in der Tagesklinik bestimmte Verhaltensregeln, die unbedingt eingehalten werden mussten. Absolute Pünktlichkeit war ein Muss. Man durfte seine Ärzte nicht warten lassen. Wenn man den Termin aus irgendeinem Grund nicht einhalten konnte, sollte man dies vorher ankündigen oder telefonisch Bescheid geben, sobald sich eine Verspätung ergab, sei es auch nur aufgrund eines verpassten Busses. Während der gesamten Behandlungszeit waren Handys und andere Formen der Ablenkung in der Klinik ein absolutes Tabu, außer sie wurden durch das Personal genehmigt. Wie man uns erklärte, sollte die Behandlung durch keine äußeren Einflüsse gestört werden. Natürlich durften wir lesen und auch Musik hören, wir wurden nicht ganz abgeschirmt. Das Einhalten von Regeln galt natürlich auch für leichte Aufgaben, die uns vom Personal zugeteilt wurden.

»Welche Aufgaben müssen wir denn übernehmen? Wir werden hier doch behandelt und sind nicht zum Arbeiten hier!«, entfuhr es Jörg, der dabei heftig den Kopf schüttelte.

Man erklärte uns, dass solche Aufgaben Bestandteil des Aufenthalts und der Therapie seien. Beispielsweise übernahm man hier den Küchendienst oder das Pflanzengießen. Eine Übertretung der Regeln wurde durch das Personal scharf geahndet. Es wurde nicht nachgiebig gesagt: »Nun gut, das nächste Mal nicht mehr!« Der Patient wurde deutlich abgemahnt, und je nach Schwere des Vergehens konnten Patienten unter Beobachtung gestellt oder sogar von der Behandlung ausgeschlossen werden. Eine Sonderbehandlung gab es für niemanden. Vor einiger Zeit hatte man zwei Patienten beim Geschlechtsverkehr auf der Toilette erwischt und sogleich vor die Türe gesetzt.

Uns wurde ein Zettel in die Hand gedrückt, mit dem Hinweis,

dass von Beziehungen unter Patienten dringend abgeraten würde. Dies könnte der Behandlung entgegenstehen. Im Falle, dass dies doch passieren sollte, wäre dies aber kein Ausschlusskriterium. Das Personal würde den «sich Liebenden« dann helfen, eine gute Lösung zu finden. Sex war ein absolutes Tabu, jedenfalls in der Klinik.

Diese Informationen hatten eine merkwürdige Wirkung auf mich, denn sie gaben mir ein gutes Gefühl. Meine Entscheidung, hier in der Klinik nicht anzubandeln, fühlte sich richtig für mich an. Ich hatte überhaupt keine Lust auf Nähe, sah mich aber immerzu gezwungen, Nähe zu suchen. So ganz verstand ich es nicht, aber mir wurde klar: Zuerst bin ich Patient. Ich habe gerade ganz andere Sorgen. Sobald ich mich auf jemanden einlassen würde, könnte es Probleme geben. Nicht nur von Seiten der Klinik, sondern auch, weil Beziehungen mir in meiner Vergangenheit bereits öfters schwergefallen waren. Ich führte meist gute Beziehungen, jedoch fühlte ich mich emotional immer sehr bedrückt. Jetzt traf ich bewusst die Entscheidung, vorerst alleine zu bleiben. Durch meinen Zustand und die Klinikvorgabe hatte ich auch eine Rechtfertigung, nicht eine Beziehung eingehen zu müssen. Zu müssen? Wirklich seltsam, was ich dachte. Aber es erleichterte mich ungemein.

Drei Tage nach Beginn meines Aufenthalts fand die erste Gruppentherapiesitzung statt. Diese wurde abwechselnd von drei verschiedenen Therapeuten geleitet. In unserem Fall war dies hauptverantwortlich der Chefarzt, und dazu entweder eine Kunsttherapeutin oder Bewegungstherapeutin, je nach Gruppenzugehörigkeit.

Wie wir schon vorher auf Namenslisten herausgefunden hatten, waren alle Patienten in die beiden Hauptgruppen A und B unterteilt. Diese Hauptgruppen fanden sich in den verschiedenen Gruppentherapiesitzungen zu je etwa zehn Personen zusammen. Die Verteilung schien willkürlich zu erfolgen und unterschied sich nur in einem Punkt. Als Zugehöriger der Gruppe A nahm ich in der Gesprächsgruppentherapie A und in der Kunsttherapie teil. Bei der Gruppe B stand neben der Gesprächsgruppensitzung die sogenannte »Konzentrative Bewegungstherapie«, kurz KBT, im Vordergrund. Unter Kunsttherapie konnte man sich ja noch etwas vorstellen, aber KBT?

Die Patienten der anderen Gruppe gaben mir dazu einige Hinweise. Salopp ausgedrückt, »spielte« man dort mit Bauklötzchen und anderen Dingen. Den Patienten wurden bestimmte Gegenstände zur Verfügung gestellt, beispielsweise Bauklötze, Kissen, Schnüre, Autos, Papier und viele andere Gegenstände des alltäglichen Lebens. Anhand dessen sollten Themen oder Probleme behandelt werden, indem ein Gegenstand symbolisch für einen Zustand, eine Person oder eine Situation verwendet werden konnte. Dies war eine Möglichkeit der vereinfachten Darstellung des Seelenlebens eines Patienten. So sollte er die Möglichkeit erhalten, Aspekte seines Lebens von außen zu betrachten, die er so nicht sehen konnte oder wollte. So ganz war es mir immer noch nicht klar. Im Internet versuchte ich weiterzukommen. Die Wikipedia-Definition half mir jedoch nur begrenzt weiter:

»(...) In der Konzentrativen Bewegungstherapie werden Wahrnehmung und Bewegung als Grundlage des Handelns, Fühlens und Denkens genutzt. Im konzentrativen Sich-Bewegen, Sich-Wahrnehmen werden Erinnerungen reaktiviert, die im Laufe des Lebens ihren Körperausdruck in Haltung und Verhalten gefunden haben. Außerdem kann im Umgang mit Objekten (z.B. Tücher, Steine, Stäbe, oder auch Menschen) neben der realen Erfahrung auch ein symbolischer Bedeutungsgehalt erlebbar werden. Vor dem Hintergrund entwicklungs- und tiefenpsychologischer Denkmodelle ermöglicht das anschließende Gespräch den Erfahrungsaustausch und die Reflexion der leiblichen Erfahrung. Ergebnisse sind differenziertere Wahrnehmung, klarere Unterscheidung von funktionalen und dysfunktionalen Verhaltensmustern und darauf aufbauend Veränderung und Entwicklung.«

Dies erinnerte mich an ein Verfahren, über das ich schon einmal etwas gelesen hatte, nämlich die Familienaufstellung. Dort werden Personen aufgestellt, nicht aber Gegenstände.

Wir saßen nun in der ersten Gruppengesprächstherapiesitzung, die vom Chefarzt der Klinik geleitet wurde. Diese Sitzung fand in einem separaten Raum statt. Auch hier setzten wir uns in einem Kreis zusammen, ähnlich wie in der Morgenrunde.

Ich betrachtete unseren Therapeuten genauer. Ich fand ihn etwas merkwürdig, seltsam distanziert, mit einem immer gleichbleibenden Gesichtsausdruck. Ein leicht melancholischer Mann in seinen Fünfzigern, mit einer überaus ruhigen Stimme. Nachdem er uns begrüßt hatte, klärte er uns über die Regeln der Gruppe auf. Er sagte uns, dass alles, was in der Gruppe gesprochen wurde, vertraulich zu behandeln sei und nicht nach außen dringen dürfte. Nicht einmal die anderen Patienten sollten etwas darüber erfahren, was hier vor sich ging. Man dürfe den Raum zwischendurch verlassen, für einen Toilettengang. Man dürfe dies aber auch tun, wenn die Themen in dieser Runde zu belastend würden. Außerdem sei es keine Pflicht, sich hier einzubringen. Man dürfe auch schweigen.

Und das taten auch alle Patienten. Da ich sonst nie den Mund halten konnte, biss ich mir auf die Zunge und nahm mir vor, diesmal einfach ruhig zu sein und die anderen zuerst reden zu lassen.

In diesem Moment warf sich Jörg in die Gesprächsrunde:

»Ja, ich bin neu, also fange ich einfach mal an …!«

Während Jörg begann, über sich und seine Vergangenheit zu erzählen, fiel mir auf, dass zwei Patientinnen nebeneinander mit verschränkten Armen und etwas angespanntem Gesichtsausdruck saßen. Da ich wusste, dass beide schon über sechs Wochen da waren, wunderte ich mich über ihre offenkundig ablehnende Haltung.

»Warum sind denn beide so genervt? Haben wir etwas falsch gemacht? Können sie uns vielleicht nicht leiden?«

Ich lenkte meine Gedanken wieder auf die Gesprächsrunde. Jörgs Geschichte forderte jetzt meine ganze Aufmerksamkeit, denn nicht umsonst verstanden Jörg und ich uns von Anfang an so gut. Es fanden sich viele Parallelen in unserer Leidensgeschichte. Nur schienen mir seine erzählten Erlebnisse auf einmal viel bewegter zu sein. Er hatte drei Familienangehörige verloren. Seine Mutter hatte sich das Leben genommen, als er noch ein Kind war, doch diese Wahrheit hatte er erst nach dem Tod seines Vaters erfahren, der erst vor kurzem verstorben war. Das war eigentlich schon sehr viel für ihn gewesen, und dann kam auch noch der Tod seiner neugeborenen Tochter hinzu. Er konnte nicht mehr arbeiten, er konnte nicht mehr funktionieren vor lauter Schmerz. Als Jörg davon erzählte, liefen ihm die Tränen über das Gesicht. Ich hatte selten einen Menschen so weinen gesehen. Mich zerriss es innerlich.

Diese erste Gruppensitzung war wie ein Schlag in mein Gesicht. Da auch ich meine Mutter verloren hatte, war es nicht leicht für mich, dies alles mit anzuhören. Auch die anderen Patienten hatte dies wohl ziemlich mitgenommen, denn nach etwa eineinhalb Stunden endete diese erste Gruppensitzung mit vier weinenden Patienten. Ich war jedoch nicht unter ihnen. Völlig überfordert und nach Luft ringend, ging ich zunächst in den Park hinter dem Krankenhaus, um mich zu entspannen. Ich schluckte. Dies hier war erst der dritte Tag, und dann gleich so ein Magenschwinger!

»Ob das wohl jeden Tag so geht?«

Das Klinikpersonal verteilte verschiedene Aufgaben an uns und bildete Teams. Ein Team aus zwei Patienten für eine Woche Frühstücksvorbereitung, ein weiteres Team für das Mittagessen. Andere gossen die Blumen oder räumten auf, während das letzte Team den wöchentlichen Spaziergang in der Gruppe organisierte und betreute.

Schon in der ersten Woche sahen wir, dass einige Teams nicht so gut funktionierten. Gleich zu Beginn kam es zu Reibereien, wie im richtigen Leben. Mit dem einen konnte man, mit dem anderen nicht. Hier in der Klinik konnte man sich nur schwer aus dem Weg gehen. Die Situation der Patienten verstärkte oft auch die Konflikte.

In der ersten Woche musste ich das Mittagessen organisieren und hatte mit Jörg als Teammitglied keine Probleme. Das Frühstücksteam hatte nicht so viel Glück. Michaela hatte ihre Mühe mit Steffi, einer Patientin, die etwa Ende zwanzig war und die ich eher als »verwöhntes kleines Ding« charakterisiert hätte. Sie kam notorisch zu spät und war deshalb gleich zu Beginn ihrer Therapie von der Klinikleitung angemahnt worden. Michaela war schnell auf hundertachtzig und beschwerte sich, da sie morgens 45 Minuten vor den anderen Patienten in der Klinik sein musste. Sie hatte alles zum Frühstück für fast zwanzig Personen hergerichtet, und das alleine, ohne irgendeine Entschuldigung von Steffi. Ich war neugierig und fragte Steffi, warum sie denn immer zu spät käme.

»Passt schon, ich bin halt depressiv ...«, quittierte sie meine Frage mit einer Gleichgültigkeit, von der ich nicht wusste, ob ich sie mit einem mitleidigen Lächeln oder mit abgrundtiefer Feindseligkeit beantworten sollte.

»Wir beide werden wohl nicht so viel miteinander zu tun haben«, dachte ich. Sie war mir nicht besonders sympathisch.

Auch mir fiel es schwer, mich zu motivieren. Ganz besonders, wenn es mir schlecht ging und ich innerlich mit mir kämpfte, oder wenn ich gegen eine Mischung aus Schwindel, Übelkeit und Tinnitus anging.

Trotzdem konnte ich meine Aufgaben gut erledigen, auch wenn es mir schwerfiel. Ich wollte mich einbringen, da mir hier ja geholfen werden sollte, und ich wollte die anderen Patienten nicht enttäuschen und unnötig anecken. Das war nicht meine Art. Ich fand es richtig, wenn das Klinikpersonal unkooperativen Patienten die richtige Richtung wies, sobald es auf Kosten ihres oder unseres Wohlbefindens ging.

Entspannung fand ich in der ersten Kunsttherapiesitzung. Wie das Wort »Kunst« impliziert, durften wir uns nach Herzenslust austoben. Der Kunstraum befand sich in einem anderen Krankenhaustrakt und erinnerte mich beim Betreten gleich an den Malsaal meiner Schule. Überall standen Farben und benutzte Pinsel herum. An den Wänden hingen Bilder der Kategorie Aktionskunst, wie ich sie so nur in Galerien zu Gesicht bekommen hatte.

Unsere Kunsttherapeutin stellte sich vor. Sie war etwa Anfang vierzig, ruhig und sehr freundlich. Sie gab uns eine Einführung in diese Form der Therapie und sagte, dass es möglich sei, Unbewusstes durch die Kunst zum Ausdruck zu bringen. Daher seien die künstlerischen Aktivitäten unserer Gruppe nicht nur zur Entspannung gedacht, sondern sollten uns und den Ärzten die Möglichkeit geben, mehr über unser seelisches Innenleben zu erfahren.

Wir begannen abermals eine Art Morgenrundenritual. Wieder stellten wir uns einer nach dem anderen vor und gaben zu Protokoll, wie wir uns gerade fühlten. Da es sich für uns um die erste Stunde handelte, ließ uns die Therapeutin die freie Entscheidung, was wir mit unserer Zeit anfangen wollten. In den folgenden Stunden wurden die Themen meist vorgegeben.

In einer Ecke des Raumes war mir neben den vielen Malutensilien ein Klumpen Ton aufgefallen. Da ich die freie Wahl hatte, stürzte ich mich sofort darauf, weil ich mich daran erinnerte, dass meine Mutter oft und gerne getöpfert hatte. Als kleiner Junge hatte ich ihr geholfen und mir einiges abgeschaut. Das wollte ich nun wieder aufgreifen und umsetzen. Seit über 20 Jahren hatte ich keinen Ton mehr angefasst. Nach einer intensiven Knetorgie formte ich den Oberkörper eines Mannes. Es war ein kräftiger, muskulöser Oberkörper. Dann nahm ich ein Messer und schnitt ihn diagonal durch. So wirkte er wie gespalten.

Auch andere Patienten fanden Zugang zum Ton, andere wiederum nahmen sich Pinsel und Farbe zur Hand. Auch sie ließen ihren künstlerischen Fähigkeiten freien Lauf. Dies hier hatte wenig mit dem Kunstunterricht meiner Schule zu tun. Wir durften ganz frei malen. Die Therapeutin betonte, dass es hier nicht um Schönheit ging, sondern um das, was wir zum Ausdruck bringen wollten. Sobald alle Patienten mit ihren Werken aus Ton oder Farbe fertig waren, wurden diese auf den Tisch zur gemeinsamen Besprechung gelegt. Jeder Patient wurde gefragt, was er sich bei der Anfertigung seines Werkes gedacht hatte. Als ich an der Reihe kam, wusste ich nicht so recht, was ich sagen sollte. Viel interpretieren musste man hier eigentlich nicht.

»Ich fühle mich völlig zerrissen. Dieser kräftige Körper. Aber warum? Keine Ahnung.«

Fragend sah ich die Therapeutin an und erwartete eine eindeutige Antwort. Aber die Therapeutin nickte nur und sprach den nächsten Patienten an, der sein Werk den anderen vorstellen sollte. Ihre Reaktion gefiel mir überhaupt nicht. Waren die Therapeuten nicht dazu da, uns eindeutige Antworten zu geben? Deshalb war ich ja hierhergekommen.

Auch Jörg war meiner Gruppe zugeteilt, was ich sehr angenehm fand. Wir waren schon fast wie ein schwules Pärchen, weil wir die ganze Zeit miteinander verbrachten. Wie wir beide von den anderen Patienten erfuhren, konnte man in der Kunsttherapie generell töpfern, malen, aber auch basteln. Auch wenn ein Thema vorgegeben war, so konnte man auch seinem »Kindheits-Ich« freien Lauf lassen und schmollen:

»Nein, Nein! Ich will heute nicht malen, ich will töpfern!«

Im Anschluss an diese Stunde nahmen wir zum ersten Mal an der Sport- und Gymnastiktherapie teil. Anfangs veranlasste mich dieses »athletische« Sportprogramm noch zum Schmunzeln. Ich wurde aber schnell eines Besseren belehrt, da viele der Patienten nicht in der Lage waren, die meisten Übungen durchzuhalten. Wegen akuten Schwindels oder Übelkeit brachen einige Patienten die Übungen vorzeitig ab. Sie waren seit Jahren keinen Sport mehr gewohnt oder hatten sich nie viel bewegt. Auch ich kam schnell an meine Grenzen, gehörte aber noch zu denjenigen, die Kontrolle über ihren Körper besaßen. Ich hatte die letzten Wochen mit Schwimm- und Lauftraining verbracht und konnte viele Übungen durchhalten. Dennoch bekam ich Schweißausbrüche und war nach der Stunde völlig überanstrengt. Mir war sehr schwindelig, und ich brauchte eine wohlverdiente Pause.

Nach dem anstrengenden Sportprogramm war der wöchentliche Abschlussspaziergang an diesem Freitag die reinste Erholung. In einem nahe gelegenen Naturgebiet schlenderten wir eine Stunde die Wege entlang. Wir unterhielten uns angeregt und ausgelassen. Es war herrliches Wetter an diesem Tag im Mai, und ich freute mich auf das Wochenende.

Nach dem Spaziergang ging es dann gleich in die Abschiedsrunde. Und mit den mantraartigen Bekundungen über den Zustand eines jeden Patienten und die Weitergabe an den Nächsten lag nun die erste Woche hinter mir. Ich fühlte mich viel, viel sicherer und integrierter. Die anfängliche Angst wich einer Neugier und Hoffnung, dass nun alles besser werden würde. Doch eines beschäftigte mich dann doch noch. Bis jetzt hatte ich immer noch nicht meinen Einzeltherapeuten kennengelernt. Ich kannte bisher nur seinen

Namen und wunderte mich, warum ich ihn noch nicht getroffen hatte? Wir hatten doch so gut wie alle Programme durchlaufen?

04

Die zweite Woche meines Klinikaufenthalts begann. Als ich den laut rasselnden Wecker auf der Couch meines Vaters abstellen wollte, verlor ich beim Umdrehen das Gleichgewicht und fiel prompt von der Couch. Alles drehte sich auf einmal so schlimm, wie ich es noch nie zuvor erlebt hatte. Ich stand auf und taumelte ins Bad. Dabei verlor ich das Gleichgewicht und prallte heftig gegen den Türrahmen. Ich hatte keine Kontrolle über meinen Körper und war völlig durcheinander. Weshalb ging es mir auf einmal wieder so schlecht?

Ich bekam Angst, Tränen schossen mir in die Augen. Auf einmal war alles wieder so schlimm wie auf der Messe. Ich hatte große Angst, das Erlebte noch einmal durchmachen zu müssen. Es war mir doch in den letzten Wochen zunehmend besser gegangen? Warum also diese Verschlechterung?

Mein Vater schaute mich verdutzt an:

»Was ist denn mit Dir los?«, fragte er.

»Ich weiß auch nicht, mir geht es einfach wieder so schlecht wie auf der Messe.«

Schweigend schüttelte er den Kopf. Er war mit der Situation genauso überfordert wie ich. Ich versuchte mich zu beruhigen, setzte mich hin und versuchte zu frühstücken. Ich überlegte mir ernsthaft, ob ich an diesem Tag überhaupt in die Klinik gehen sollte.

»Wer soll mir sonst helfen, wenn nicht die Ärzte?! Aber wie, verdammt noch mal, komme ich in diesem Zustand überhaupt in die Klinik?«

Meinen Vater um eine Fahrt in die Klinik zu bitten, fiel mir weder ein, noch bot er es an. Mein Ego befahl mir aufs Neue, alles alleine schaffen zu müssen. So gab ich mir einen Ruck und machte mich auf den Weg in die Klinik.

Nie zuvor hatte ich so einen Tunnelblick gehabt. Ich starrte auf die zwei Meter Boden vor meiner Nase. Im Rollstuhl wäre ich wohl besser vorangekommen. Ich konzentrierte mich und wankte vorsichtig in Richtung U-Bahn, jederzeit darauf vorbereitet, einen möglichen Sturz abzufangen. Die Leute auf der Straße starrten mich an. Ich kam mir vor wie ein Alkoholiker, weil ich jeden Schritt vorsichtig vor den anderen setzen musste und die Arme breit ausgestreckt hielt.

In der U-Bahn war mir alles zu viel: die Menschen, das Schaukeln, die Enge, die Geräusche. Noch dazu hatte München seit kurzer Zeit neue U-Bahnen im Einsatz, deren Abteile gar nicht mehr voneinander getrennt waren. So sah ich nun, wie sich der lange Schlauch an Waggons krümmte und schlängelte, während die U-Bahn durch den Tunnel schoss. Auch die neuen Stoßdämpfer erinnerten mehr an die eines Cadillacs und verursachten eine langsame, verzögerte Bewegung der einzelnen Abteile. Von diesem Schaukeln wurde mir ganz übel, also starrte ich die ganze Zeit auf den Boden.

Die anderen Menschen auf dem Weg zur Arbeit zu sehen und dieses Gewusel zu ertragen, schaffte mich. Seit Monaten war ich stark überempfindlich gegen Geräusche aller Art, aber heute war es nicht mehr auszuhalten. Es war, als ob ich keinen einzelnen Ton mehr filtern konnte. Ein Brei aus Rauschen und Kreischen dröhnte in meinen Ohren. Ständig klingelte es. Ich kam mir vor wie in einer Folterkammer, in der man ständig beschallt wird. Am liebsten wäre ich schreiend aus dem Wagon gesprungen.

Als ich endlich aus der U-Bahn steigen konnte, war es wie eine Erlösung für mich. Ich konnte wieder durchatmen. Weg von all dem Trubel und diesen Menschenmassen, die ich am liebsten um mich schlagend von mir weggetrieben hätte. Die anschließende Busfahrt dagegen war ein Spaziergang, mit mehr Ruhe und einem angenehmeren Blick aus dem Fenster.

In der Klinik angekommen, sprach ich sofort die Schwestern auf meinen Zustand an.

»Ja, Herr Feodor, gleich nach der Morgenrunde gehen Sie zu Ihrer Körperärztin.« Etwas erleichtert, aber ungeduldig saß ich in der Morgenrunde und schilderte meinen Zustand. Einige der Patienten sahen mich mitleidig an, mir aber war egal, was man von mir dachte. Ich wollte nur endlich Hilfe bekommen, und zwar so schnell wie möglich.

Die Körperärztin empfing mich und führte ein paar Standarduntersuchungen durch, die mir bereits bekannt waren.

»Herr Feodor, Sie sollten sich nicht allzu große Sorgen machen. Dies kann durchaus normal sein. Viele Patienten erfahren in der Klinik eine Symptomverschlechterung, bevor es Ihnen besser geht.

»Symptomverschlechterung? Was bedeutet das?«

»Dieses Phänomen tritt häufig nach Beginn einer Behandlung auf. Bedrückt Sie gerade etwas?« Ich horchte auf. An diesem Wochenende war wirklich etwas in mir passiert, als ich über meine Vergangenheit nachdachte.

»Ehrlich gesagt, ging es mir über das Wochenende zwar recht gut. Es beschäftigt mich aber etwas aus meiner Vergangenheit«, antwortete ich.

»Dann sprechen Sie am besten noch mit Ihrer Bezugsschwester, vielleicht hilft Ihnen das ja. Ich gebe ihr gleich Bescheid.«

Als ich auf den Termin mit meiner Bezugsschwester wartete, beruhigten mich einige Mitpatienten. Bei ihnen habe sich anfangs auch eine Verschlechterung ergeben, aber das wäre normal. Es würde wohl daran liegen, dass man sich hier Dingen stellen musste, die man im Allgemeinen lieber vermieden hätte.

Die Bezugsschwester holte mich ab, und zu meiner Überraschung gingen wir in den Garten des Klinikums. Die ersten Gespräche hatten in der Regel in einem Behandlungszimmer stattgefunden, und das hatte ich jetzt eigentlich erwartet.

Nun führte sie mich in einen abgelegenen Bereich des Gartens. Dort war ein Weg aufgebaut, der aus unterschiedlichen Materialien bestand. Ich fühlte mich wie im Baumarkt, in dem man seine neue Gartenausstattung testen konnte.

»Ziehen Sie Ihre Schuhe und Socken aus!«

»Wie bitte?«

»Ziehen Sie diese ruhig aus, wir machen jetzt gemeinsam eine Übung. Gehen Sie den Weg entlang. Aber gehen Sie nicht einfach nur. Lassen Sie sich Zeit und erspüren Sie jeden Schritt. Wie fühlt sich der Boden unter Ihren Füßen an? Was empfinden Sie dabei?«

Etwas irritiert folgte ich Ihren Anweisungen und erspürte den Grund mit meinen Füßen.

»Was hat das Ganze denn mit meinem Zustand zu tun?«, fragte ich sie.

»Tun Sie es einfach.«

Der kalte Morgentau auf dem Gras und die feuchten Holzstückchen, die dazwischen eingestreut waren, fühlten sich zunächst ungewohnt an, aber auf eine Weise auch anregend. Ein Schauer wie bei einer kalten Dusche durchfuhr meinen Körper. Dann wechselte der Untergrund. Er war steinig und schmerzte, und bald war er wieder weich und feucht.

Wir verbrachten etwa eine Viertelstunde damit, den Weg auf und ab zu schreiten. Zu meiner Überraschung entspannte ich mich etwas. Der Schwindel wurde besser.

Anschließend gingen wir zurück in die Klinik, in einen Behandlungsraum.

»Herr Feodor, Sie müssen lernen, sich zu erspüren. Deswegen haben wir auch gerade die Übung gemacht. Geht es Ihnen jetzt besser?«

»Ja, schon etwas, aber ich bin immer noch unruhig, und schwindelig ist mir auch immer noch.«

Ich berichtete ihr, dass mich am Wochenende doch so einiges aus meiner Vergangenheit beschäftigt hatte, über das ich jedoch nicht so gerne sprechen wollte.

»Was ist es denn, was Sie beschäftigt?«

Ich zögerte.

»Wissen Sie, ich möchte nicht darüber reden, weil ich Angst habe, dies dann hier in der Gruppe thematisieren zu müssen. Ich möchte nicht, dass jemand diesen Einblick bekommt.«

»Keine Sorge, Herr Feodor, was hier gesprochen wird, bleibt unter uns. Wenn Sie möchten, kann ich es noch mit den anderen Ärzten besprechen, aber nur, wenn Sie das wünschen.«

»Erst einmal möchte ich nicht darüber sprechen. Vielleicht ein anderes Mal.«

Sie reagierte verständnisvoll und bohrte nicht weiter. Es tat mir gut, Probleme und Ängste ansprechen zu können, ohne mich erklären zu müssen. Gerade in der Anfangsphase meiner Behandlung hatte ich viel Wissensbedarf und musste Vertrauen zu dieser Einrichtung aufbauen. Alles war neu und wirkte ungewohnt auf mich. Ob ich mich hier fallen lassen könnte, wusste ich noch nicht, wollte es aber gerne versuchen. Dass mich meine Bezugsschwester nicht drängte, gab mir Mut und Zuversicht.

In dieser Woche wurde ich endlich meinem Einzeltherapeuten vorgestellt. Neben den vielen Gruppentherapien und anderen Verpflichtungen musste ich ebenso an regelmäßigen Einzeltherapiestunden pro Woche teilnehmen. Ich konnte nur erahnen, was auf mich zukommen würde. Petra hatte ja schon gesagt, sie würden einen hier »zerstören«.

Von meinem Einzeltherapeuten war ich zunächst überrascht, geradezu amüsiert. Dieser junge Mann war nur unwesentlich älter als ich. Er schien verheiratet zu sein, war sehr ordentlich gekleidet und hatte ein freundliches, aber bestimmtes Auftreten. Zusammen mit seinem Outfit, mit seiner Brille und der auffälligen Glatze, entzog er sich nicht nur jeder Schublade, sondern wirkte auch überaus reif. Er strahlte eine natürliche Autorität aus.

»Er sieht aus wie Lex Luthor«, schoss es mir durch den Kopf, und ich musste ein Lächeln unterdrücken. Der Name sollte jedoch nichts über seinen Charakter aussagen, vielmehr war er das genaue Gegenteil des Schurken aus der Superman-Saga. Er sprach jedoch mit einem ähnlich bestimmten Ton und wirkte auf diese Weise gut 20 Jahre älter. Bei mir sollte er in den nächsten Wochen immer genau ins Schwarze treffen, wenn es um mein seelisches Innenleben ging.

So begann auch das erste Gespräch zwischen uns. Aufgrund meiner früheren Erfahrungen mit Therapeuten war ich äußerst voreingenommen. Ich nahm mir vor, mich vom Therapeuten nicht manipulieren zu lassen, diese Linie sollte er nicht überschreiten. Daher ging ich den Therapeuten gleich zu Anfang massiv an. Aufgebracht setzte ich ihm auseinander, dass ich eh alles besser wüsste und er sich sein Gerede sparen könnte.

Er beobachtete mich ruhig und hörte sich alles genau an, bis ich meine Ausführungen beendet hatte. Nach einem längeren Schweigen entgegnete er mir in einem bestimmten, schon fast arrogant klingenden Ton:

»Also, Herr Feodor, wenn Sie Ihre Machtspiele durchziehen wollen, dann werde ich hierbei nicht mitmachen.«

»Wieso? Das sind keine Machtspiele! Ich beabsichtige gar nicht, mich über Sie zu stellen!«, verteidigte ich mich.

»Natürlich. Was Sie jetzt gerade abziehen, ist nichts anderes. So kommen wir nicht weiter!«, entgegnete er mir scharf.

Ich verstand nicht, was er von mir wollte. Anstatt ihn zu fragen, versuchte ich mich zu erklären und gestikulierte wild mit den Armen.

»Alles, was ich will, ist, dass Sie mich nicht austricksen und manipulieren. Bitte zwingen Sie mich nicht dazu, Dinge gegen meinen Willen zu tun. Ich will einfach, dass Sie mir helfen und nicht alles besser wissen! Ich will nicht, dass Sie in meinem Gehirn herumrühren!«

Genau das hätte ich ihm eigentlich zu Anfang auch ganz ruhig erklären können. Alles, was ich wollte, war Hilfe. Aber nach meinen Regeln!

Mir wurde schlagartig klar, dass meine Voreingenommenheit gegenüber dem Therapeuten daher kam, dass ich mich an den vier Jahre zurückliegenden, ersten Therapieversuch erinnerte.

Ich hatte mich vor vier Jahren für professionelle Hilfe entschieden, da ich über Jahre hinweg Probleme in meinen Beziehungen hatte, mich nie auf meine Partnerinnen einlassen konnte und einfach nie zur Ruhe kam. Außerdem fiel mir auf, dass ich jedes Mal beim Ansehen von Todesszenen im Fernsehen tief traurig wurde. Ich vermutete, dass dies mit dem Tod meiner Mutter zusammenhängen könnte. Die erste Therapie verlief nicht so, wie ich es mir erhofft hatte. Gleich zu Beginn traten Unstimmigkeiten zwischen mir und der Therapeutin auf. Sie unterstellte mir Dinge, die einfach nicht stimmten. Und sie sagte, sie würde mir nicht vertrauen. Aber was sollte ich dann hier, wenn sie meinen Worten nicht traute?

Im weiteren Verlauf lenkte die Therapeutin die Gespräche zunehmend auf meinen Vater, anstatt weiter auf den Tod meiner Mutter einzugehen. Sie argumentierte in einer Art und Weise, die mich annehmen ließ, sie wollte mich gegen meinen Vater aufbringen. Nach einer schweren Zeit verstand ich mich jedoch mit ihm wieder besser und wollte dieses empfindliche Gleichgewicht nicht stören. Endgültig platzte mir der Kragen, als ich ihr eine Stunde kurzfristig absagen musste und sie mich deswegen massiv anging. Sie setzte mich unter Druck und akzeptierte nicht, dass ich den Termin wegen meiner neuen Arbeitsstelle nicht wahrnehmen konnte.

Ich beendete diese Therapie und fragte mich verunsichert, ob ich überhaupt noch in der Lage war, irgendeinen vernünftigen Gedanken zu fassen. Jedoch erzählte mir zwei Monate später eine enge Freundin von ihrer Bekannten, die bei eben jener Therapeutin in Behandlung gewesen war und die Therapie ebenfalls abgebrochen hatte. Ich hörte dies mit Erleichterung. Offenbar hatte ich eine ganz gute Einschätzung der Situation gehabt.

Von diesen Ereignissen berichtete ich aufgebracht meinem Einzeltherapeuten und versuchte mich zu erklären. Er unterbrach mich.

»Sie sind der Patient, Herr Feodor, und ich möchte, dass Sie mich als Ihr Instrument ansehen, damit wir gemeinsam an Ihrer Genesung arbeiten können. Ich manipuliere Sie nicht. Vielmehr helfe ich Ihnen, sich selbst zu helfen, indem ich versuchen werde, Sie in die richtige Richtung zu leiten, und Antworten zu finden, welche Sie selbst nur schwer selbst erkennen können.«

Seine Stimme hatte einen sehr freundlichen, verständnisvollen Ton angenommen, ganz und gar nicht mehr aggressiv und bevormundend.

Ich war überrascht und verstand in diesem Moment, dass ich ihm und mir gegenüber absolut ehrlich sein musste. Gegen ihn zu kämpfen, würde mich nicht weiterbringen. Er äußerte die Vermutung, dass die Behandlung durch die Therapeutin auch an mir gescheitert sein könnte, aber er signalisierte mir gleichzeitig, dass er meine Worte ernst nahm.

Er ging auf mich ein, und das erleichterte mich. Er zeigte mir, dass meine Angst, die Kontrolle zu verlieren, unnötig war. Und er behandelte mich nicht so herablassend wie meine erste Therapeutin.

Im Laufe der nächsten zwei Sitzungen merkte ich, dass ich einige Dinge anfangs nur meiner Bezugsschwester sagen konnte, jedoch nicht meinem Einzeltherapeuten. Ich wusste, dass dieser trotzdem über die Inhalte informiert werden würde. Auch wenn ich nach der ersten Sitzung meinem Einzeltherapeuten einigermaßen vertraute, war mir meine Bezugsschwester als Gesprächspartnerin deutlich angenehmer. Ich fühlte mich einfach wohler bei ihr und hatte bereits in den ersten zwei Wochen Vertrauen zu ihr gefasst.

»Ist das etwas Sexuelles?«, fragte mich Lex Luthor.

»Wie bitte?« Ich verstand seine Frage nicht.

»Was fühlen Sie bei Ihrer Bezugsschwester, Herr Feodor? Eher etwas Sexuelles oder eher etwas Mütterliches?«

Ich schmunzelte, denn meine Antwort brachte mich nicht in Verlegenheit.

»Nein, das ist etwas Mütterliches!«, entgegnete ich lachend. Ich war in diesem Moment sehr froh, dass sich meine Antwort richtig anfühlte, auch wenn ich den Grund seiner Frage nicht verstand. Er nickte und machte keine Anstalten, weiter zu fragen.

In diesen ersten Therapiestunden sprach ich oft von meinem Chef und meinen Problemen mit ihm. Ich war ja schließlich auf der Arbeit zusammengebrochen und dachte immer wieder an die Zeit nach der Behandlung. Auch wenn ich bereits viel Abstand in den letzten Wochen bekommen hatte, machte mir der Gedanke an die Arbeit Angst.

In den nächsten Gruppensitzungen beobachtete ich, dass meine Mitpatienten mehrheitlich das Gesicht verzogen, wenn ich darüber berichtete, was mein Chef mir angetan hatte. Unüberhörbares Schnaufen und eindeutige Blicke ließen mich darüber nachdenken, was sie eigentlich störte. Lag es daran, dass ich ihnen Gedanken aufdrückte, die sie selbst nicht ertragen konnten? Oder lag es daran, dass ich sie mit meinem Gerede nervte? Auch als ich dort über den Tod meiner Mutter sprach und dieses Thema nicht mit offenen Armen aufgenommen wurde, fragte ich mich ernsthaft, was denn nicht stimmte. Bis auf wenige Ausnahmen, nämlich die Patienten, die selbst einen Menschen auf tragische Weise verloren hatten, waren die anderen Patienten von meinen Erzählungen nicht besonders begeistert. Julie und Petra, mit denen ich mich in den letzten Wochen angefreundet hatte, riefen mir am Frühstückstisch zu:

»Alex! Bleib bei Dir!«

Diesen Satz hatte ich schon oft bei anderen Patienten gehört, nun war er das erste Mal an mich adressiert. Oh, wie ich diese Worte hasste! Was meinten sie damit?

»Ich soll bei mir bleiben? Bin ich doch! Ich erzähle doch von mir, oder nicht?«

»Nein, Alex, Du bist mit Deinen Gedanken viel zu oft bei anderen Dingen und Menschen. Du gibst allem anderen die Schuld für Dein eigenes Leben, den eigenen Zustand. Weißt Du, wir verbringen viel Zeit damit, uns über den Nachbarn oder die Politik aufzuregen. Wir beklagen uns über die allgemeinen Missstände in unserem Land, damit wir die Verantwortung für uns selbst abwälzen können. Es geht aber um unsere eigenen Gefühle, nicht darum, wie sehr man eine Person nicht leiden oder ein Problem nicht ertragen kann. Du selbst bist wichtig, und was Du dabei fühlst!«

Petra brachte mich zum Nachdenken und ich war mir nicht sicher, ob ich auf die Worte einer Patientin hören sollte, die selbst hilflos zu sein schien. Ich suchte Rat bei meiner Bezugsschwester:

»Ihre Mitpatientin hat recht. Dies ist ein absolut normales, menschliches Verhalten, Herr Feodor! Für Sie persönlich ist jedoch eines wichtig, und zwar, sich selbst zu erspüren. Vor lauter verachtenden Gefühlen Ihrem Chef und den gesellschaftlichen Normen gegenüber haben Sie eines vergessen: sich über Ihre eigenen Gefühle Klarheit zu verschaffen. In Ihnen ist alles durcheinander. Das heißt jetzt erst einmal zu fühlen, was Sie selbst empfinden, und warum dem eigentlich so ist. Suchen Sie nicht die Ursache im Außen.«

»Aber wie soll ich mich erspüren?«, gab ich überfordert von mir. Mir erschloss sich nicht, was ich zu tun hatte.

»Nun, Herr Feodor, es bedeutet nicht dasselbe wie beispielsweise das eindeutige Gefühl des Hungers zu fühlen. »Gesunde« Menschen haben normalerweise solche eindeutigen Gefühle wie »Hunger« bezüglich ihrer emotionalen Bedürfnisse. Diese Menschen können ihre Gefühle benennen und entsprechend handeln. Auch gesunde Menschen können dies nicht immer sofort und benötigen ihre Zeit, gewisse Dinge zu verarbeiten und angemessene Antworten zu finden. Aber Sie selbst sind überhaupt nicht mehr in der Lage, zu fühlen und Gefühle eindeutig zu benennen.«

Sie hatte recht, ich wusste gar nicht mehr, was ich fühlte. Ich war so mit den anderen beschäftigt, dass ich überhaupt nicht mehr wusste, wer ich war und was ich brauchte.

»Die Ereignisse der letzten Jahre haben dazu beigetragen, ein riesengroßes Chaos in Ihrem Kopf anzurichten. Dabei sind viele Ihrer Gefühle verschüttet worden. Versuchen Sie diese wieder zu erspüren und zu erfahren, was für Sie wichtig ist.«

An den Spätnachmittagen und am Wochenende, wenn ich nicht in der Klinik war, hatte ich viel Zeit, über das Gesagte nachzudenken. Gott sei Dank hatte ich nichts anderes zu tun. Ich hatte viele Probleme angesammelt, die ich mit mir herumschleppte. In der Klinik fühlte ich mich geborgen. Ich fühlte mich wie ein Kind, denn für alles war gesorgt. Dieses Gefühl hatte ich seit vielen Jahren nicht mehr gehabt. Ich wurde dort verpflegt, und ich konnte mich frei bewegen. Finanziell war auch alles geregelt. Ich war ja noch angestellt und auf unbestimmte Zeit krankgeschrieben. So konnte ich endlich einmal durchatmen und mir in den nächsten

Wochen in Ruhe Gedanken machen, wie mein Leben denn nun verlaufen sollte. Wie in einer Zeitblase, in der die Uhr stehen geblieben war. Endlich ausruhen!

Es war einfacher gesagt als getan, mich um mich selbst zu kümmern und über mein eigenes Leben nachzudenken. Immer noch wurde ich ständig von Schwindelanfällen und vielen anderen Symptomen geplagt. Es ging zwar langsam und stetig bergauf, aber ohne einen richtigen Durchbruch. Ich war entnervt und ungeduldig. Schnellstmöglich wollte ich genesen und mein vorheriges Leben fortführen. Ich hätte wirklich früher auf meine Gefühle und die Alarmzeichen meines Körpers hören sollen. Vielleicht wäre vieles anders gekommen, aber wäre es dann besser oder schlechter gewesen? Nun, es war müßig, sich diese Frage zu stellen, denn die Dinge waren nicht mehr veränderbar und ich musste sie so akzeptieren, wie sie waren. Aber ob ich das konnte, wusste ich nicht.

Ich ging weiterhin davon aus, dass ich an einer Angst- oder Panikstörung leiden würde. Ich hatte ja bereits vieles darüber gelesen, und es passte wie die Faust aufs Auge. Nur die Angst müsste ich besiegen, dann würde ich es schon schaffen, wieder gesund zu werden.

Ich hatte noch immer keine offizielle Diagnose von der Klinik bekommen. Auch meine Mitpatienten wussten nur teilweise, welche Diagnose sie eigentlich hatten. So fragte ich kurzerhand meinen Einzeltherapeuten und bekam meine vorläufige Diagnose kurz und knapp präsentiert.

»Herr Feodor, Sie haben eine Depression.«

»Was? Ich ... depressiv? Das kann gar nicht sein! Ich habe zwar Angst- und Spannungszustände, aber so schlecht geht es mir gar nicht. Ich kann doch auch noch lachen?«, entgegnete ich ihm irritiert.

»Nein, Herr Feodor. Sie sind depressiv, die Ängste sind nur eine Folge Ihrer Depression. Ein Symptom!«

Ich war völlig vor den Kopf gestoßen. »Ich soll depressiv sein?« So recht wollte ich es nicht glauben. Eine Angststörung war für mich eindeutig und gut tolerierbar, hatte ich sie mir doch selbst »diagnostiziert«. Alles passte so gut zusammen, aber eine Depression hörte sich deutlich bedrohlicher für mich an und wollte so gar nicht in mein Selbstbild passen. Ich wusste gar nicht, was ich mit dieser Diagnose anfangen sollte.

05

Depression!?« Das konnte einfach nicht wahr sein. Ich war doch nicht antriebslos, sondern kam regelmäßig in die Klinik, lachte mit den anderen Patienten und war kein Müßiggänger. Ich hatte bisher angenommen, nicht besonders glücklich mit meinem Leben zu sein. Aber eine richtige Depression hatte ich überhaupt nicht erwartet und mir auch nicht vorstellen können. Eine Panikstörung passte viel besser in mein Selbstbild. Vor allem erleichterte es mir die Therapie, war ich doch bisher überzeugt von meiner Diagnose und Selbstkontrolle. Die Diagnose Depression hingegen hieß, dass ich hier wohl noch einige Arbeit zu leisten haben würde. Davon war ich ganz und gar nicht begeistert. Interessanterweise erfuhr ich in intensiven Gesprächen mit einigen Patienten, dass eigentlich alle depressiv waren, trotz der verschiedenen Ausprägungen ihrer Krankheit. So ganz verstand ich dies nicht, denn zum einen verhielten sich viele meiner Mitpatienten absolut normal, und zum anderen dachte ich:

»Wie können alle diese liebenswerten, sympathischen Menschen depressiv sein?«

Hätte ich mit meinen Mitpatienten in der Arbeitswelt zu tun gehabt, hätten wir uns bestens verstanden, denn es handelte sich in der Regel um sehr mitfühlend und gewissenhaft agierende Menschen. Es waren Menschen, die einem nichts Böses wollten. Mich erinnerte dies an den Buchtitel: «Hilfe, wir behandeln die Falschen!« von Manfred Lütz. Ich habe es bis heute nicht gelesen, aber ich hatte das Gefühl, dass es vielen Menschen, die eigentlich in die Klinik gehörten, gut zu gehen schien. Wie zum Beispiel meinem cholerischen Chef, der nicht recht bei Verstand war. Die anderen Menschen, die Werte hatten und wertvolle Mitglieder der Gesellschaft waren, gingen kaputt, wurden ausgebeutet und fuhren gegen die Wand, nur weil sie es besonders gut meinten und sich nicht wehren konnten.

Zu Hause angekommen, beschäftigte ich mich sogleich eingehend mit meiner neuen Diagnose. Von der Klinik hatte ich hierzu einen offiziellen Bericht bekommen und schaute etwas verwundert auf die Bezeichnung. Wie ich herausfand, werden in der Medizin Diagnosen immer mit einem internationalen Schlüssel umschrieben. So lautete meine Diagnose codiert: ICD-10, F 33.1.

»Herr Feodor, Sie leiden unter F 33.1!«, ging es mir amüsiert mit einer künstlich verstellten Stimme durch den Kopf. Mein Therapeut sagte mir, dass keine Depression der anderen gleichen würde. Es müsste jedoch laut Krankenkasse Charakterisierungsmöglichkeiten geben, um Behandlungen abrechnen zu können. Ich googelte natürlich gleich den Begriff »F 33.1«. Die konkrete Bezeichnung lautete dort »Rezidivierende Depression – Mittelschwere Episode«. Was dies bedeutete, wusste ich nicht. Ich kannte nur den Begriff mittelschwer. Da ich noch einige andere F-Diagnosen hatte, googelte ich auch diese, und siehe da! »Angst- und Panikstörung!« Dies las sich für mich wie eine Bestätigung. Offenbar lag ich dann doch nicht so falsch?

In den Tagen nach meiner Anfrage wollte sich zunehmend jeder mit seiner Diagnose auseinandersetzen. Unter den Patienten brach so etwas wie ein Wettbewerb aus:

»Schau mal, Alex, ich habe fünf Diagnosen, Du nur drei! Und meine sind schlimmer, ha!«

So vergnügten wir uns während der langen Wartezeit zwischen den einzelnen Therapieangeboten. Es fanden jedoch auch ernste Gespräche zwischen uns statt. Wir konnten Dinge, die uns wichtig waren, offen ansprechen. So therapierten wir uns auch gegenseitig in den Pausen, wenn wir alle offen miteinander über unsere Gefühle und Ängste redeten. Auch wenn uns die vielen Wartezeiten zwischen den Sitzungen oft nervten, benötigten wir sie dringend zur Erholung, gerade von den anstrengenden Sitzungen. Mein Kopf brauchte Zeit zum Verarbeiten, die ich mir meist selbst nicht geben wollte. Ich war voller Ungeduld, und damit war ich nicht alleine. Die Therapeuten mussten uns immer wieder bremsen. Viel zu schnell hätten wir Patienten erneut überlastet und überfordert werden können. Körper und die Seele könnten wieder zusammenbrechen und der Patient wäre retraumatisiert. Daher sollte man dem Kopf genug Zeit geben, das Ausgegrabene zu verstehen, zu erfühlen und zu verarbeiten. Erst dann wäre die Zeit gekommen, die nächste Türe zu öffnen und einen weiteren Schritt zu machen.

Inzwischen hatte meine Familie von der Diagnose erfahren und das Ergebnis gefasst aufgenommen, genauso wie die meisten meiner Freunde. Als ich jedoch am Telefon mit meiner damals engen Freundin Cindy über die Diagnose sprach, führte mir dieses Gespräch ein Problem bezüglich meiner neuen Diagnose vor Augen.

Anscheinend konnte man einigen Menschen erzählen, man wäre auf der Arbeit zusammengebrochen, oder man habe den berüchtigten »Burn-out«. Man konnte ihnen alles erzählen und ihnen sogar andere Bezeichnungen wie »Neurasthenie« oder »Psychovegetativer Erschöpfungszustand« nennen. Dies war alles kein Problem für sie. Verständnisvoll wurde zugehört und darüber geredet, was man zu tun hätte und dass alles schon wieder werden würde. Doch sobald ich das Wort »Depression« erwähnte, veränderte dies den Umgang mit meinem Umfeld beträchtlich. Cindy wurde am Ende der anderen Leitung ganz still. Alles war auf einmal anders zwischen uns. Sie war für unser Gespräch nicht mehr motiviert und wollte schnellstmöglich das Gespräch beenden. Was hatte sie denn auf einmal? Hatte sie Angst? Dachte sie, dass mit mir nun alles vorbei sei? Ich hatte doch keine ansteckende Krankheit. Zunächst dachte ich, dass ich doch von ihr das Wissen verlangen könnte, wie sie damit umzugehen habe. Meine Mitpatienten taten dies ja auch. Wir alle gingen miteinander um, obwohl wir krank waren.

Aber ich konnte es nicht verlangen, wie ich es auch von vielen anderen Menschen nicht hätte verlangen können. Depression war und ist heute immer noch ein Tabuthema, genau wie Sex, Tod, AIDS, Homosexualität und viele andere Themen, die in der Gesellschaft totgeschwiegen werden. Man wird automatisch in eine Schublade gesteckt, sobald man sich zu seiner Situation bekennt. Irritiert legte ich den Hörer auf.

Mir wurde klar, dass einige Menschen, die mir vermeintlich helfen wollten, genau das Gegenteil davon taten. Zwar hörten sie mir zu, doch wenn es wichtig wurde, dann konnte ich nicht mehr auf sie zählen. Ich hatte schon seit einiger Zeit Probleme mit Cindy gehabt, aber ihre letzte Reaktion machte mich nachdenklich.

Erstmals erkannte ich, dass die Depression einige Menschen von mir wegtreiben könnte. Oder war es genau anders herum? Würde eher ich mich von ihnen distanzieren? Machte mir das etwas aus? Enttäuschte es mich? Natürlich tat es das. Ich erkannte jedoch gleichzeitig, dass der Weg zur Genesung die Wahrheit war. Wer damit nicht umgehen konnte, sollte mir besser nicht im Wege stehen. Ich war zwar erkrankt, aber nicht hoffnungslos verloren. Also nahm ich mir vor, ab jetzt noch viel offener mit meiner Erkrankung umzugehen.

»Vielleicht muss ich die Menschen um mich herum etwas genauer betrachten, um zu entscheiden, ob es mir gut tut, sie weiter um mich zu haben oder nicht?«, dachte ich mir.

Es war nun so, als würde mich meine Erkrankung einige Dinge meines Lebens deutlicher sehen lassen. Entscheidungen, welche vorher undenkbar gewesen wären, schienen jetzt absolut einfach und logisch, als ob ich eine Rechtfertigung für das Treffen solcher Entscheidungen hätte. Wie ein Krebskranker, der sich am Ende seines Lebens nur auf die wesentlichen Dinge konzentriert. Es war an der Zeit, mehr auf mich zu schauen.

»Zum Teufel damit, was die anderen denken!«

Gleichwohl war ich überfragt, wie ich denn nun mit meiner Depression umgehen sollte. Die Diagnose hatte mich ins Wanken gebracht und meinen bereits aufgebauten Optimismus deutlich gebremst. Ich fühlte mich, als hätte ich einen Schritt nach vorne und wieder drei zurück gemacht. In gewisser Weise stand ich wieder am Anfang.

Wie es nun weitergehen sollte, wusste ich nicht. So beschloss ich, mich weiterhin in die Hände der Therapeuten zu begeben. Mir blieb ja auch gar nichts anderes übrig. So langsam musste sich doch etwas tun. Aber so ungeduldig wie alle Patienten in der Klinik waren, konnte es auch mir nicht schnell genug gehen. Am besten würde ich die »Happy Pill« einschmeißen und dann einfach weitermachen wie bisher. Ich wollte, dass alles so war wie vorher, ohne meine Symptome.

Zunehmend beschäftigte mich die Frage, wie es eigentlich so weit kommen konnte. Warum hatte es mich dermaßen umgehauen? Warum war ich depressiv geworden? Bestimmt war es der Job!

In den letzten Jahren hatte ich gearbeitet wie ein Wahnsinniger und gesehen, wie vor mir fünf Kollegen dauerhaft krankgeschrieben wurden. Darunter waren Depressionen und Nervenzusammenbrüche zu finden. Auch der Herzinfarkt von Walter sprach Bände.

»Es muss die Arbeit gewesen sein! Und natürlich mein Chef, der Idiot!«, dachte ich mir.

Doch so einfach schien es nicht zu sein. Ich war wie immer bei den anderen, und nicht bei mir.

»Alex, bleib bei Dir!« Oh, wie ich es hasste!

Ich fühlte neben den ganzen Verwirrungen eine unendliche Aggression, die nicht zielgerichtet war und immer wieder ein Ziel anzusteuern versuchte, nur nicht das Richtige. Ich wusste gar nicht, woher diese Aggression kam. Jeden Tag, wenn ich nach der Klinik zum Laufen oder zum Schwimmen ging, versuchte ich Frust abzubauen, doch es gelang mir nicht. Manchmal wollte ich gegen meine Schwindelattacken anlaufen, manchmal wollte ich schreien, um den gefühlten inneren Druck loszuwerden. Ab und zu schrie ich sogar beim Schwimmen unter Wasser. Sobald ich beim Kraulen war, brüllte ich in das Wasser hinein und schaufelte mit den Armen, als ob kein Wasser vorhanden sei. Dies half mir ein wenig, den Druck in mir abzubauen. Besonders eine eiskalte Dusche im Schwimmbad half mir bei der Entspannung. Seltsamerweise konnte ich im Dampfbad bei der Wärme nicht entspannen, und meine Schwindelanfälle wurden stärker.

Viele Fragen kreisten nach wie vor in meinem Kopf. »Soll ich meine Wohnung in Frankfurt behalten oder nicht?« Ich war ja noch angestellt. »Soll ich mein Arbeitsverhältnis kündigen oder nicht, und wenn ja, wann?«

Ich wusste einfach nicht, welche Entscheidungen ich zuerst treffen sollte. Am liebsten hätte ich alles zum Mond geschossen. Aber so wie ich es die Jahre vorher mit meinen mehrmaligen längeren Auslandsaufenthalten gemacht hatte, konnte es diesmal nicht funktionieren. Eigentlich hatte ich bereits erkannt, dass ich nicht weiter als bis an das andere Ende der Welt fliegen konnte.

Ein Entspannungsurlaub wäre in meiner jetzigen Situation sowieso undenkbar gewesen. Ich war gesundheitlich so angeschlagen, dass ich keine langen Strecken alleine zurücklegen konnte. Das Weglaufen konnte daher nicht die Lösung meiner Probleme sein. Am liebsten wollte ich im Apartment meines Vaters bleiben, denn hier kannte ich mich aus und fühlte mich geborgen. Dies gab mir die Möglichkeit, etwas zu verschnaufen und nicht handeln zu müssen. Und genauso wollte ich am liebsten auch immer in der Klinik bleiben, in dem Schoß, in dem man sich um mich kümmerte, wo ich mir nur Gedanken um mich machen musste.

Auf Anraten meiner Bezugsschwester legte ich ein Depressionstagebuch an, in dem ich mich zu ergründen versuchte. Ich kaufte es noch an demselben Tag, an dem sie mir diese Empfehlung gab. Ich wählte ein schwarzes Buch, das japanische Schriftzeichen für »Licht« eingraviert hatte. Das hatte mich gleich angesprochen.

»Schreiben Sie Ihre Gedanken und Ideen auf, um sie nicht zu vergessen«, sagte sie zu mir.

»Vielleicht können Sie diese in der Therapie ansprechen, wenn Sie wollen? Ordnen Sie Ihre Gedanken mit diesem Buch. Selbst nach Monaten können Sie wieder einen Blick hineinwerfen und hoffentlich eine Entwicklung sehen. So werden Sie sich besser verstehen. Schreiben Sie auch Ihre Träume auf. Träume haben eine wichtige Funktion bei der Verarbeitung und der Deutung von inneren Konflikten.«

Ich erinnerte mich sofort an den Traum mit meinem Chef in unserem Wohnhaus, kurze Zeit nach meinem Zusammenbruch. Sie hatte recht, irgendetwas hatte er zu bedeuten. Bei jedem ihrer Ratschläge wurde mir wohlig warm ums Herz. Ich spürte, dass sie mich an die Hand nehmen und mir den Weg zeigen würde. Ihre Ratschläge zu befolgen, fiel mir nicht schwer. Ich hatte automatisch das Gefühl, das Richtige zu tun.

»Herr Feodor, gehen Sie eigentlich schon immer über Ihre Grenzen? Was ist der Zweck, was wollen Sie damit erreichen oder kompensieren? Deswegen sind Sie ja in den Burn-out gegangen. Sie koppeln Liebe an Schmerz, warum tun Sie das? Und welche Rolle spielt ihre Mutter dabei?«

»Was? Ich verstehe Sie nicht ganz. Liebe an Schmerz koppeln? Das ist jetzt etwas viel auf einmal«, entgegnete ich ihr.

»Ihre Mutter spielt eine wichtige Rolle in diesem ganzen Problem. Versuchen Sie hier ein Gespür zu entwickeln.«

»Meine Mutter?«

»Ja, schreiben Sie sich das bitte auf und denken Sie intensiv darüber nach.«Ich war recht überfordert mit all den Fragen, aber ich schrieb sie sofort auf. Dass sie die Rolle meiner Mutter ansprach, ließ mich aufhorchen.

Es war kurz vor meinem siebzehnten Geburtstag, ein warmer Tag im März 1993, an dem ich im Sonnenschein von der Schule nach Hause kam. Ich sah, dass zwei Ambulanzen vor unserer Türe geparkt hatten. Zuerst dachte ich mir nichts dabei, denn wir lebten in einer Siedlung und es hätte sich hierbei um Probleme bei unseren Nachbarn handeln können. Als ich unser Haus betrat, kamen mir plötzlich zwei Sanitäter und meine ältere Schwester entgegen. Unvermittelt packte sie mich unsanft an den Armen und schob mich in das nächste Zimmer. Sie schloss die Türe hinter mir und befahl:

»Du bleibst hier drin! Hörst Du?«

Ich wehrte mich nicht dagegen und ließ es einfach geschehen. Andere hätten vielleicht in diesem Moment rebelliert und Fragen gestellt. Ich tat es jedoch nicht. Sie schützte mich in diesem Moment vor einem Bild, das meinem Vater und meinen beiden Schwestern leider nicht erspart geblieben war.

Am Vormittag hatte meine Mutter meinen Vater gebeten, nach Hause zu kommen. Sie klagte immer wieder über Schmerzen und Kreislaufprobleme und legte sich auf den Boden, als die nächste Übelkeits- und Schmerzwelle anrollte. Das letzte, was sie zu mei-

nem Vater sagte, war:

»Hanni, da ... es fängt schon wieder an!« Als mein Vater sie aufheben wollte, um sie bequemer auf der Couch zu lagern, kippte der Kopf meiner Mutter plötzlich nach hinten und sie erbrach sich heftig. Meine kleine Schwester, damals erst acht Jahre alt, stand direkt daneben und musste das Ganze mit ansehen. Mein Vater erkannte als Mediziner sofort, dass die Situation für meine Mutter lebensbedrohlich war.

»Schnell, holen Sie den Notarzt!«, schrie er unsere Putzfrau an, die vor lauter Panik gar nichts tun konnte. Er griff schließlich selbst zum Telefon.

Wenig später trafen die Sanitäter ein und intubierten meine Mutter. Der Notarzt kam leider erst viel später dazu. Mein Vater hatte bereits vorher versucht, meine Mutter zu reanimieren und stand nun verzweifelt neben den Sanitätern. Hilflos! Zitternd!

Inzwischen war auch meine ältere Schwester Beatrice eingetroffen. Sie war damals 18. Bevor die Sanitäter merkten, dass sie falsch intubiert hatten, hatte sich bereits der ganze Magen meiner Mutter mit Luft gefüllt. Dass dem so war, stellte erst der Notarzt nach seiner Ankunft fest. Das Ganze dauerte wohl fast eine Stunde, eine ewig lange Zeit, von der ich nichts mitbekam, denn ich war ja gerade auf dem Weg nach Hause, als es passierte. Nachdem meine Mutter in die Klinik gebracht worden war, holte mich meine Schwester aus dem Zimmer.

Meine große Schwester und ich waren den ganzen Tag wie betäubt und warteten auf Nachricht von unserem Vater. Er war mit in die Klinik gefahren.

Zwischendurch fuhren wir sogar selbst in die Klinik, aber es stellte sich heraus, dass man uns das falsche Krankenhaus genannt hatte. Keiner konnte uns sagen, wo man sie hingebracht hatte. Also gingen wir wieder nach Hause, ohne zu wissen, was denn nun mit unserer Mutter passiert war und wie es ihr ging. Wir schauten uns »Parker Lewis – Der Coole von der Schule« im Fernsehen an, damals unsere Lieblingssendung. Es war seltsam, wir versuchten weiterzumachen, als sei nichts geschehen.

Es dämmerte, als sich unser Vater endlich meldete. Er sagte uns, sie hätte einen schweren Herzinfarkt erlitten. Mehr könnte er momentan auch nicht sagen, außer dass man sie auf die Intensivstation gebracht hätte. Wir konnten es gar nicht glauben. Ein Herzinfarkt mit 42! Das ging einfach nicht in unseren Kopf.

Nach etwa eineinhalb Wochen, ich hatte bis dahin meine Mutter noch nicht gesehen, telefonierte ich mit meinem Vater von der Schule aus und fragte ihn, wie es um sie stand. Er sagte, dass sie über den Berg sei und dass ich mir keine Sorgen zu machen brauche. Ich war erleichtert.

»Gott sei Dank!«

Bisher waren wir noch nicht bei ihr in der Klinik gewesen, denn unser Vater hatte uns gebeten, sie in Ruhe zu lassen, damit sie sich erholen konnte.

Eines Nachmittags kam mein Onkel, der Bruder meiner Mutter, zu uns nach Hause. Es war ein warmer Frühlingstag und wir saßen draußen im Garten. Es war wie ein gewöhnlicher Familientag. Völlig surreal. Durchbrochen wurde die gespielte Idylle von meinem Onkel, der meinen Vater anherrschte: »Was erzählst Du denn Deinen Kindern für einen Mist?! Sag ihnen doch, wie es um sie steht!« Mein Vater nahm die Schimpftirade meines Onkels teilnahmslos hin und ließ das Verhalten meines Onkels einfach über sich ergehen, ohne ihm etwas zu entgegnen. Da wir das passive Verhalten unseres Vaters bei Aggression schon kannten und damit aufgewachsen waren, kümmerte es uns gar nicht so sehr. Eigentlich.

Auch diesmal verhielten wir uns so, wie wir es gelernt hatten. Teilnahmslos. Wir nahmen ihn weder vor unserem Onkel in Schutz, noch versuchten wir, unseren Onkel zu unterstützen und unseren Vater dazu zu drängen, uns zu sagen, worum es eigentlich ging. Ich glaube, keiner von uns wollte die Wahrheit wissen, aber in diesem Moment fasste ich für mich einen Entschluss. Ich wollte zu ihr gehen, um mit eigenen Augen zu sehen, was los war. Ich konnte gar nicht klar denken und die Situation erfassen, aber etwas sagte mir, ich müsse es unbedingt tun.

Am nächsten Tag stand ich vor der Intensivstation des Neuperlacher Krankenhauses, immer noch ungläubig, verdrängend und naiv. Ich hatte vor einigen Tagen gerade erst meinen 17. Geburtstag gefeiert. Das Ganze war für mich unbegreiflich.

Als ich die Klingel der Intensivstation drückte, öffnete mir eine Krankenschwester:

»Ja? Was möchten Sie?«

»Guten Tag, meine Mutter liegt hier auf der Station. Ich heiße Feodor.«

Sie nickte: »Ach, Sie sind der Sohn.«

Sie ließ mich ohne weiteren Kommentar hinein und deutete auf das erste Zimmer links.

»Dort hinein.«

Ich bedankte mich. Vorsichtig näherte ich mich und blieb an der Tür stehen. Ich konnte meine Mutter im Bett nahe dem Fenster erkennen. Sie war nicht allein. Es war noch ein zweiter Patient im Zimmer. Die Beatmungsmaschinen und Herzmonitore waren nicht zu überhören. Lautstarkes Gepiepse und die Auf- und Abbewegungen des Beatmungsbeutels!

Was ich sah, brannte sich in mein Gedächtnis ein. Ich wusste nicht, was mich erwarten würde, als ich dorthin ging. Aber keine Erzählung, kein Film, nichts dergleichen konnte das beschreiben, was ich dort an diesem Tag sah.

Langsam näherte ich mich ihrem Bett. Sie zuckte, zitterte am ganzen Leib, unkontrolliert. Es sah ganz unnatürlich aus, so als ob sie unter Strom stand. Sie war nicht bei Bewusstsein. Ein Beatmungsschlauch hing ihr aus dem Mund und wurde mit ihrem Kopf, der sich zuckend hin und her bewegte, über ihren Körper geschleift. Speichel lief ihr über das Gesicht. Ihre Haut war ganz bleich. Überall Infusionen. Schläuche überall in ihrem Mund, in ihrer Nase. Nadeln im Arm.

Das EKG gab ihr Herzecho in regelmäßigen Tönen wieder. Das war das Einzige, was ruhig zu sein schien. Ich trat noch näher an ihr Bett heran und nahm vorsichtig ihre Hand. Sie fühlte sich ganz weich und warm an, wie frisch eingecremt.

»Hallo, Mama, ich bin's!« Nichts! Sie wachte nicht auf und sagte auch nichts. Nur das unkontrollierte Zucken und der Speichel, der ihr über das Gesicht floss. Sie lag einfach hilflos da und konnte überhaupt nichts tun. Ich redete weiter mit ihr. Keine Ahnung, was ich ihr alles sagte. Ich wünschte, ich könnte mich erinnern.

Plötzlich lief ihr eine Träne aus dem Auge. Sie lief ganz langsam aus dem rechten Auge und kullerte ihre Wange herunter. Immer noch keine weitere Reaktion außer dem Zittern. Hilflosigkeit! Verzweiflung!

»Kann sie mich hören? Möchte sie mir etwas sagen und kann es nicht? Weiß sie, dass ich da bin?« Nichts!

Ich kann mich nicht mehr daran erinnern, wie lange ich bei ihr im Zimmer war. Ich weiß nur, dass ich mich irgendwann von ihr verabschiedete, da mir alles zu viel wurde und ich mich irgendwie unwohl fühlte. Auch wusste ich nicht mehr, was ich sagen sollte, außer:

»Tschüss, Mama, mach's gut! Ich hab Dich lieb!« Ich wollte einfach nur weg.

Als ich mich umdrehte, stand ein Mann in der Tür. Ob Arzt oder Pfleger, kann ich heute nicht mehr sagen, aber er schaute mich mitleidig an und sagte dann sehr betroffen zu mir: »Tschüss.« Ich habe den Ton seiner Stimme immer noch genau in Erinnerung. Für ihn war es sicher auch sehr schwer, mitzuerleben, wie ein Jugendlicher seine Mutter besuchte, so hilflos, völlig alleine, ohne die Unterstützung irgendeines Verwandten. Ich fing laut an zu schluchzen und verließ die Intensivstation.

Hätte ich gewusst, dass ich meine Mutter zum letzten Mal sehen würde, ich hätte jede restliche Minute mit ihr verbracht. Das wäre sehr schön und sehr wichtig gewesen, jeden Moment bei ihr gewesen zu sein, um mich von ihr verabschieden zu können. Ich vermisse sie heute noch so sehr und kann nichts mehr daran ändern. Diese Endgültigkeit ist schrecklich!

Den gesamten Weg nach Hause weinte ich. Was ich fühlte, wusste ich nicht. Ich war völlig durcheinander. Auch daheim saß ich weinend vor dem Fernseher. Stundenlang. Dann kamen mein Vater und *meine Schwestern nach Hause, und ich hörte sofort auf zu weinen. Ich wollte nicht, dass sie mich so sehen. Warum, das weiß ich bis heute nicht. Ich hätte dringend jemanden in dieser schweren Zeit gebraucht. Aber ich verschwieg ihnen, dass ich in der Klinik gewesen war. Tief in mir kannte ich die Wahrheit über den Zustand meiner Mutter, konnte es jedoch nicht an mich heranlassen. Hätte ich meinem Vater meine Traurigkeit gezeigt, so hätte ich ihm sagen müssen, dass ich in der Klinik gewesen war. Und dann hätte ich mir eines eingestehen müssen, und zwar, dass er mich und die gesamte Familie belogen hatte. Man sagt, dass die Wahrheit befreit. Mich aber riss die Wahrheit in ein tiefes schwarzes Loch!*

Die Woche darauf ging ich wie immer zur Schule und versuchte nicht mehr an das zu denken, was ich gesehen hatte. Ich sprach nicht einmal mit meinen engsten Freunden darüber, was ich im Krankenhaus gesehen hatte.

Zwei Tage später. Ich hatte gerade die erste Stunde des Schultages hinter mich gebracht, als der Gong zum Stundenwechsel ertönte. Wir freuten uns auf eine Freistunde. Gleich nach dem Gong tönte es aus dem Lautsprecher: »Alexander Feodor, bitte ins Sekretariat!«

Blitzartig sprang ich auf und lief, so schnell ich konnte, die Treppe hinunter in Richtung Sekretariat. Mir war sofort klar, dass etwas passiert sein musste. Als ich die Tür des Sekretariats aufriss, erblickte ich meine Tante und meine Schwester, die tränenüberströmt mit rotem Gesicht vor mir stand. Was für ein Schock!

Oh, mein Gott! Es war passiert! So unveränderbar! So endgültig!

»Nein! Nein! Nein!«, schrie ich und fiel meiner Schwester in die Arme. Auch wenn sie nichts zu mir sagte, so wusste ich es. Unsere Mutter hatte uns für immer verlassen! In den Armen meiner Schwester fing ich bitterlich an zu weinen.

Die Sekretärin ließ mich ohne weitere Formalitäten gehen, und ich bin ihr heute sehr dankbar dafür.

Wie benommen, lief ich zu meinen Klassenkameraden, die in der Eingangshalle saßen und mit Freude Karten spielten. Ich aber hatte keine Freude mehr in mir. Ich war wie taub und völlig verzweifelt.

Vor mir stand Peter, einer meiner Klassenkameraden, und lächelte mich an. Ich gab wie ferngesteuert von mir:

»Ich muss gehen, meine Mutter ist gestorben!«

Ich sehe seine großen, ungläubigen Augen heute immer noch vor mir, denn sein Lächeln verschwand augenblicklich. Er war völlig schockiert. Wie ferngesteuert verließ ich das Schulgebäude, zusammen mit meiner Schwester und meiner Tante.

Im Auto starrte ich nur vor mich hin und weinte. Was ich fühlte, lässt sich gar nicht beschreiben, denn ich schien absolut nichts mehr zu fühlen. Wir redeten kein Wort, die ganze Fahrt ging das so.

Zu Hause fielen wir unserem Vater in die Arme. Dann sanken wir alle zusammen auf die Couch im Eingangsbereich. Jetzt konnte niemand mehr die unerbittliche Realität leugnen. Auch mein Vater nicht!

Ich weiß bis heute nicht, wie lange wir weinend auf der Couch zusammen saßen. Ich erinnere mich nur daran, dass ich ziemlich unbequem auf dem Sofa lag. Keine vernünftigen Gedanken, nur Gefühlschaos. Es war unbegreiflich!

Als wir uns einigermaßen gefangen hatten, berichtete uns unser Vater, dass meine Mutter zwischen sieben und acht Uhr einen zweiten Herzinfarkt erlitten und ihr Leben beendet hatte. Die Ärzte hatten wohl gar nicht erst versucht, sie zu reanimieren, da ihr EEG den Hirntod bereits unmissverständlich anzeigte, und bei dieser Herzschädigung eine Reanimation wohl aussichtslos gewesen wäre.

»Wieso hatte mein Vater uns das nicht vorher gesagt?«

Seit ihrem ersten Herzinfarkt hatte sich mein Vater in Schweigen gehüllt. Warum, das weiß nur er, aber er hatte uns damit absolut keinen Gefallen getan. Der Herzinfarkt musste so massiv gewesen sein, dass die gesamte Vorderwand des Herzens nicht mehr funktionstüchtig war. Das Gehirn war bereits so lange ohne Sauerstoff gewesen, dass das EEG kaum noch Aktivität aufwies.

Mein Onkel war, genauso wie wir, davon ausgegangen, dass unsere Mutter zwar einen Herzinfarkt erlitten hatte, es ihr aber einigermaßen gut ging. Als er sie besuchte, fiel er aus allen Wolken. Die Ärzte berichteten ihm, wie es wirklich um sie stand, und dass es kaum mehr Hoffnung für sie gab. Viele Jahre später fand ich heraus, dass mein Vater der gesamten Verwandtschaft erzählt hatte, dass alles in Ordnung war. Bis heute können viele Verwandte ihm dies nicht verzeihen, und ich kann sie gut verstehen. Ich habe es jahrelang auch nicht gekonnt.

War mein Vater zu feige gewesen, uns die Wahrheit ins Gesicht zu sagen? Oder hatte er sich ihren Zustand selbst nicht eingestehen können? Zwischen dem Herzinfarkt und dem Tod meiner Mutter konnte ich mich an kaum etwas erinnern, außer an diese einschneidenden Ereignisse, die dieses Verhalten meines Vaters aufzeigen. Auch heute lassen sie mich mit einem Gefühl der Enttäuschung und Ohnmacht zurück.

Am Abend brachte unser Vater meine kleine Schwester Nadja nach Hause. Sie hatte den Tag bei meinem Onkel und meiner Tante verbracht und hatte noch überhaupt gar keine Ahnung, dass unsere Mutter nicht mehr am Leben war. Wir waren alle zu Halbwaisen geworden, und sie traf es ganz besonders hart. Mit acht Jahren war sie noch zu jung, um die volle Tragweite der Situation zu begreifen. Nicht einmal wir konnten das. Es war wirklich herzzerreißend, denn Nadja hatte am Nachmittag noch einen Brief an unsere Mutter geschrieben, in dem sie ihr Gesundheit und alles Gute wünschte. Als meine ältere Schwester diesen Brief las, brach sie in Tränen aus und lief verzweifelt schreiend aus dem Zimmer.

Mein Vater nahm alle Kraft zusammen. Er erzählte ihr behutsam, dass ihre Mami nun nicht mehr wieder kommen würde. Sie sei nun an einen schöneren Ort gegangen. Bei dem Gedanken an diese Szenen schmerzt es mich noch heute und treibt mir die Tränen in die Augen.

Wir sollten unsere Mutter nie wieder sehen. Nicht einmal ihre Leiche konnten wir ansehen. Mein Vater und mein Onkel hatten sich im Krankenhaus noch von ihr verabschieden können. Sie wurde jedoch bald fortgebracht. Wie mir mein Onkel Jahre später beschrieb, muss sie wohl ganz friedlich dagelegen haben.

Am Abend fuhr ich zu meinem Kumpel Darius, bei dem ich viel Zeit während meiner Jugend verbrachte. Wir waren recht fröhlich und ausgelassen. Nichts erinnerte an das, was heute Morgen geschehen war. Es tat mir gut, dort zu sein und zu vergessen. Als sein Vater hereinkam und mir sein Beileid aussprach, wirkte sein Verhalten wie aufgesetzt. Er gab mir die Hand und drückte diese so fest, dass sämtliche Gelenke meiner Hand knackten. Ich fing unwillkürlich an zu lachen, weil er so fest zudrückte:

»Das ist nicht komisch!«, sprach er verwundert. Ich wusste nicht, was ich sagen sollte, es war einfach seltsam.

Die zwei Tage nach dem Tod meiner Mutter sind völlig aus meinem Gedächtnis gelöscht. Ich weiß noch so viel, dass ich mich entschloss, wieder in die Schule zu gehen. Es hatte ja keinen Sinn, daheim zu hocken und die Wand anzustarren. Ich hatte jedoch Angst, was mich in der Schule erwarten würde. Einer meiner Klassenkameraden hatte mir berichtet, dass wohl die ganze Schule Bescheid wüsste, was geschehen war. Ich fragte mich, was es wohl für mich bedeuten würde, vor meinen Schulkameraden zu stehen, und was sie mir entgegnen würden.

Als ich das erste Mal mein Klassenzimmer betrat, schaute mich die ganze Klasse an. Aber entgegen meinen Befürchtungen verhielten sich alle super. Anstatt mich zu bemitleiden, fragten sie einfach:

»Na, alles in Ordnung? Wie geht's Dir?«

Ich atmete auf und war froh, dass sie auf diese Art Anteil nahmen und es mir ermöglichten, normal zu sein. Sie waren mir eine große Hilfe. Ich konnte einfach ich selbst sein.

Die Pause wurde eingeläutet. Ich befand mich am Ausfallplan, als Susi, eine etwas nervige, aber nette Mitschülerin mich auf meine Mutter ansprach. Sie hatte es wohl noch nicht gehört, und dachte, meine Mutter wäre noch am Leben.

»Hey, wie geht's Deiner Mutter?« Ich war schockiert und sofort wieder in der Realität angekommen. Ich wusste mir nicht anders zu helfen, als mich direkt umzudrehen und wegzulaufen. Die Konfrontation mit dem Schmerz war zu viel für mich gewesen.

Dann kam noch ein richtiger Magenschwinger. Ich musste mit meinem Klassenleiter wegen der Befreiung zur Beerdigung sprechen. Herr Heigl war ein kleiner, gedrungener Mann mit überaus starkem, bayerischem Akzent und war extrem autoritär. Er trug bei uns nicht umsonst den Spitznamen »der Preußische Oberst«. Er war in den letzten Jahren immer wieder durch sein hartes Verhalten den Schülern gegenüber aufgefallen und hatte wegen anderer Verfehlungen auch ein Disziplinarverfahren erhalten. Nach der Unterrichtsstunde sprach ich ihn an:

»Herr Heigl, Sie müssten mir diese Befreiung unterschreiben.«

»I muss goa nix!«, raunzte er mich sofort an.

»Es geht aber um eine Beerdigung«, stotterte ich eingeschüchtert.

»Wer ist denn gestorben?«, sagte er mit ungläubiger, arroganter Stimme, so als ob ich einen Tod eines Verwandten vortäuschen wollte, um blau zu machen.

»Meine Mutter!«, sagte ich mit bebender Stimme und konnte mich fast nicht beherrschen.

»Wos!?« Er konnte es zunächst nicht glauben, dann aber lenkte er ein. Entschuldigt hat er sich jedoch nie für sein rücksichtsloses Benehmen. Ich war in diesem Moment zu schwach, um mich gegen ihn zur Wehr zu setzen.

Die Beerdigung meiner Mutter fand ein paar Tage später auf dem neuen Südfriedhof in München statt. Ich hatte an den Vorbereitungen gar keinen Anteil, warum, weiß ich nicht mehr. Mein Zeitgefühl war nicht mehr da, genauso wie ein Großteil meiner Erinnerungen. Ob ich durch meinen Vater und meine Schwester geschützt wurde, oder ob ich mich selbst schützte, kann ich heute nicht mehr sagen.

Auf der Beerdigung trug ich meinen Anzug, und der war fliederfarben! Es war jedoch der Einzige, den ich hatte. Darüber konnte ich wenigstens einen schwarzen Mantel ziehen. So unpassend das war, so sehr hatte meine Mutter es sich einst für ihre Beerdigung gewünscht. Dass alle farbenfroh gekleidet und fröhlich sein sollten. So hatte sie es jedenfalls meiner Schwester in einem Gespräch mitgeteilt, das vor gar nicht allzu langer Zeit stattgefunden hatte. Dass meine Mutter erst kürzlich über ihren Tod gesprochen hatte, machte mich nachdenklich. Als hätte sie es geahnt.

Wir gingen in die Aussegnungshalle. Ich fühlte gar nichts und war wie taub. Ich setzte mich in die erste Reihe auf unbequeme Holzstühle und starrte den Sarg an. Er war mit brennenden Kerzen und Kränzen geschmückt. Und meine Mutter sollte in diesem Sarg liegen? Ich konnte mir das einfach nicht vorstellen. Hätte ich meine Mutter sehen können, ich wäre wahrscheinlich auf den Sarg zugestürzt und hätte mich auf ihn geworfen, um sie ein letztes Mal zu umarmen. Doch es blieb mir verwehrt.

Es ertönte Paul McCartneys »Hope of Deliverance«, das Lieblingslied meiner Mutter. Danach wurde Ravels »Pavane pour une infante défunte« gespielt. Das Lied war so traurig, dass ich bitterlich anfing zu weinen. Ich konnte einfach nicht anders, ich vermisste sie plötzlich so sehr. Ich konnte und wollte das alles einfach nicht begreifen.

Der Trauergottesdienst begann. Wir beteten. Ich nahm das alles irgendwie hin, fühlte mich seltsam gezwungen. Ich hatte schon immer mit der Kirche auf Kriegsfuß gestanden, und hier durch diesen Zirkus zu müssen, verstärkte dies alles noch. Ich wollte nur, dass dies alles schnell vorbei gehen würde. Nach den Gebeten setzte sich der Trauermarsch langsam in Bewegung. Mit unserer Familie an der Spitze verließ er die Aussegnungshalle. Es war ein schöner Tag, und die Sonne wärmte mein Gesicht.

Meine Mutter hatte früher immer gedacht, es gäbe nicht so viele Menschen, die an ihrem Leben teilhaben würden. Doch was wir an diesem Tag ihrer Beerdigung sahen, war gewaltig. Es waren über hundert Menschen gekommen, Verwandte, Freunde und Arbeitskollegen. Es hätte sie sicher sehr gefreut, zu sehen und zu wissen, dass sie so geschätzt worden war. Sie hatte sich als Mensch so klein und unbedeutend gefühlt, aber meine Tante hatte mir einmal gesagt: »Deine Mutter war eine ganz tolle Frau!« Jetzt hätte meine Mutter sehen können, wie toll sie gewesen war und welche Bedeutung sie für die Menschen um sie herum hatte. Alle waren gekommen, um sie zu verabschieden.

Wir schritten langsam voran und kamen fast am äußersten Ende des Friedhofs an, eine neue Parzelle mit einem geöffneten Grab, die letzte Ruhestätte meiner Mutter.

Wir umarmten uns und weinten, als der Sarg in die Tiefe gelassen wurde. Es war so unerbittlich, so endgültig. Ich erlebte das alles wie in Trance.

Unsere Bekannten gingen nach und nach ans Grab, um sich zu verabschieden. Darunter war eine enge Bekannte meiner Mutter, die von zwei Männern auf dem Weg zum Grab gestützt werden musste. Sie weinte bitterlich, schrie geradezu. Es war wirklich erschütternd, ihr Leiden mit anzusehen. Den Gedanken daran, selbst so zu leiden wie sie, verdrängte ich. Stattdessen empfand ich ein tiefes Mitgefühl für sie.

Es waren auch Menschen auf der Beerdigung, die ich gar nicht leiden konnte. Am liebsten hätte ich sie gar nicht dabei haben wollen. Meine ganze Aggression kanalisierte sich auf unseren damaligen Steuerberater, warum auch immer. Meine feindseligen Blicke folgten ihm, als er auf das Grab zuging. Der Schmerz und der Hass über ihren Tod mussten sich wohl einen Weg bahnen.

Aber es gab auch Lichtblicke, nämlich unsere Nachbarstochter, etwa dreizehn Jahre alt und für mich wie eine dritte Schwester. Sie ging ans Grab, verabschiedete sich und ging an uns vorbei. Dabei lächelte sie uns mit so einer Zuversicht an, dass ich es gar nicht in Worte fassen konnte. Sie wärmte mir mein Herz. Es war, als ob sie die ganze Situation umspannte und ihre positive Energie alles Traurige band. Ihr fröhliches, mitfühlendes Lächeln sprach zu uns: »Hey, es ist traurig, aber es wird alles gut werden! Ich weiß es!«

In einer langen Reihe verabschiedeten sich nach und nach alle Trauergäste, legten Blumen nieder und kondolierten uns. Wir standen zuletzt noch etwas am Grab, aber nicht sehr lange, wie ich mich erinnere. Als wir das Grab verließen und ich neben Darius ging, lächelte ich das erste Mal wieder. Ich fühlte mich seltsam erleichtert. Alles war wie vorher, als ob nichts passiert wäre.

06

Herr Feodor, Sie trauern!« Die Aussage meines Therapeuten schockierte mich.

»Ja, aber sind Sie sicher? Vielleicht gibt es noch andere Gründe, warum es mir so schlecht geht? Sind die Arbeit und mein Chef nicht Grund genug? Das ist doch gerade das Thema, oder nicht?«

»Nun, so wie es sich darstellt, haben Sie die Geschichte des Verlusts. Ihre Autobiografie ist stimmig. In Ihrer Bezugsschwester sehen Sie etwas Mütterliches. Außerdem haben Sie mir in der letzten Stunde erzählt, dass Melodien und Filme mit den Inhalten Trauer, Tod und Verlust in Ihnen deutliche Emotionen auslösen. Und wenn wir hier über Ihre Mutter sprechen und ich Sie auf bestimmte Dinge hinweise, die Ihnen Schmerzen bereiten, dann haben Sie eindeutige körperliche Anzeichen wie Schwindel oder Übelkeit. Das sind also vier Dinge, die darauf hinweisen, dass wir hier richtig liegen!«

Ich stutzte, aber er hatte recht! Ich hatte körperliche Reaktionen, sobald mich mein Therapeut mit Dingen konfrontierte, die ich nicht hören wollte. Mir war das erst nicht so aufgefallen, aber jetzt, wo er es ansprach, erinnerte ich mich an eine der letzten Stunden, in der er etwas Bedeutendes angesprochen hatte. Ich hatte das Gefühl, als ob ich gleich vom Stuhl kippen würde. Das waren starke Reaktionen gewesen.

Der Tod meiner Mutter musste also gravierendere Spuren hinterlassen haben als ich zunächst angenommen hatte.

»Aber das ist doch schon 17 Jahre her, wieso spielt es denn immer noch so eine große Rolle? Ich dachte, die Arbeit sei mein Problem?«

»Nun, Herr Feodor, die Arbeit ist natürlich auch ein Thema, das

Sie haben, eines von vielen. Aber sie haben Ihre Trauer verschleppt und den Tod Ihrer Mutter nie richtig betrauert. Sie müssen sich Zeit nehmen, dies nachzuholen.«

»Wie soll ich das machen?« Ich war planlos.

»Wenn Sie möchten, können wir dieses Thema gemeinsam bearbeiten, oder aber wir beschäftigen uns mit der Arbeit. Was ist Ihnen lieber?«

Ich musste nicht lange überlegen. Meine Mutter, das war mir wichtig.

»Nein, nein, ich will mich mit der Trauer auseinandersetzen. Ich würde gerne daran arbeiten«, drängte ich ihn. Ich wollte mich damit beschäftigen, ich hatte es ja auch schon so lange versucht. Schon damals, 2005, als ich mit der Therapie gescheitert war.

Ich sprach mit meiner Bezugsschwester über das, womit mein Therapeut »Lex« mich konfrontiert hatte. Sie hatte mir ja in der letzten Sitzung bereits Fragen über meine Mutter gestellt, und nun wurde mir klar, dass dies alles mit meiner Trauer zu tun haben musste. Sie empfahl mir einige Bücher der bekannten Psychologin und Autorin Verena Kast, die auf Trauerarbeit spezialisiert ist. Und auch weitere Bücher zum Thema, von Martina Nicolaidis.

Ich war überfordert und wusste immer noch nicht, was ich eigentlich anders machen sollte. Ich verschlang sogleich das erste Buch über Trauerarbeit und erkannte mich auf jeder dieser Seiten wieder. Jeder Punkt, der mir auffiel, wurde von mir markiert und hierzu eine Notiz in meinem »Schwarzen Buch« gemacht. Zunächst war ich den Buchempfehlungen gegenüber skeptisch gewesen, da ich bereits in den vergangenen Jahren ein breites Spektrum an Literatur gelesen hatte. Immer hatte ich das Verlangen gehabt, durch die Lektüre ein inneres Gefühl der Leere und des Drucks loswerden zu können. Es war alles vertreten gewesen, von Lebenshilfe über Esoterik, bis hin zu psychologischen Ratgebern. Die Liste an Büchern war lang und verwirrend, aber geholfen hatten sie mir nie. Ich hatte offenbar nicht gewusst, wo ich suchen sollte. Meine Gefühle waren so chaotisch und unkontrollierbar gewesen, dass ich sie damals nicht richtig benennen konnte. Aber nun war ich wohl durch die Hilfe der Klinik erstmals auf die richtige Literatur aufmerksam gemacht worden. Im Gegensatz zu vielen anderen Büchern im Bereich Lebenshilfe schienen diese Bücher genau das Richtige zu sein, so als hätte ich jemanden gebraucht, der mir die richtige Betriebsanleitung für mein Leben in die Hand drückte.

Nach Kast sind Abschied und Trauer zentrale Themen des menschlichen Lebens. In unserem Leben müssen wir alle uns von Menschen, aber auch von Dingen trennen, die uns wichtig sind. Wir müssen bereit sein, ins Leben »hinein zu sterben«, uns jeden Tag aufs Neue einzulassen und loszulassen. Das Leben besteht aus Veränderung.

Wie ich las, umfasst ein gewöhnlicher Trauerprozess vier Phasen, die sich nicht immer so einfach zuordnen lassen. Die erste »Phase des nicht Wahr-haben-Wollens« ist geprägt von Empfindungslosigkeit und Verleugnung des Todes. Man könnte es so beschreiben, dass der Hinterbliebene bei dem Tod eines geliebten Menschen eine Art »Gefühlsschock« erleidet. Er ist dem »größtmöglichen Stress« ausgesetzt, der einem Menschen überhaupt widerfahren kann, es sei denn, er wird mit dem eigenen Tod bedroht. Mein Gott, ich hatte »den größten Stress« erlebt, der mir je hätte widerfahren können!

Wie ich erfuhr, ist es in dieser Phase nicht unüblich, dass Menschen seltsame Verhaltensweisen zeigen. So kann der Betroffene beim Erhalten der Nachricht plötzlich einkaufen gehen oder bügeln, also völlig irrationale Verhaltensweisen an den Tag legen. Diese Reaktionen werden dann oft von den anderen Menschen im Umfeld des Trauernden als befremdlich wahrgenommen und nicht genau verstanden. So wird darauf auch nicht adäquat reagiert. Wie sollen die Menschen auch richtig handeln, wenn sie selbst betroffen oder einfach überfordert sind?

Und was hatte ich gemacht? Als Schock hatte ich es gar nicht erlebt? Und seltsamerweise waren wir sogar zwei Wochen nach dem Tod meiner Mutter in den Urlaub gefahren. Das hatte ich völlig vergessen. Ich konnte mich nicht einmal daran erinnern, dass jemand in unserer Familie in diesem Urlaub über den Tod unserer Mutter gesprochen oder geweint hätte. Wir verbrachten diesen Urlaub einfach so, als wäre nie etwas passiert.

Um sicherzugehen, ging ich in den Keller und holte ein altes Fotoalbum aus dem Schrank. Ich schüttelte den Kopf, als ich die Urlaubsfotos ansah. Wir gingen spazieren, nutzten die Sauna, gingen zum Abendessen. Die Fotos zeigten die Familie fröhlich und ausgelassen. Einfach bizarr! Wir mussten damals den Verlust völlig ausgeblendet haben. Trauer in irgendeiner Form hatte wohl gar nicht stattgefunden.

Ich erinnerte mich auch noch daran, dass ich zwei Jahre nach dem Tod meiner Mutter mein Leben lebte wie gewohnt. Ich traf Freunde und ging meinen Hobbys nach, die mich erfüllten. Dazu hatte ich das erste Mal eine feste Beziehung zu einem Mädchen aus meiner Schule. Alles fühlte sich völlig normal an und ich dachte, mir ginge es gut. Damals meinte ich alles überwunden zu haben. Ich dachte gar nicht an meine Mutter, und wenn ich es tat, fühlte ich nichts. Dass ich es nicht wahrhaben wollte, daran hatte ich wohl nicht gedacht.

In der zweiten Phase, die als »Phase der aufbrechenden Emotionen« bezeichnet wird, können Gefühle unkontrolliert aus dem Betroffenen herausbrechen. Hierbei sind neben der Trauer vor allem Wut, Aggression, Angst sowie starke aufkeimende Schuldgefühle zu nennen, die sich abwechseln und scheinbar ohne Grund auftreten. Das Auftreten von Schuldgefühlen ist abhängig von der Beziehung zum Verstorbenen und den Umständen seines Todes. Hatte man sich vor dem Tod eventuell gestritten, oder war nicht rechtzeitig im Krankenhaus gewesen, um sich zu verabschieden? Hatte sich der Verstorbene das Leben genommen? Konnten vielleicht bestehende Konflikte aus der Vergangenheit nicht ausgesprochen worden? Dann konnten zwischenmenschliche Konflikte nicht abschließend geklärt werden. Zudem ist diese Phase von einer anhaltenden Ruhelosigkeit geprägt, in der Trauernde sich ablenken oder einen Ausweg zu suchen scheinen. Diese Ruhelosigkeit wird immer wieder von Phasen tiefer Niedergeschlagenheit unterbrochen.

Hatte ich den Tod meiner Mutter betrauert und überwunden? Natürlich nicht, das wurde mir allmählich klarer. Ich erinnerte mich daran, dass ich in der Vergangenheit einige Male grundlos geweint hatte. Waren dies die aufbrechenden Emotionen? Ich erinnerte mich, wie stark diese Gefühlsausbrüche waren, hatte sie aber nie mit dem Tod meiner Mutter in Verbindung gebracht. Ich hatte darüber auch nie mit jemandem gesprochen oder hinterfragt, was mit mir los sein könnte.

Ich erinnerte mich zurück an meine Schulzeit. Ich musste an einem Nachmittag den Unterricht verlassen, weil ich mich einfach nicht mehr beherrschen konnte. Es drückte innerlich, und ich wusste mir nicht anders zu helfen. Ich lief heraus aus dem Klassenzimmer, bis auf den Sportplatz, wo ich bitterlich anfing zu weinen. Aber warum? Ich machte mir keine Gedanken über meine Mutter, ich war einfach nur fertig. Und keiner war da, um mich zu trösten oder mir meine Tränen zu erklären.

Soweit ich mich erinnere, ereignete sich dies etwa ein Jahr nach ihrem Tod. In den letzten siebzehn Jahren hatte ich vielleicht vier Mal sehr heftig geweint. Grundlos. Und mit den Tränen hatte ich überhaupt nichts anfangen können. Die Ruhelosigkeit, die diese Phase prägte, stach mir nun ins Auge. Auch sie fühlte ich seit Ewigkeiten in mir. Nie war ich zur Ruhe gekommen und hatte immer wieder etwas Neues in meinem Leben angefangen. Ich war viel herumgereist, scheinbar ziellos, suchend.

In der dritten Phase geht es um »das Suchen und sich trennen«. Diese Phase kann laut Kast sehr lange dauern. Die Suche nach dem Verstorbenen nimmt nach und nach ab, je mehr der Trauernde zum Ausdruck seiner chaotischen Gefühle fähig ist. Jedoch versucht der Trauernde immer wieder den Verstorbenen zu finden, indem er Orte aufsucht oder Erinnerungen nachhängt, die ihn an den Verstorbenen erinnern. Auch hier kann ein Rückfall in die bereits durchlebten Phasen stattfinden. Gut, das verstand ich nicht, aber in etwa fand ich mich auch hier wieder. Ich erinnerte mich, dass ich hin und wieder die Orte meiner Kindheit aufsuchte, wie jeder andere auch. Bei den Begegnungen mit meiner Vergangenheit suchte ich jedoch immer nach etwas, was ich nicht beschreiben konnte. Anstatt wärmender Gefühle fand ich dort nur Schmerz. Einen Schmerz, den ich nicht in Worte fassen konnte.

In der letzten Phase, der des »neuen Selbst- und Weltbezugs«, muss der Trauernde seine bisherigen Verhaltensmuster verlernen und sich ein neues Leben ohne die fehlende Bezugsperson aufbauen. Man muss sozusagen alleine zurechtkommen und sein Leben weiterleben. Der Verlust muss akzeptiert werden.

Für mich war es schwer zu sagen, in welcher Phase ich mich befand. Die vierte war es wohl nicht, so viel war sicher. Da im Buch aber beschrieben wird, dass man manchmal auch zwischen den Phasen springt und dass man bis zum Verkraften des Verlustes natürlich auch einmal zurückfallen kann, hätte es bei mir auch die zweite und oder dritte Phase sein können. Ich war doch hoffentlich nicht immer noch in der ersten Phase?!

Wie im Buch beschrieben, soll idealerweise ein Trauerprozess in diesen vier Phasen ablaufen. In der Praxis ist dies nach Kast jedoch oft nicht der Fall. In der heutigen Gesellschaft wird dem Tod, dem Abschied, der Trauer und vor allem der Veränderung meist nicht genügend Raum gegeben. Daher wird die Aufarbeitung gebremst und es kommt somit häufig zur Unterbrechung der Trauerarbeit und einer Verschleppung. Eine unterbrochene oder gehemmte Trauerarbeit kann auch dazu führen, dass die Trauerphasen völlig zum Erliegen kommen und der Verlust dann gar nicht mehr verarbeitet werden kann. Dies passiert meist dann, wenn äußere Faktoren den Menschen am Trauern hindern. Zum Beispiel dann, wenn die Trauer durch andere Menschen unterdrückt wird, wenn den Trauernden finanzielle oder andere Nöte gleichzeitig beschäftigen, oder er gar mit einer oder mehreren Traumatisierungen zu kämpfen hat. So kommt es dann im Laufe der Jahre zur unmerklichen Erkrankung der eigenen Seele durch den unverarbeiteten Schmerz, bis wir nicht mehr können. »Burn-out« und Depressionen können die Folge sein!

Das war es! Ich hatte bis jetzt nicht richtig trauern können. Ich hatte die Trauer »verschleppt«! Ich hatte den Tod meiner Mutter überhaupt nicht betrauert, nicht einmal eine Spur Trauer empfunden, sondern nach ihrem Tod jegliche Gefühle einfach weggeschlossen! Aber wann und warum, das wusste ich nicht.

Ich musste mir dieser Gefühle nun wieder bewusst werden und sie zulassen. Aber wie sollte ich das schaffen, nach siebzehn langen Jahren? Ich machte mir in meinem Buch viele Notizen und nutzte jede freie Minute, über das Gelesene und Notierte nachzudenken. Diese Überlegungen glichen einem Puzzle meiner Vergangenheit, das weiter zusammengesetzt werden musste. Meine Erinnerungen waren dabei weniger das Problem, da ich diese nie alle ausgeblendet hatte. Was ich jedoch bis zu meinem Zusammenbruch ausgeblendet hatte, waren meine Gefühle. An diese Gefühle heranzukommen, sollte nun meine Aufgabe sein. Niemand hatte mir damals gesagt, dass ich in Trauer war. Wie Trauer eigentlich funktionieren sollte, das hatten wir in unserer Familie nie thematisiert. Warum eigentlich nicht?

Leider hatte ich nicht allzu viel Zeit, mich mit all diesen Fragen zu beschäftigen. Neben der Trauer schienen die Therapeuten mich mehr und mehr mit anderen Dingen beschäftigen zu wollen, und das überforderte mich.

»Herr Feodor, Sie müssen sich ausprobieren. Die Klinik gibt Ihnen die Möglichkeit, Dinge auszuprobieren, die Sie im normalen Leben so normalerweise nicht tun können. Nun ja, Sie können schon, aber meist ist dies nicht so einfach umzusetzen.«

Ich wusste wieder einmal nicht, was Lex Luthor von mir wollte. »Was meinen Sie damit?«

»In der Psychotherapie gibt es keine Moral!«, erklärte er mir.

»Es tut mir leid, aber ich bin mir nicht sicher, was Sie von mir wollen.«

»Probieren Sie sich aus, machen Sie Dinge, die Sie noch nie gemacht haben.«

Ich schmunzelte: »Was soll ich machen? Alle Verhaltensregeln über Bord werfen, herumalbern, und alle Patienten beleidigen und unterdrücken? Ich könnte auch eine Affenmaske überziehen und wild auf den Tischen herumspringen und den Bananenvorrat plündern. Meinen Sie das?«

»Seien Sie nicht albern, Herr Feodor. Ich meine damit, dass Sie hier Grenzen wirklich auch einmal überschreiten dürfen. Das sollen Sie sogar. Legen Sie einmal ein Verhalten an den Tag, das man normalerweise so nicht von Ihnen erwartet. Was sind Ihre Wünsche? Was nervt Sie? Was fühlen Sie, den Patienten und Ihren Therapeuten gegenüber? Gerade dies wird hier von Ihnen verlangt, dass Sie Ihre eigenen Wünsche offener darlegen, egal, ob dieser Wunsch Berechtigung hat oder nicht. Die anderen Patienten und die Therapeuten werden Ihnen dann schon sagen, wenn ihnen etwas nicht passt.«

»Meinen Sie, ich soll Sie und die anderen beleidigen?«, fragte ich ihn.

»Wieso? Wollen Sie das denn?«

Ich zögerte. »Nun ja, ehrlich gesagt, gehen Sie und die Patienten mir manchmal schon ziemlich auf die Nerven.«

»Genau das meine ich, Herr Feodor! Unterschätzen Sie nicht, wie stark Ihre Hemmungen sind, Aggressionen auszudrücken.«

»Ich bin doch gar nicht aggressiv!«

Er setzte sein typisches Gesicht von der ersten Sitzung auf und erhob seinen Finger.

»Das sind die Gefühle in Ihnen, die Sie am liebsten tief, tief in Ihrem Inneren verbergen möchten. Sie haben eine Aggressionshemmung!«

Schon wieder flog mir so ein Begriff an den Kopf, mit dem ich nichts anfangen konnte. Aber Lex Luthor brachte mich wieder einmal zum Nachdenken. Er hatte mich schon mehrmals aus der Fassung gebracht mit seinen »Weisheiten«, die immer genau ins Schwarze getroffen hatten. Ich wäre am liebsten auf ihn losgegangen, aber da ich zugleich verstand, dass er es nur gut mit mir meinte, ließ ich das Gesagte erst einmal im Raum stehen und machte mir meine Gedanken.

Mir tat es gut, bestimmte Gefühle gleich auszudrücken. Dies konnte ich, außer bei meiner Bezugsschwester, nur bei Lex Luthor gut. Mir fiel jedoch auf, dass ich bei ihm in der Regel aggressiver auftrat. Meiner Bezugsschwester hätte ich nie ein Haar krümmen können. Bei Ihr war ich immer viel ruhiger. Vielleicht war es das Mütterliche, was mich sanft werden ließ?

Manche Patienten gingen mir tatsächlich auf die Nerven. Sie glaubten den absoluten Durchblick zu haben, bloß weil sie diverse Bücher über das Thema gelesen hatten. Seit Jahren in Behandlung und vermeintlich Herr der Lage, wollten sie mir Vorschriften machen oder mir meinen Zustand erklären. Sobald ich mich am Kinn kratzte, weil es wirklich juckte, tönte es gleich:

»Die Übersprungshandlung habe ich gesehen!« Sofort wurden mir diverse Konflikte angehängt.

»Alex, Du bist co-abhängig! Das sage ich Dir!«, schallte es mir eines Morgens am Frühstückstisch entgegen. Dabei machte die Patientin, die dies zu mir sagte, ein selbstzufriedenes Gesicht.

Wirklich anstrengend war es, wenn man in solchen Situationen nicht frühzeitig die Bremse zog und dem Gegenüber kräftig die Meinung sagte. Aber mein Therapeut hatte recht. Ich sagte wirklich viel zu selten meine Meinung:

»Dann bin ich halt co-abhängig, na und? Das muss aber ich selbst bearbeiten und für mich herausfinden, nicht Du! Außerdem obliegt die Diagnose und Behandlung dem Klinikpersonal, und nicht den Patienten! Ha!«

Die Aggressionen zeigten sich auch zunehmend in der Kunsttherapie, in der wir sonst viel Spaß hatten. Diese Ausdrucksform eröffnete einen tiefen Einblick in die Seele des einen oder anderen Patienten. Gefühlen wie Trauer, Schmerz und Aggressionen konnte man durch die Kunst freien Lauf lassen. Papier, Farben, Ton und Basteleien waren die Werkzeuge der Emotionen. Damit wurden unaussprechliche Aggressionen und seelische Schmerzen erlebbar, ja sogar fassbar!

Es gab Patienten, die Ton wild auf den Boden klatschten und sich dabei die Wut von der Seele schmissen. Oder ein großes Plakat wurde wild mit aggressiven Farben bearbeitet, bis es aussah wie ein bepinseltes Graffiti.

In einer Stunde wurden wir angewiesen, Gruppenbilder zu erstellen. Jeder Patient musste auf einem eigenen Bereich des gemeinsam genutzten Papiers etwas Eigenes malen. Interessant wurde es, sobald man in den Bereich eines anderen Patienten eindrang. Dann war meist Schluss mit lustig.

Bei einer Gruppenarbeit kam unsere Mitpatientin Michaela mit ihren in roter Farbe getränkten Händen und klatschte diese mitten in mein schönes gemaltes Bild hinein. Ich ärgerte mich fürchterlich, aber ich war sprachlos und ließ es einfach geschehen. Die Gesichter der anderen sprachen Bände, als sie sich so auch bei ihnen im Bild verewigte. Michaela war bereits oft verbal aufdringlich gewesen, sie war wie ein Elefant im Porzellanladen.

Im Vergleich zu ihr ganz vorsichtig auftretend, versuchte ich mit blauer Farbe ein paar kleine Fingerabdrücke neben das Bild meiner Banknachbarin Katerina zu machen.

»Hey, was soll das?«, fauchte sie mich an. Ihre Reaktion verunsicherte mich.

»Sorry, ich will doch nur vorsichtig andocken!« Offensichtlich hatte ich, trotz aller Vorsicht, ihre Grenzen überschritten.

Auch wenn ich viel an mir arbeitete, genoss ich die Zeit in der Klinik. Hier war das Chaos nicht zu Hause. Ich wusste, wo ich meine Suche beginnen musste. Wie in der Schule, folgte unser Tagesablauf einem festen Stundenplan. Alles, worauf wir uns konzentrieren mussten, waren unsere eigene Seele und eigenes Wohlbefinden. Wir Patienten waren ungestört, bis auf den einen oder anderen Konflikt untereinander.

Die Stunden zwischen den Behandlungen versüßten wir uns wie gewohnt mit Entspannung auf der Klinikwiese unter der herrlichen Sommersonne. Es war wie Urlaub!

Auch die sportlichen Aktivitäten setzte ich regelmäßig fort und verbesserte mich zusehends. Es kam mir vor, als würde ich damit immer mehr Kraft tanken. Dann wieder legte ich mich zum Entspannen an meinen geliebten Eisbach im Englischen Garten, mit meinem schwarzen Buch im Gepäck. Zudem bekam ich noch einige Tipps, wie ich mein Leben weiter ordnen könnte. Neben einem von der Klinik empfohlenen Terminplaner, in dem ich mein Leben konsequent für jede Woche plante, kaufte ich mir noch ein Buch, um mich von meiner äußeren Unordnung zu befreien. Ich war zwar kein wirklicher »Messi«, aber ich hatte es bisher nie in meinem Leben geschafft, meine persönlichen Sachen zu ordnen. Ich schob diese Dinge schon immer gerne auf die lange Bank, da ich meist anderweitig beschäftigt war. Bisher hatte ich mich mehr um die anderen gekümmert, in der Arbeit wie auch privat. Meine eigenen Belange hatte ich hinten angestellt. Ich hatte es bis jetzt nicht einmal geschafft, meine Wohnung in Frankfurt richtig einzurichten, und so herrschte dort das reinste Chaos. »Meine Höhle« hätte es wohl besser getroffen. Die Wäsche lag auf dem Boden, Kartons standen in der Küche herum, Papiere flogen ungeordnet in Kartons umher, die Heizung war kaputt, und vieles mehr. Ich hatte mich dort nie eingerichtet. War ich dort nie angekommen, oder hatte ich mich nur nie dafür entschieden?

Zusätzlich zu der inneren Ordnung in meinem Kopf wollte ich nun auch eine äußere Ordnung herstellen. Aber wie sollte ich diese Dinge ordnen? Da alle meine persönlichen Dinge in Frankfurt und nicht in München lagerten, blieb mir nichts anderes übrig, als Pläne zu schmieden. Ich wollte meinen Kopf und den Körper nicht mit zusätzlichen Dingen belasten, die eigentlich leicht gelöst werden konnten. Um den steinigen Weg begehen zu können, musste ich einige Brocken wegräumen, die mir den Weg versperrten. Ich begann eine Liste von den Dingen zu erstellen, die ich so bald wie möglich angehen wollte. Die Wohnung in Frankfurt stand ganz oben auf dieser Liste. Beim Gedanken an Frankfurt, die Wohnung und die Arbeit war ich immer noch sehr aufgewühlt. Wie sollte es weitergehen?

Gegen Ende dieser Woche wurden nun auch das erste Mal seit meinem Klinikeintritt Patienten verabschiedet. Wie sehr ich mich in dieser kurzen Zeit an sie gewöhnt hatte, merkte ich hier das erste Mal schmerzlich. Wir hatten in den letzten Wochen wichtige Erfahrungen ausgetauscht und unser Innerstes in Gesprächen offengelegt.

Der Abschied sollte freitags in der letzten Stunde gefeiert werden, auch wenn es uns allen schwerfiel. Unsere Mitpatienten durften ihren Abschied nach eigenen Wünschen gestalten. Es war ihnen jedoch unangenehm, uns mit ihrem Abschied zu belasten, und auch wir konnten uns mit ihrem Abschied nicht anfreunden. Es bedeutete Veränderung, die uns durch die Klinik auferlegt wurde und die wir alle so nicht ohne weiteres akzeptieren wollten.

Die einen mussten sich von geliebten Mitpatienten trennen, andere wiederum wurden daran erinnert, dass draußen die »harte« Realität auf sie wartete, wenn sie selbst aus der Klinik entlassen werden sollten. Ich gehörte zu den Letzteren. Mir gefiel dies gar nicht – »Tschüss« zu sagen und mich zu verabschieden. Ich wollte hier nicht weg, denn viel zu oft hatte ich mich in meinem Leben trennen und verändern müssen. Ungewollt!

Ich hielt mich auf Abstand, konnte und wollte nicht weinen wie viele andere Patienten, als sie sich in die Arme fielen. Ich wehrte mich dagegen. Der Freitag des »Abschieds« war für mich sehr anstrengend. Emotional völlig ausgelaugt, wollte ich am liebsten meine Ruhe haben. Ich sah dies nun fast wöchentlich mit einem oder mehreren Patienten auf mich zukommen. Damit wollte ich mich nicht abfinden. Es machte mir Angst, da ich nicht genau wusste, wann ich selbst die Klinik verlassen musste. Bisher hatte mir niemand darüber Auskunft gegeben.

Auch am Wochenende ließen mich der Abschied und der Gedanke an die nächsten Wochen nicht los. Mir wurde das erste Mal bewusst, dass nun auch für mich die Zeit immer schneller verging und unausweichlich irgendwann mein eigener Abschied bevorstand. Was ich nach der Behandlung in der Klinik mit mir anfangen wollte, das wusste ich nicht. Am liebsten hätte ich gar keine Entscheidungen treffen wollen. Ich hasste Veränderungen!

In der darauffolgenden Woche signalisierte mir mein Einzeltherapeut, dass meine Behandlung nicht schon nach sechs Wochen beendet sein sollte, sondern wohl erst nach acht oder neun Wochen. Ich atmete bei dieser Nachricht erleichtert auf. Eine Verlängerung! Ich wusste nun ungefähr, wann ich die Klinik zu verlassen hatte. Diese Zeit wollte ich nutzen und möglichst schnell Entscheidungen treffen.

Was die Arbeit anbelangte, traf ich mich zunächst mit der Sozialarbeiterin der Tagesklinik. Schon zu Anfang der Behandlung hatte ich ein kurzes Gespräch mit ihr gehabt, in dem sie mir über die Formalitäten der Behandlung Auskunft gegeben hatte. Dabei drehte es sich in erster Linie um die Zahlung des Krankengeldes durch die Krankenkasse, welche diese nach sechs Wochen Fehlzeit bei meinem Arbeitgeber automatisch übernehmen sollte. Für Patienten, die zu sehr belastet waren und ihre persönlichen Dinge nicht alleine ordnen konnten, war sie sozusagen eine Erfüllungsgehilfin. Eine gute Fee, die einem die Alltagsarbeit im Kampf mit den Behörden und Institutionen zwar nicht abnahm, aber viele Hilfestellungen gab.

Bei unserem Termin schlug sie mir eine sogenannte »Wiedereingliederung« in mein derzeitiges Arbeitsverhältnis vor, bei dem ich erst wieder allmählich an meinen Job gewöhnt werden sollte. Bei dem Gedanken an die Rückkehr an meinen Arbeitsplatz drehte sich mir schon die ganze Zeit der Magen um, denn ich wollte dort nicht mehr hin. Zu tief saßen die Gefühle der Abneigung gegen meinen Chef. Mich erfüllte eine erdrückende Angst, nicht mehr bestehen zu können. Am liebsten wollte ich gar nicht mehr nach Frankfurt zurückkehren und gleich die Kündigung einreichen.

Die Sozialarbeiterin redete mir ins Gewissen. Eine Kündigung wäre äußerst unvernünftig. Im Prinzip teilte ich ihre Meinung, da ich ebenfalls Zweifel hatte, ob dies wirtschaftlich die richtige Entscheidung wäre. In den letzten zweieinhalb Jahren war die Firma mein Leben gewesen. Ich hatte die meiste Zeit des Tages in dieser Tretmühle verbracht. Meine Freunde waren meine Kollegen, ich hatte ja nichts anderes in Frankfurt. Trotzdem konnte ich mir nicht mehr vorstellen, dort zu arbeiten. Ich hatte den übermächtigen Wunsch zu kündigen, aber ich hatte Angst vor diesem Schritt. War es wirklich der richtige Schritt? Wann war der richtige Zeitpunkt? Sofort? Vielleicht sollte ich mich einfach noch länger krankschreiben lassen und erst dann kündigen? Dies wäre sicherlich nicht unvernünftig gewesen, auch wenn es auf Kosten der Firma und der Kollegen gehen würde. Andererseits zahlte die Krankenkasse ja ab der sechsten Woche meiner Absenz.

Ich fühlte mich an diese Firma gekettet und glaubte, dass ich mit meiner Kündigung das Band zwischen mir, der Firma und meinem Chef endgültig zerschneiden würde. Kein Weg zurück und keine Zweifel mehr. Ich würde einfach einen Sprung in eine neue, wenn auch ungewisse Zukunft wagen. Ich musste die Bande kappen und mich losreißen, um wegzukommen und wieder frei atmen zu können. Ich wollte frei sein!

Ich war nun fest davon überzeugt, eine Kündigung sei der richtige Schritt. Aber als ich meinem Einzeltherapeuten meine Kündigungsabsicht vortrug, ging dieser mich heftig an.

»Nein, das werden Sie nicht tun!«

Ich war völlig irritiert. Warum reagierte er so? Wieso war er auf einmal so zu mir? So absolut unnachgiebig und verständnislos!

Durch die letzten Wochen der Behandlung vertraute ich seinen Einschätzungen, sonst hätte ich wohl sogleich wieder den Kampf gegen ihn aufgenommen. Aber warum stieß er mich nun genau in diese Richtung? Dorthin wollte ich partout nicht mehr. Was wollte er mir sagen?

»Hören Sie, wenn ich nicht kündige, dann habe ich das Gefühl zu sterben. Es fühlt sich wie der Tod an! Dorthin will ich einfach nicht mehr. Ich habe genug! Lassen Sie mich gehen!«, drängte ich.

Er wurde ruhiger: «Handeln Sie nicht impulsiv und unüberlegt. Werden Sie sich klar, warum Sie so vorgehen wollen.«

Dies verstand ich nicht, ich hatte doch schon monatelang nachgedacht und wollte nicht mehr zurück.

»Was, zum Teufel, wollen Sie von mir? Ich werde meinen Chef anrufen und ihm sagen, dass ich kündigen werde. Ich werde es ihm erklären und hoffe, dass er es gut aufnehmen wird.«

»Nein, Herr Feodor, das werden Sie nicht tun!«, entgegnete er mir erneut scharf und eindringlich.

»Wieso nicht? Das ist doch so absolut in Ordnung! Das macht man doch so aus Anstand! Meine Kollegen haben mir auch zu diesem Schritt geraten. Das hat er doch verdient.«

»Nein, Herr Feodor! Wenn Sie das machen, sind Sie nicht besser als ein Alkoholiker an der Flasche!«

Schock! Stille! Ich konnte wirklich nicht sagen, was ich in diesem Moment genau fühlte, aber was er mir entgegnete, war drastisch. So wie damals, als meine Schwester mir sagte: »Ich will meinen Bruder wieder haben!« In diesem Moment wurde mir klar, dass mein Verhalten inakzeptabel war und mich nachhaltig gefährdete. Aber warum?

Ich schüttelte den Kopf. »Moment mal. Langsam! Alkoholiker? Ich verstehe nicht, was Sie meinen.«

Deutlich und mahnend sagte er: »Sie schützen Ihren Chef, obwohl dieser Mann Sie über zwei Jahre gegängelt, schikaniert und Sie fast kaputt gemacht hat. Warum wollen Sie das tun? Warum schützen Sie ihn? Warum wollen Sie sich bei ihm die Erlaubnis für ihre Kündigung holen, obwohl Sie erstens diesen Kerl überhaupt nicht leiden können, und es zweitens Ihr gutes Recht ist, zu kündigen. Sie müssen sich nicht einmal rechtfertigen, warum dem so ist.«

Mich würgte es in diesem Moment, mir wurde schlecht und schwindelig.

»Stopp! Mir ist das gerade zu viel. Mich überfährt das Ganze«, bekam ich gerade noch heraus. Mir wurde schwindelig. Er hatte recht, ich hasste meinen Chef, und trotzdem wollte ich es ihm unbedingt recht machen. Ich war verwirrt.

»Okay. Ich warte vorerst und werde darüber nachdenken. Mir ist das gerade alles zu viel, und ich brauche Zeit.«

Er nickte und lächelte mich an. Anscheinend war es genau das, was er hören wollte. Mir war das ganz recht, denn ich brauchte wirklich Zeit, das eben Gesagte zu verdauen. Das war heftig! Schnell verließ ich das Behandlungszimmer. Ich ging in die Küche und aß zwei Löffel Nutella, um mich zu beruhigen. Schokolade, genau das Richtige.

In der Abschlussrunde verkündete ich auch den Mitpatienten, dass meine Kündigungspläne erst einmal auf Eis gelegt waren, weil mein Einzeltherapeut es mir verboten hatte. Ich scherzte darüber, aber zum Lachen war mir nicht zumute.

Erst nach zwei Tagen fand ich die Kraft zum Nachdenken über diese letzte Einzelstunde. Dieser Vergleich mit dem Alkoholiker an der Flasche ließ mich nicht mehr los. Ich verhielt mich quasi wie ein Abhängiger, aber warum? Ich nahm doch keine Drogen! Wie passte das alles zusammen?

Ich wendete mich an meine Bezugsschwester, die in solchen Situationen immer gute Ratschläge für mich hatte.

»Ja, Herr Feodor, Sie sind süchtig! Nach Liebe und Anerkennung!«

»Was hat denn das mit meiner Kündigung zu tun?«

»Ich habe Ihnen schon einmal vor einigen Stunden gesagt, dass Sie Liebe an Schmerz koppeln. Deswegen gingen Sie bisher auch über Ihre Grenzen.«

Ich erinnerte mich, aber nach wie vor wusste ich nicht, was sie damit meinte. Um mir auf die Sprünge zu helfen, nannte sie mir ein Buch mit dem sehr einprägsamen Titel »Wenn Frauen zu sehr lieben«.

Ich begann zu lachen. »Ja, aber das ist doch ein Frauenbuch! Das ist doch nichts für mich!«

»Oh doch, das ist genauso gut auf Männer anzuwenden«, belehrte sie mich freundlich und deutete auf den Untertitel. »Die heimliche Sucht gebraucht zu werden!« Das Wort »Sucht« sprang mir sofort ins Gesicht.

Seltsam, wie kann man denn süchtig nach Liebe sein? Das klang nun doch etwas merkwürdig. Und ein Buch für Frauen sollte mir weiterhelfen?

07

Erinnerungen an den Januar 2007 stiegen in mir auf. Als ich in diesen Tagen mit 31 Jahren meinen ersten richtigen Job als Projektmanager eines bekannten Luftfahrtunternehmens antrat, wusste ich nicht, was auf mich zukommen sollte.

Bis dahin hatte ich nur gejobbt. Auch nach meinem Studium, welches ich erst mit 29 beendet hatte, war ich halbherzig an die Arbeitssuche herangegangen. Ob in Deutschland oder im Ausland, hatte ich die letzten elf Jahre unter anderem als Messebauer, Kellner, studentische Hilfskraft, Tutor, Putzkraft, Rezeptionist, Umzugshelfer, Gärtner und Bauarbeiter gejobbt. Irgendwann bei Jobnummer 35 hatte ich aufgehört nachzuzählen. Bei meinem Auslandsaufenthalt 2005 in Neuseeland hatte ich eine Festanstellung als Geologe angestrebt, aber niemand wollte mich als Berufseinsteiger einstellen. Zugegebenermaßen war es auch nicht der richtige Job für mich gewesen. Also entschied ich mich, nach Deutschland zurückzugehen.

Nach einigen Monaten ergatterte ich tatsächlich einen befristeten Job als Geologe, aber dieser war mit 1000 Euro brutto für eine 40 Stunden Woche miserabel bezahlt. In München kostete ja eine Einzimmerwohnung schon an die 500 Euro. Also schleppte ich wieder Möbel und kellnerte nebenher. Ich hatte praktisch keine Wochenenden mehr, genauso wie im Studium. Wo andere Menschen 40 Wochenstunden für ein angemessenes Gehalt arbeiteten, musste ich schon seit vielen Jahren 60 Wochenstunden und mehr arbeiten, um überhaupt über die Runden zu kommen. Als ich jedoch um eine Gehaltserhöhung und eine Vertragsverlängerung bat, wurde ich recht unsanft vor die Tür gesetzt. Nun hatte ich wirklich genug. Warum hatte ich sechs Jahre studiert? Um mich herumschubsen und ausbeuten zu lassen?

Ich besorgte mir einen Gewerbeschein und arbeitete wieder als Messebauer. Und hier wendete sich auf einmal das Blatt für mich. Durch einen Bekannten ergatterte ich für eine Woche einen Job als Chauffeur und lernte so den CEO und zwei Geschäftsführer eines bekannten Luftfahrtunternehmens kennen. Nach einer Autofahrt von 45 Minuten wurde ich sozusagen vom Fleck weg eingestellt. Und irgendwie passte es. Die Luftfahrt hatte mich schon immer fasziniert.

Nun zog ich kurzerhand von München nach Frankfurt. Obwohl ich jahrelang weit weg von München im In- und Ausland gelebt hatte, fiel es mir besonders schwer, München erneut zu verlassen. Nach meinem Aufenthalt in Neuseeland hatte ich mich nach München zurückgesehnt und wollte eigentlich bis auf weiteres dort bleiben. So quälte mich in den ersten Wochen in Frankfurt ein starkes, bis dahin nicht gekanntes Heimweh. Ich vermisste meine Freunde und Familie. Trotzdem war ich überaus dankbar für die Chance und brachte meinem Chef anfangs viel Respekt entgegen. Er machte auf mich den Eindruck eines Geschäftsführers, dem ich an Erfahrung auf diesem Sektor nichts entgegenzusetzen hatte. Außerdem überschüttete er mich mit Vertrauen und betraute mich mit verantwortungsvollen Aufgaben. Diese überforderten mich zwar hoffnungslos, schmeichelten mir aber auch. Mir war noch nie so viel Verantwortung übertragen worden. In meinem letzten Job hieß es immer: »Alex, man kann Dir kein Projekt anvertrauen!« Jetzt übertrug man mir die Verantwortung für den Auslieferungsprozess von hochpreisigem Luftfahrtgerät im Wert von mehreren hunderttausend Euro.

Als einzigem Projektmanager und nach Sichtung aller mir zur Verfügung stehenden Informationen fiel mir auf: Der Betrieb, ein Tochterunternehmen des Konzerns, machte zu wenig Umsatz. Die vertraglich vereinbarte Bonuszahlung, welche zusätzlich unser Gehalt aufbessern sollte, war ein Hirngespinst. Mir war klar, dass die Angestellten diese Bonuszahlung nicht sehen würden, zumindest in diesem Jahr nicht. Aber das war mir zunächst egal, denn ich hatte endlich ein vernünftiges Gehalt, zwar nicht üppig, aber mehr als ich jemals zuvor bekommen hatte. Nichtsdestotrotz musste ich von Anfang an die Ausgaben des Betriebes mit meiner Kreditkarte vorstrecken, da wir nicht einmal eine Firmenkreditkarte anfordern durften. Auf die Ausgleichszahlung wartete ich dann monatelang, was mich oft in finanzielle Schwierigkeiten brachte. So etwas war mir bei meinen Aushilfsjobs nie passiert.

Ich erreichte als einziger Projektmanager der Firma natürlich sehr schnell über hundert Prozent meiner Leistungsfähigkeit, die ich auch bereitwillig aufrechterhielt. Durch meine Jobs und Auslandsaufenthalte hatte ich mir einiges Selbstvertrauen in Dingen angeeignet, an die sich andere nicht so einfach herantrauten. Dies war hier mein Bonus. Dennoch hatte ich ständig Versagensängste, denn ich machte einen Job, von dem ich nicht viel verstand. So dachte ich jedenfalls. Meine Mischung aus Selbstvertrauen und gleichzeitigem Minderwertigkeitsdenken kam wohl daher, dass ich mir alles selbst beibringen musste. Niemand sagte mir, wie ich den Job zu machen hatte. Das war schon jahrelang so gewesen. Seit dem Tod meiner Mutter hatte ich alle meine Entscheidungen alleine getroffen. Niemand hatte mir zur Seite gestanden, mich bei der Hand genommen und mich geführt.

Auch hier wiederholte sich das Ganze gleich von Anfang an. Der Chef war kaum verfügbar und anscheinend ständig beschäftigt. Ich zweifelte daran, dass ich dem Job gewachsen war, als wir im April 2007 auf eine bekannte Luftfahrtmesse fuhren, um unsere Produkte zu präsentieren. Nach nur drei Monaten in der Firma schaffte ich es, einen Kunden aus den USA an Land zu ziehen, der spontan eines unserer Produkte für einen günstigen Messepreis kaufte, und möglicherweise zehn weitere im Wert von über eineinhalb Millionen Euro. Das gab mir einigen Auftrieb.

Auf der Messe ereigneten sich jedoch bereits sehr merkwürdige Dinge, die mich aufhorchen ließen. Beispielsweise gab es ein Gespräch mit der netten Marketing-Assistentin des Konzerns, die mich aus heiterem Himmel fragte:

»Und wann kündigst Du?«

»Was?! Ich arbeite doch erst seit vier Monaten hier!«

»Ich erst seit zwei, und ich habe bereits gekündigt!«, sagte sie beiläufig. Sie berichtete mir, sie habe schon fünf Jahre in einer

Firma in Hong Kong gearbeitet, und hier gäbe es einfach zu viele Querelen und Stuhlsägereien. Ich war völlig überrascht, aber da es sich ja hier um den Konzern handelte und nicht um die Tochterfirma, nahm ich diese Aussage vorerst nicht zu ernst.

Als zwei Abende später der Assistent des Konzerninhabers mir völlig gestresst Wein einschenkte und ich versuchte, beruhigend auf ihn einzuwirken, entgegnete mir dieser nur: »Hey, wenn Du mehr als zwei Jahre aushältst, bist Du hart!« Da begann ich mich ernsthaft zu fragen, wo ich gelandet war.

Eines Morgens erhielt ich einen Anruf eines potenziellen Kunden aus Österreich. Der Kunde wollte mit mir den Preis endgültig verhandeln, und zwar sofort. Er wusste allerdings nicht, dass dies nicht nur meine erste Preisverhandlung und mein erster Verkauf waren, sondern dass ich gerade erst, nach einer langen Nacht, verspätet aufgewacht war und bei unserer Verhandlung noch im Bett lag. Nicht einmal die Preise kannte ich auswendig. Zu meiner Überraschung verkaufte ich dem Kunden an diesem Morgen ein Produkt zu einem Preis, den mein Chef bis dahin noch nie erzielt hatte. Wie sich in den nächsten Monaten herausstellte, wäre dieses Preisniveau aber für das Überleben der Firma genau das Richtige gewesen. Die Anerkennung für diesen ersten Verkauf blieb aus, obwohl ich 60.000 Euro über den bisher erzielten Preisen lag.

Ich sah alle Rechnungen durch. Eindeutig waren die Verkaufspreise bisher immer 50 bis 60.000 Euro unter meinem erreichten Preis. Mir fiel vor allem auf, dass die Rechnungen in einem wilden Durcheinander mehrfach gebucht und wieder storniert worden waren. Niemand kannte sich aus, Seriennummern waren entweder gar nicht vorhanden oder vertauscht worden. Ein heilloses Durcheinander! Wer hatte bloß diese Arbeit gemacht?

Wie sich zunehmend herausstellte, war mein Chef ein sehr impulsiver und überaus ungeduldiger Mensch. Verkäufe konnten nur daran scheitern, dass er den Kunden einfach nicht mochte oder überhastete Entscheidungen traf, die er im Nachhinein wieder revidierte. Solche Entscheidungen traf er häufig aus dem Bauch heraus, mit einem »So ein blöder Idiot!« auf den Lippen. An einen einfachen Abschluss im Sinne des Unternehmens zu denken, schien er nicht imstande. Es kostete mich Mühe, die aufbrausende Art meines Chefs zu bremsen und gegenüber dem Kunden und auch gegenüber den Mitarbeitern zu rechtfertigen. Von Anfang an war ich der Airbag zwischen Chef, Kunden und Angestellten. Der Druck auf mich wuchs kontinuierlich. Mich ließ mein Chef zu diesem Zeitpunkt noch in Ruhe, er verhätschelte mich sogar und gab mir das Gefühl, wichtig zu sein. Väterlich legte er ab und zu seine Hände auf meine Schultern und gab mir zu verstehen, er wolle mich langfristig zum Geschäftsführer aufbauen. Das schmeichelte mir ungemein, und es gab mir ein tolles Gefühl. So viel Vertrauen und Bestätigung hatte ich vorher in dieser Form noch nicht bekommen.

Der Chef änderte regelmäßig alle zwei Monate die gesamte Organisation des Betriebs. Meine Kollegen und ich nannten das scherzhaft: »Er spielt mal wieder Firma!« Sobald etwas nicht funktionierte, wurden neue Abläufe eingeführt oder Teile unserer Belegschaft versetzt. Er gab uns nicht einmal Zeit, uns auf neue Abläufe einzustellen. Das Problem lag aber nicht an den Abläufen an sich, sondern an der finanziellen Lage und der Grundstruktur des Betriebes, die nicht richtig organisiert worden war. Wir führten den Betrieb mit Hilfe einer Vielzahl von Excel-Listen. Die Buchhaltung funktionierte nicht, da die Mitarbeiter alle paar Monate wechselten und wir über keine Software verfügten, die alle Vorgänge erfasst hätte. Die Lagerhaltung funktionierte nicht, es gab keine Einteilung, keine Kennzeichnung, keine Möglichkeit der Erfassung. Wir kannten den Wareneingang und Ausgang nicht. Wir konnten noch nicht einmal sagen, wieviel Geld wir verloren hatten, und was wir zum Überleben erwirtschaften mussten. Wir kannten ja weder unsere Einkaufs- noch unsere Herstellungskosten. Es lag auf der Hand, dass wir Verluste einfuhren.

Dann bekam auch ich den widersprüchlichen Charakter meines Chefs zu spüren. Bei Gesprächen mit Kunden oder mit wichtigen Personen, die ausdrücklich mich nach etwas gefragt hatten, verzog er das Gesicht, sobald ich dem Kunden Ratschläge gab, die seiner Meinung nach ihm vorbehalten waren. Ich begann mich langsam zu fragen: »Was soll ich eigentlich noch hier?« Zunehmend zeigte er deutliche Charakterschwächen. Er trat selbstsicher auf, fühlte sich aber gleichzeitig wohl eher minderwertig. Sein Verhalten war widersprüchlich. Einerseits war er beleidigt wie ein kleines Kind, das nicht im Mittelpunkt stand. Andererseits kam er immer wieder zu mir und sagte mir, wie sehr er doch meine Arbeit schätzte, und wie sehr er mir vertrauen würde.

Diese Begebenheiten häuften sich, je mehr Sicherheit und Kontrolle ich im Betrieb erlangte. Zunächst kam er zu uns mit seiner väterlich anmutenden, beschützenden Art. Dann zerstörte er die aufgebaute Wärme und Motivation recht schnell wieder, indem er uns kurz darauf Unfähigkeit bescheinigte oder einen seiner berühmten Wutausbrüche bekam.

Der zunehmend absonderliche Charakter unseres Chefs blieb anderen Kollegen aus dem Konzern sowie unseren Kunden verborgen, da unser Chef es in seiner Blender-Manier schaffte, allen den perfekten Chef vorzuspielen.

»Er ist doch so ein netter Typ!«, hieß es dann oft. Tja, wie ein Familienvater, der nach außen hin glänzte, der aber seine Kinder schlug. Eine logische Erklärung für sein Verhalten schien es nicht zu geben.

Mehr und mehr verlor unser Chef die Kontrolle über den Betrieb und versuchte Löcher mit aberwitzigen Methoden zu stopfen. Wie ein Spielsüchtiger, der einen Euro nach dem anderen verspielt hatte und seinen Bankrott nur hinauszögerte, indem er sich zunehmend Geld aus verschiedenen Quellen organisierte, ohne dabei eine spätere Rückzahlung sicherzustellen. Ich war mir dabei oft nicht sicher, ob mein Chef einen rechtssicheren Weg beschritt. Immer weiter drehte sich die Spirale aus Lügen, Blendereien und Schulden. Die Leidtragenden waren die Angestellten. Sie warteten auf ihr Geld und mussten arbeiten wie die Verrückten!

Das erste Jahr ging vorbei. Ich war mittlerweile Projektmanager, Assistent der Geschäftsführung und Vertriebsleiter geworden, und dies wohlgemerkt ohne Gehaltserhöhung und Verkaufsprovision. Nach einem wohlverdienten Kurzurlaub von ganzen drei Tagen, den ich in München verbracht hatte, stand ich morgens bei meinem Chef im Büro und war in guter Stimmung. Ich hatte mir vorgenommen, endlich wieder ein Auto zu kaufen, denn mein Anfahrtsweg mit den öffentlichen Verkehrsmitteln betrug etwa eine Stunde und fünfundvierzig Minuten. Neben den sehr langen Arbeitszeiten war dies einfach nicht mehr tragbar.

Mein Chef sah mich mit einem seltsamen Blick an und sagte:

»Alex, wenn wir diesen Monat kein Geld bekommen, dann ist Feierabend, aber endgültig! Dann können wir Insolvenz anmelden!« Auch er konnte die Situation nicht mehr leugnen.

Mein Status »Erholung« änderte sich sogleich auf »roter Alarm«! Nicht nur war der Traum vom Auto geplatzt, sondern es konnte auch passieren, dass ich bald wieder auf der Straße stand.

Die finanzielle Lage war zu diesem Zeitpunkt desaströs. Wir suchten nach jeder nur erdenklichen Möglichkeit, um an Geld zu kommen. Mein Chef weigerte sich wieder einmal, den Konzern anzupumpen, da ihm die Konzernleitung mit Kündigung gedroht hatte, wenn er erneut Geld verlangen würde. Den Januar standen wir einigermaßen durch, aber das Geld reichte gerade aus, um ein paar Lieferanten und die Löhne zu bezahlen.

Zu dieser Zeit befand sich mein Chef entweder häufiger in der Konzernzentrale, oder er war im Ausland unterwegs. Er verabschiedete sich mit den Worten:

»Alex, ich bin unterwegs auf Akquise, und ich übertrage Dir hiermit die Verantwortung über den Betrieb. Du wirst das schon schaffen!«

Mit der nötigen Autorität auf dem Papier stattete er mich aber nicht aus, genauso wenig wie mit einer Gehaltserhöhung, weil ja kein Geld da war. Also war ich für zwei Wochen stellvertretender Geschäftsführer, neben allen anderen Funktionen, für 3500 Euro brutto.

War der Chef nicht im Haus, versuchte der eine oder andere Angestellte seine Belange prioritär behandeln zu lassen. Dabei wurde meist von Kollegen versucht, meine Position zu untergraben. Meine Befugnisse und auch mein Alter waren mir ein deutliches

Hindernis, um angemessen auf Probleme zu reagieren.

Der tägliche Stundenaufwand steigerte sich nun auf niemals weniger als zwölf Stunden, eher auf vierzehn. Meine insgesamt dreistündige An- und Abfahrtzeit eingerechnet, tat ich nun nichts anderes mehr als arbeiten und schlafen.

Im März sah es mit den Finanzen sehr düster aus. Eines Morgens kam ich in das Büro meines Chefs und fand ich ihn völlig neben sich stehend. Mir fiel auf, dass seine Hände stark zitterten. Da ich wusste, dass er kein Alkoholiker war, verstand ich sofort, dass er einfach am Ende war. Ich wollte ihn nicht noch mehr in Bedrängnis bringen und tat so, als hätte ich nichts bemerkt. In diesem Moment begann ich ihn zu schützen, obwohl diese verfahrene Situation alleine auf sein Konto ging. Ich hatte Angst, dass der Betrieb untergehen würde, wenn ich nicht das Ruder in der Hand behielt.

Mit Unmengen an Kraftreserven, die ich zu dieser Zeit noch hatte, erledigte ich alles, sogar die Aufgaben meines angeschlagenen Chefs. Ich kümmerte mich um alles im Wege stehende, ich war der Problemlöser! Und ich fühlte mich immer stärker, einfach unbesiegbar. Ich bekämpfte Feuer mit Feuer, und Chaos mit Chaos. Und ich gewöhnte mich an den in mir aufsteigenden Rausch, sobald ich alle Probleme in den Griff bekam.

In dieser turbulenten Zeit kam mein Chef öfters spät oder gar nicht ins Büro. Entweder er war krank gemeldet, arbeitete von zu Hause, war bei der Konzernleitung, oder er hielt sich im Ausland zur Kundenakquise auf.

Da ich aber vor kurzem auch noch die Aufsicht über das Sekretariat übernommen hatte, sah ich nicht nur sämtliche Korrespondenzen meines Chefs, sondern erhielt auch hier und da Einblicke in die Reisekostenaufstellungen. So bemerkte ich, dass mein Chef zwei Tage in Prag abrechnete, obwohl ich nie eine E-mail oder ein Kundeninteresse aus der Region erhalten hatte. Auch sah ich Hotelabrechnungen aus China, mit 500 Dollar hohen Serviceabrechnungen neben den normalen Übernachtungskosten. Einen Kunden und ein Angebot sah ich nie! Ich wunderte mich über diese Reisen und Extraausgaben, deren Zweck sich mir lieber nicht erschließen wollte.

Ein neues Produkt sollte in diesen Tagen fertiggestellt werden, es befand sich in der letzten Phase vor der Auslieferung. Das für uns wichtige Gerät sollte uns wieder nach vorne bringen. Jedoch hatten die unrealistischen Vorstellungen unseres Chefs, finanzielle Probleme und Ressourcenknappheit dem Projekt große Verzögerungen beschert, die unser Chef jedoch so nicht anerkennen wollte. Er gab allen anderen die Schuld, suchte die Verfehlungen aber nicht bei sich. Obwohl wir kurz vor der Auslieferung standen, war das neue Gerät weit von einer Fertigstellung entfernt. Unsere Ingenieure und Werkstattangestellten weigerten sich strikt, die ersten Auslieferungen durchzuführen.

»Alex, ich kann dafür keine Verantwortung übernehmen! Alex, ich weiß gar nicht, wie man das zusammenbauen soll! Alex, mir hat keiner eine Schulung gegeben! Alex, ich kenne die Bedienoberfläche nicht!«

Mir schwirrte der Kopf. Niemand wollte die Verantwortung übernehmen. Am liebsten hätte ich ihnen in ihre wehklagenden Gesichter geschleudert:

»Tja, wenn Ihr das nicht macht, dann steht Ihr ab nächstem Monat ohne Gehalt da, schlimmer kann es nicht werden!«

Aber es half nichts. Mir waren die Hände gebunden. Über den Zustand unserer Firma durfte ich ja keine Auskunft geben, um die Mitarbeiter nicht zu beunruhigen.

»Wird sich die Hardware noch verändern?«, fragte ich die Kollegen.

»Nein, nur die Software hinkt noch hinterher!«, entgegnete der Entwicklungsleiter.

»Na gut, Leute! Wir liefern aus, ist mir egal, die Updates werden hinterher aufgespielt!«, entschied ich, obwohl dies absolut nicht meine Aufgabe war. Aber der Chef war einfach nicht verfügbar und steckte den Kopf einfach in den Sand. Jemand musste die Entscheidung treffen, so tat ich es.

Meine Kollegen waren damit überhaupt nicht einverstanden, aber das war mir egal, denn ich kannte unseren Kontostand und wollte ihnen nicht am Ende des Monates sagen müssen, es sei vorbei. Viele Kollegen weigerten sich weiterhin, das neue Gerät zu installieren oder entsprechende Entscheidungen zu treffen. Sie bestanden darauf, sie würden sich nicht auskennen, und ohne Schulung wollten sie nicht als Unwissende vor dem Kunden dastehen. Ebenfalls waren viele Abteilungsleiter nicht in der Lage, wichtige Entscheidungen bezüglich des neuen Produkts zu treffen. Auch ihnen nahm ich ihre Entscheidungen ab, obwohl diese mir gar nicht zustanden. Ich hatte mich mittlerweile selbst unentbehrlich gemacht und den Posten eines Stellvertretenden Geschäftsführers dauerhaft, ohne offizielle Berufung, eingenommen. Der finanzielle Druck war einfach zu groß, und die ausstehenden Reisekosten der Mitarbeiter machten dies nur noch schwieriger. Ich wusste mir nicht anders zu helfen. Kurzerhand setzte ich mich auch noch selbst auf die erste Auslieferung, verlud das Gerät, fuhr den LKW, machte die Aus- und Einfuhrpapiere klar, und mit Hilfe eines Kollegen bekamen wir die Erstinstallation des Geräts gerade noch rechtzeitig hin. So war die Zahlung für März gesichert. Ich war am Ende. Mir wurde kein Dank vom Chef ausgesprochen, ich bekam keine Anerkennung!

Wir hatten nur eine kleine Verschnaufpause herausgeholt. Im April saßen meine Assistentin Marie und ich im Büro und zermarterten uns erneut wegen des fehlenden Geldes den Kopf. Wir fragten uns, wo der Chef steckte. Angeblich war er auf Akquise. Diesmal sickerten Informationen über unsere Lage an die Belegschaft durch. In den letzten Monaten war nicht zu übersehen gewesen, dass etwas nicht stimmte. Die Kollegen stoppten mich schon morgens vor dem Tor und bedrängten mich:

»Alex, kriegen wir überhaupt noch unsere Kohle diesen Monat?«

Ich versuchte mich aus der Affäre zu ziehen:

»Ihr habt bisher immer Euren Lohn bekommen und musstet nie warten, außer auf die Reisekosten. Wieso fragt Ihr nicht den Chef? Wir bekommen das schon hin, aber notfalls muss der Konzern erneut einspringen. Dann aber kann unser Chef einpacken! Ihr müsst Euch vorerst keine Gedanken machen.

War das eine Lüge? Nicht wirklich. Ich versuchte, es allen recht zu machen.

Plötzlich fiel mir ein: »Wir haben doch einen italienischen Kunden, mit dem wir schon auf der Messe Anfang 2007 verhandelt hatten. Der Chef hatte wie gewöhnlich einen Sonderpreis ausgehandelt, der Kunde hatte aber mit der Bestellung auf sich warten lassen. Mit dem Mut der Verzweiflung hob ich den Hörer ab, und es entstand folgendes kurzes Gespräch:

»Ciao Alessandro, va bene? Wir reden jetzt schon seit fast einem Jahr über das Produkt, und Du hast wirklich einen Spitzenpreis für das Gerät bekommen. Ich kann den Preis einfach nicht länger halten, entweder kaufst Du das Gerät jetzt, oder das war's! Dann kostet es Dich 60.000 Euro mehr.«

»Si, Alex! Scusi! Ja, gut. Also, ich kaufe!«

Ich legte den Hörer auf und sank zurück in den Stuhl. »Geschafft!« Marie schaute mich verdutzt an.

Für diese Momente liebte ich meinen Job. Ich hatte die Situation gerettet und fühlte mich super. Ich spürte meine Sucht nach dem Gefühl, das sich nach einem solchen Erfolg einstellte und mich für ein paar Wochen durchatmen ließ. Diesem Gefühl jagte ich hinterher. Dabei vergaß ich, dass man sich über die Momente freuen sollte, in denen das Leben normal verlief. Allmählich begann ich mich zu verlieren und immer weiter zu verstricken.

»Alex, ich könnte Dich küssen!«, jubelte der Chef, als ich ihn endlich ans Telefon bekam und ihm von den Ereignissen berichtete.

Ich brauchte keinen Dank und nichts darüber hinaus, denn ich wusste, was ich in diesem Moment geleistet hatte. Ich hatte den Betrieb gerettet und den Chef vor seiner sicheren Kündigung bewahrt. Ich hatte ihn wieder einmal geschützt, wie schon so oft, obwohl er es nicht verdiente. Ich war der Alkoholiker an der Flasche! Hätte ich in den letzten Wochen nicht gehandelt, hätte er gehen müssen.

Nur drei Tage später bekam ich den Tadel meines Lebens von meinem Chef. Es handelte sich um ein Gerät, das erwartungsgemäß, wie gewohnt, noch nicht beim Kunden installiert worden war. Es schallte aus dem Hörer in einem Ton, der nicht aggressiver und herablassender hätte sein können:

»Was soll das, Alex!? Wieso ist das noch nicht fertig!?«»Du,

Manfred, wir haben einfach kein Geld mehr, und es sind noch viele Teile zu anzupassen, um endgültig die Freigabe zu bekommen! Was soll ich denn machen?«, versuchte ich ihm zu erklären.

»Das ist mir egal, ich glaube, ich muss wohl alle Managementaufgaben ab jetzt selbst übernehmen. Du bist unfähig! Wenn Du das nicht kannst, dann solltest Du diesen Job nicht machen! Ich befehle Dir, das Produkt ist spätestens in drei Wochen hier! Hast Du verstanden?«

Ich war baff. Geschockt legte ich den Hörer auf.

»Was war das denn? Du Idiot! Ich bin unfähig, und Du »befiehlst« mir, das Teil auszuliefern! Pah!«, schrie ich meine Wut heraus. »Wie denn? Ohne Geld, ohne Hilfe! Was soll ich noch alles machen?«

Marie war das Ganze nicht entgangen. Wir schauten uns fassungslos an. Nicht nur, dass er mich angegangen war wie nie zuvor, sondern er setzte mir nun auch noch die Pistole auf die Brust. Und das genau drei Tage, nachdem ich ihm nachweislich geholfen hatte, seinen Kopf aus der Schlinge zu ziehen!

Ich war am Boden zerstört und dachte das erste Mal daran, meinen Job zu kündigen. Wie sollte ich einen solchen Chef noch respektieren? Jemanden, für den ich jeden Tag die Kohlen aus dem Feuer holte und der dies nicht wertschätzen konnte. Ganz im Gegenteil, er verteilte auch noch Tritte!

Sobald mein Chef ins Büro kam, schikanierte er uns Angestellte. Es wurde immer unruhiger im Betrieb. Hatten wir es einmal geschafft, nach seiner längeren Abwesenheit den Betrieb zu beruhigen, kam er mit zig neuen Änderungen daher, die selten Sinn hatten. Zunehmend kam er morgens mit absolut schlechter Laune ins Büro und rief sogleich einen Angestellten zum persönlichen Gespräch, um ihn in vernichtender Weise zurechtzuweisen. Trotz geschlossener Tür war es für jeden anderen Mitarbeiter unüberhörbar. Danach fühlte er sich sichtlich besser und entspannte sich.

Manchmal rief er mich fünfmal hintereinander ins Büro, weil er ständig neue Fragen hatte. Wenn ich ihn bat, er solle doch seine Anfragen bündeln, erntete ich nur einen bösen Blick dafür, oder er sagte schlichtweg:

»Tja, Alex, ich bin halt ein Idiot!«

So blieb mir nichts weiter übrig, als einfach aus dem Büro zu gehen und mich wieder an die Arbeit zu machen. Ich konnte mich nicht mehr entspannen und war ständig in »Hab-Acht-Stellung«. Wenn nicht der Chef irgendetwas ausheckte, dann gab es Probleme mit den Angestellten, oder wir bekamen Druck durch unsere Kunden.

Auch das Thema Krankheit bekam in der Firma zunehmend Bedeutung. Anfangs dachte ich noch, dass Ausfälle eher die Ausnahme waren. Wir hatten aber zeitweise einen Krankenstand von 30 Prozent der Belegschaft. Wir alle saßen in demselben Boot, und die Erkrankungen zeigten, dass die Arbeit die Angestellten schädigte. Wir hatten Langzeitausfälle durch Morbus Crohn, Depressionen, Nervenzusammenbrüche, Alkoholismus. Anstatt sich einmal zu fragen, ob etwas an dem System des Betriebs oder an der Geschäftsleitung etwas nicht stimmte, meinte mein Chef nur eines Tages:

»Alex, wir müssen uns unbedingt etwas überlegen, wenn solche undankbaren Leute sich auf unsere Kosten durchfüttern lassen und sich dann aus dem Staub machen!«

Ich war fassungslos.

»Er hat einfach Depressionen und braucht Hilfe, er hat doch nichts Unrechtes getan!«, ging es mir durch den Kopf. Aber ich sagte nichts. Die Wahrheit war, dass ich mittlerweile selbst Angst hatte vor seiner Unberechenbarkeit. Der unberechenbare Tyrann, der nur insofern berechenbar war, dass er eben völlig unberechenbar reagierte. Aber ich tat meinen Job, und allmählich verlor auch ich die Kontrolle über mich. Unaufhaltsam wurde ich mit in den Strom gezogen. Das immerwährende Spiel von Verkäufen zu niedrigen Preisen, keinem Geld, Stress, Lieferantenproblemen, Druck, Erkrankungen und den wechselhaften Launen meines Chefs laugten mich zunehmend aus. Ich machte den Job jetzt schon seit zwei Jahren und hatte in acht Monaten über 650 Überstunden angesammelt, die ich nicht abfeiern konnte. Überall brannte es. Stopfte man eines der Löcher, so riss unser Chef gleich das nächste auf.

Im Laufe der Gespräche, die ich in der Klinik über meine Arbeit führte, erkannte ich deutlich: Bis zu meinem Zusammenbruch war ich unablässig über meine Grenzen gegangen. Dann konnte ich einfach nicht mehr. Warum hatte ich dies überhaupt getan? Weil ich in meinen Augen gebraucht wurde. Ich hatte mich nach Anerkennung gesehnt, die ich aber nie bekommen hatte.

Bei einem dieser Gespräche sprach ich über meine Arbeit und meinen Chef und fand heraus, dass er Verhaltensweisen meines Vaters widerspiegelte. Mir war aber noch nicht klar, welche Verhaltensweisen dies sein sollten. Mein Vater war nie so aggressiv und widersprüchlich gewesen wie mein Chef, doch er war emotional stark distanziert. Nach dem Tod meiner Mutter lebte mein Vater emotional in sich gekehrt und hatte vor allem nur seine Firma im Sinn. Seine drei Kinder alleine groß zu ziehen, hatte ihn völlig überfordert. Aber auch vor ihrem Tod hatte mein Vater viel zu viel gearbeitet, war selten verfügbar gewesen und hatte damit auch die Ehe zwischen meinen Eltern stark belastet. Immer waren alle anderen Menschen für ihn an erster Stelle gewesen, nur nicht seine Familie. Ich selbst hatte jahrelang vergeblich versucht, seine Aufmerksamkeit und Anerkennung zu erringen. Ich hätte dringend jemanden gebraucht, der mich führte und für mich da war. Aber ich war all die Jahre allein gewesen und musste auch alleine in diesem Leben bestehen, ohne Hilfe, ohne Anerkennung. So suchte ich wohl auch in der Arbeit und bei meinem Chef Anerkennung, bekam diese jedoch nur selten und über kurze Zeit. Und dann wurde ich oft auch noch bestraft.

So ging es in Frankfurt allmählich bergab mit mir. Wie bei meinem Vater, rannte ich bei der Arbeit gegen eine Mauer der emotionalen Kälte, das drohende Scheitern immer vor Augen. Ich war stets voller Angst, nicht bestehen zu können und in den Augen der Autorität versagt zu haben. Allmählich wurde mir klar, wie schmerzhaft sich diese Erfahrung für mich angefühlt hatte, nicht den Ansprüchen der Person zu genügen, von der ich anerkannt werden wollte. Ich war auf der Suche nach Bestätigung jahrelang vor eine Wand gelaufen. Erst bei meinem Vater, dann bei meinem Chef. Aber irgendetwas passte immer noch nicht so ganz zusammen.

Eines Morgens in der U-Bahn fiel es mir dann wie Schuppen von den Augen. Auch meine Mutter spielte in der »Beziehung« zu meinem Chef eine große Rolle! Ich erinnerte mich an sie als eine sehr aufbrausende, ja strafende Person. Manchmal war sie so unberechenbar und unfair gewesen, dass sie aus heiterem Himmel die gemeinsten Sachen gesagt hatte. Dabei war sie selbst so voller Ängste und Selbstzweifel gewesen, genau wie mein Chef. Er spiegelte also die Anteile meiner beiden Eltern! Nicht nur gedanklich erfasste ich jetzt dies alles, nein, ich fühlte diese Einsicht durch meinen Körper strömen. Mir wurde schlecht!

Ich konsultierte ausgiebig das Buch über die Sucht nach Liebe, um Parallelen ausfindig zu machen. Genau wie in den vorherigen Büchern erkannte ich mich in jedem Kapitel wieder. Wie verrückt lesend, verarbeitete ich dieses Buch, strich alles Auffällige an oder schrieb es in mein Tagebuch. Dann stieß ich auf einige Schlüsselkapitel, in denen es um Co-Abhängigkeit und Elternbindung ging. Ich musste nur noch den Kopf über mich selbst schütteln:

Ich war wohl so süchtig nach Anerkennung und Zuneigung, nach Nähe und Geborgenheit, dass ich alles dafür getan hätte. Wie ein Junkie, der nach dem nächsten Schuss giert, wie ein Alkoholiker, der nicht auf die Flasche verzichten kann, oder wie ein Raucher, der ohne seine Zigaretten durchdreht! Und ich hätte mich dabei fast selbst zerstört. In diesem Moment verstand ich, dass ich süchtig war! Süchtig nach Liebe, süchtig nach Zuneigung und Anerkennung!

Auch wenn dies nicht so gesundheitsschädlich zu sein schien wie eine Drogenabhängigkeit, so war das Ergebnis das gleiche – die körperliche und seelische Selbstzerstörung! Hätte ich den Zusammenbruch nicht gehabt, wäre ich noch weiter in die Depression abgeglitten.

Und eines verstand ich in diesem Moment auch. Das, was ich all die Jahre gebraucht hatte, hatte ich nicht bekommen! Es fehlte mir und war unwiederbringlich verloren. Die emotionale Nähe und der

Schutz meiner Eltern! Wo waren sie gewesen? Warum hatten Sie mich alleine gelassen?

Je mehr Einsichten ich gewann, desto schmerzvoller wurde es für mich. Ich konnte mich vor der Wahrheit nicht mehr verschließen. Aber je mehr ich mir meiner Schmerzen bewusst wurde, desto besser wurden gleichzeitig meine Symptome. Sie reduzierten sich mit jeder schmerzlichen Einsicht, mit jeder Tür, die ich zu meinem Unterbewusstsein öffnete. Davor ging ich meist durch eine Phase tagelanger Übelkeit, die dann irgendwann abflaute. So verarbeitete ich alles Schritt für Schritt.

Immer noch sagten mir die meisten Therapeuten der Klinik, und auch meine Freunde und Familienmitglieder, ich sollte wieder in meine alte Arbeitsstätte zurückzukehren. Aber ich wehrte mich mit Händen und Füßen dagegen. Nur mein Einzeltherapeut schien mir wirklich zuzuhören und drängte mich nicht in eine Richtung. Seit unserem letzten Gespräch verbrachte ich viel Zeit damit, mir Gedanken zu machen. Da ich nun mehr und mehr die Situation begriff, in der ich mich befand, erklärte ich ihm in der nächsten Stunde mit Nachdruck:

»Wissen Sie, im Prinzip weiß ich, es wäre besser, wieder zur Arbeit zu gehen, sich dem Chef zu stellen, den Kampf aufzunehmen und nicht mehr so zu handeln, dass es mir selbst schadet. Ich möchte mich ihm nicht mehr unterordnen und das Opfer spielen. Nur habe ich hier viele Bedenken. Erstens, der Betrieb ist als Ganzes das Problem, und ist unveränderbar.« Ich fand ein gutes Bild. »Er ist wie ein Schiff, welches immerzu am Sinken ist. Ständig am Rande der Insolvenz, weil der Chef sich nicht unter Kontrolle hat, der Betrieb gar nicht strukturiert ist und das Geld unkontrolliert in irgendwelche Kanäle abfließt. Die Mitarbeiter sind ständig damit beschäftigt, das Schiff über Wasser zu halten und Löcher zu stopfen, während der Chef ständig neue Löcher aufreißt. Das Schiff ist führerlos und fährt einen Kurs ins Nirgendwo, ohne ein definiertes, klares Ziel. Hätten wir ein Ziel, welches wir in einigen Monaten erreichen könnten und auf das es sich hinzuarbeiten lohnt, würde ich das verstehen. Dann könnte ich ein kontrolliertes Opfer bringen. Dem ist aber nicht so! Es sind aber nicht nur der Chef und die

Betriebsorganisation, sondern auch die sich ständig streitenden und intrigierenden Mitarbeiter, sowie die uns auf der Nase herumtanzenden Kunden. Zu sehr versucht unser Chef ihnen zu gefallen und trägt seine Eitelkeiten zur Schau. Nach außen hin brilliert er, und nach innen hin unterdrückt er.

Dann weiß ich, dass mein Chef mich demontieren wird, sobald ich den Kampf gegen ihn aufnehmen werde. So hat er es mit meinem Vorgänger auch gemacht. Als dieser ihm seine Meinung sagte und sein Spiel nicht mehr mitmachen wollte, hat er ihn entmachtet und so lange gedemütigt und unter Druck gesetzt, bis er freiwillig kündigte. Ich sehe keinen Sinn, dorthin wieder zurückzukehren, da es nirgendwohin führt.«

Er schwieg, faltete die Hände und interessanterweise sah ich an seinem zustimmenden Nicken, dass diese Erklärung meinen Therapeuten überzeugt hatte. Aber nicht nur ihn. Jetzt erst fühlte auch ich, was ich zu tun hatte. Ich wollte in meinem tiefsten Inneren kündigen, auch wenn das, rein wirtschaftlich gesehen, unvernünftig war. Ich war mir endlich im Klaren darüber, warum ich kündigen wollte.

Am Nachmittag bereitete ich alles für die Kündigung vor. Ich wollte mich endgültig trennen, und zwar richtig! Erneut hatte ich ein Gespräch mit der Sozialarbeiterin, die mir riet, im Falle einer Kündigung beim Arbeitsamt ein Attest vom Arzt einzureichen, welches mir helfen würde, die dreimonatige Sperre des Arbeitslosengeldes zu umgehen. Ich müsste nur beweisen, dass ein Zusammenhang zwischen Arbeit und Erkrankung bestünde, und dass der Betrieb die Krankheit geradezu ausgelöst hatte. Für mich war dies nicht schwer zu beweisen, hatte mich doch meine Ärztin in Frankfurt beharrlich auf meinen Zustand angesprochen und mir geraten, die Notbremse zu ziehen. Dumm genug war ich damals gewesen, es zu ignorieren.

Der nächste wichtige Schritt war für mich das Kündigungsschreiben, und das sollte eine richtige Hürde werden! Zunächst besprach ich mein Vorhaben mit meinen engsten Vertrauten in der Firma, Till und Marie. Sie waren natürlich gar nicht begeistert, hatten aber sehr viel Verständnis für meine Entscheidung.

Also machte ich mich nun endlich an den furchtbaren und doch so einfachen Dreizeiler. Ich konnte ihn jedoch nicht schreiben, mein Kopf begann sich komplett zu wehren. Ich brachte keine vernünftigen Worte zu Papier, die Buchstaben verschwammen regelrecht vor meinen Augen. Ich hatte Angst, etwas falsch zu machen. Mich zu blamieren, weil ich nicht einmal ein einfaches Kündigungsschreiben aufsetzen konnte. Und ich hatte Angst vor der Trennung, da ich nicht wusste, was als Nächstes auf mich zukommen würde. Mir wurde schlecht. Ich wollte weg, aber ich konnte dies einfach nicht zu Papier zu bringen. Ich war verzweifelt:

»Papa! Du musst mir helfen, dieses Schreiben aufzusetzen, ich schaffe es einfach nicht!«

Er setzte sich neben mich: »Komm, ich helfe Dir!« Ich war so erleichtert über seine Worte. Gemeinsam tippten wir Wort für Wort. Nachdem er mit mir zusammen das Schreiben aufgesetzt hatte, fuhr er mich direkt zur Post.

»Per Einschreiben! Und das will ich sehen!«, sagte er eindringlich.

Ich musste mich zum Abgeben des Schreibens am Schalter zwingen. In mir sträubte sich alles, wie bei einer Frau, die von ihrem Mann geschlagen wurde und ihn trotzdem nicht verlassen wollte. Es war mir unbegreiflich, wie stark meine Arbeit und mein Chef auch noch aus dieser Entfernung auf mich einwirkten. Als das Schreiben aus meinen Händen glitt und die Entscheidung nun unwiderruflich war, wurde mir schlecht. Der Schritt in eine unbekannte Zukunft war getan! Erschöpft ließ ich mich auf den Beifahrersitz sinken:

»Ich hab‘s abgegeben!«

»Sehr gut!« Mein Vater lächelte mich an. Ich spürte seine Nähe. Ich war ihm dankbar und schätzte seine Unterstützung sehr. Es war die Unterstützung, die ich in all den Jahren gebraucht hätte. Den ganzen Nachmittag war ich noch wie betäubt, als hätte mir jemand irgendetwas eingeflößt. Ich fühlte mich wie in Watte gepackt. Diese Entscheidung hatte mir alles abverlangt!

08

Zwei Tage waren vergangen, seitdem ich meine Kündigung eingereicht hatte. Wie gut, dass ich diese Entscheidung endlich getroffen hatte, der Knoten war geplatzt! Und welch eine Erleichterung, denn meine Schmerzen, mein Schwindel und die anderen Symptome hatten erneut stark abgenommen.

Dies sollte aber leider nicht so bleiben. Denn sogleich versuchte mein Chef mich mehrmals zu kontaktieren. Ich ging nicht ans Telefon und beantwortete auch keine E-Mails. Aber es reichte mir schon, eine seiner E-Mails zu lesen, in denen er schrieb, dass er nicht verstehen könne, warum ich nur einen einfachen Dreizeiler an ihn geschrieben habe. Seiner Meinung nach hätte er es verdient, eine Antwort zu erhalten.

Dabei hatte mir vor kurzem ein Mitarbeiter berichtet, dass mein Chef sich über meine Kündigung lustig gemacht hatte. Aber dies alles hatte ich bereits kommen sehen. Letztendlich war es nur eine Bestätigung meiner Entscheidung. Dennoch setzte mich sein Kontaktversuch wieder unter Druck, und die Symptome verstärkten sich erneut.

»Herr Feodor, Ihr Chef hat Macht über Sie! Sie haben sich einfach zu lange untergeordnet! Aber Sie haben ja den ersten Schritt gemacht«, erklärte mir mein Einzeltherapeut.

Obwohl ich nicht mehr für ihn arbeitete, war sein Einfluss wirklich noch deutlich spürbar. Ich hasste ihn dafür, aber eigentlich war ich derjenige, der es überhaupt zuließ. Es war zum Haare raufen.

Ein paar Kollegen meldeten sich bei mir. Einige waren erstaunt und enttäuscht von mir, andere wiederum verstanden mich sehr gut und freuten sich für mich. Trotzdem meinten sie durchweg, ich hätte mich meinem Chef erklären müssen. Nun ja, sie saßen auch nicht mit Depressionen in der Klinik. Ich glaubte nicht, dass sie verstehen konnten, warum ich so gehandelt hatte.

Als mein Chef nach ein paar Wochen merkte, dass ich mich wirklich nicht mehr bei ihm melden würde, schrieb er mir, und ich hörte in seinen Worten den jovialen Tonfall durch:

»Alex, ich verstehe Dich und respektiere Deine Entscheidung!«

Auch auf diese E-Mail antwortete ich nicht, denn weder hatte ich Lust dazu, noch musste ich mir von ihm eine Zustimmung für meine Entscheidung abholen. Außerdem verstand er meine Entscheidung sicherlich nicht und wollte sie auch nicht verstehen. Je mehr Abstand zur Arbeit ich nahm, umso klarer wurde mir, was für eine kaputte Persönlichkeit hinter diesem Mann steckte und wie sehr diese Person mein Leben beeinflusst hatte. Er musste immer das letzte Wort haben und mir die Absolution für mein Handeln erteilen. Hier zeigte sich »der große Kontrollator«! Endlich war ich aus diesem Alptraum erwacht und folgte diesen Spielchen nicht mehr.

Der Klinikalltag verlief für mich inzwischen routinemäßig. Patienten mit Panikattacken, mit Wutausbrüchen, sowie weinende Patienten, die aus dem Zimmer rannten, sah ich jeden Tag. An die Stelle meiner anfänglichen emotionalen Überforderung trat allmählich Verständnis für jede dieser Reaktionen. Ich selbst war aber auch viel stabiler und hatte nun die wichtigsten Belastungsfaktoren aus meinem Leben verbannt. Ich hatte gelernt, mich genügend abzugrenzen und »bei mir« zu bleiben. Vor allem, wenn meine Mitpatienten weinten, durchströmte mich jetzt ein warmes Gefühl. Endlich konnten Sie Ihre Trauer ausdrücken und ihnen wurde geholfen. Ich verstand, dass Trauer und Schmerz ausgedrückt werden müssen und dass man Tränen besser nicht unterdrücken sollte. Nur bei mir rührten sich die Tränen so gut wie gar nicht. Ich hatte zwar hier und da Tränen in den Augen, aber dass es so richtig aus mir herausbrach wie bei den anderen, das blieb aus. Gegen die anderen Patienten fühlte ich mich wie ein emotionsloser Pfahl.

Mit einigen Patienten traf ich mich auch außerhalb der Klinik, was eigentlich auch ganz schön war, nur merkte ich zunehmend, dass Freundschaften hier für mich nicht das Richtige waren. Ich hatte mit mir selbst zu tun und wollte nicht zusätzlich Kraft für die anderen aufwenden müssen. Ihnen wurde ja geholfen, und in den

Jahren zuvor hatte ich mich stets bemüht, den anderen Menschen zu Hilfe zu eilen. Auch ergaben sich vor allem mit meinen weiblichen Mitpatienten eher Probleme. Ich wurde mehrmals heftig angeflirtet, worauf ich auch hier und da einstieg. Aber die eine oder andere Patientin versuchte dann doch die Grenze zu übertreten. Dafür war mir jedoch meine Genesung zu wichtig. Und die Anweisungen der Klinik waren ja eindeutig gewesen. Es ärgerte mich, dass diese Anweisungen für einige keine Bedeutung hatten. Zudem wurden von meinen weiblichen Mitpatienten immer wieder Forderungen gestellt, wie man sich zu verhalten habe, und dass man sich regelmäßig melden und treffen müsse. Jörg und ich teilten diese Ansicht nicht, waren wir doch Patienten und keine Freunde. Auch fühlte ich mich ständig an meine Ex-Freundinnen und ihre Bedingungen erinnert. Ich hatte jedoch gar keine Lust auf Bedingungen und Rücksichtnahme. Es erleichterte mich zu wissen, dass ich mich hier in der Klinik auf keine Beziehung einlassen musste, ja sogar durfte.

Die Gruppenstunden gingen vorbei, wie auch die Kunststunden. Manche Stunden waren spektakulär, andere wiederum todlangweilig. Ich versuchte meinen immer noch vergrabenen Emotionen durch Bilder oder durch Ton Ausdruck zu verleihen. So rammte ich eines Tages einen Stift durch eine von mir aus Ton geformte, kniende Figur. Einfach durch den Rücken! Eine Verbildlichung des Schmerzes, der mir jeden Tag von hinten nach vorne durch die Brust ging und den ich fühlen musste, ohne zu wissen, warum.

Neben der Einzeltherapie brachte mir die Kunsttherapie wirklich viel, auch wenn ich nicht alle Bilder verstand, die ich malte. Ich produzierte diese tonnenweise und wusste, dass sie mein Innenleben wiederspiegelten. Vielleicht würde sich mir ihre Bedeutung zu einem späteren Zeitpunkt erschließen?

Ich selbst mochte die Gruppentherapiestunden überhaupt nicht. Für mich wurde hier endlos das gleiche PAL, also »Problem anderer Leute«, diskutiert. Es gab zwar einige konstruktive Diskussionen, aber meist kämpfte man mit bestimmten Eigenheiten einiger Patienten, was mir nicht gefiel. Mich schwächten die Gruppensitzungen jedes Mal. Meine Energien wurden hier regelrecht aufgesogen.

»Eigentlich wollte ich das einmal mit einem richtigen Wutausbruch kompensieren und den betreffenden Patienten die Meinung sagen«, dachte ich.

Dies konnte ich aber noch nicht richtig. Meinen Frust, meine Aggressionen schluckte ich hinunter und aß dann jedes Mal zwei Löffel Nutella, so wie nach harten Einzelstunden. So erhielt ich von den Mitpatienten den Spitznamen »Nutella-Man«.

In der sechsten Woche geschah es! Wir saßen zusammen in der Gruppensitzung. Katerina erzählte von der Beziehung zu Ihrem Partner, die emotional sehr unterkühlt zu sein schien. Sie fing bitterlich an zu weinen, als sie sagte: »Er hört mir einfach nicht zu!«

Sie hielt sich beide Hände vor das Gesicht und bekam keinen weiteren Ton mehr heraus. Ihre Reaktion machte mich sehr betroffen. Ich wusste gar nicht, wie mir geschah. Plötzlich begann ich selbst zu weinen, und zwar richtig. Ich brach zusammen und die Tränen schossen mir in die Augen!

Bei meinem Tränenausbruch hörte meine Mitpatientin auf zu weinen und fragte mich irritiert: »Alex? Du weinst ja?« Sie schüttelte den Kopf, weil wir schon vorher oft darüber gesprochen hatten, wie schwer es für mich war, zu weinen. Nun ja, bis zu diesem Zeitpunkt.

»Hm, ich weiß auch nicht genau, warum? Ich glaube, ich vermisse meine Mutter einfach so sehr!«, bekam ich gerade noch heraus. Dann flossen wieder Tränen, die kompletten eineinhalb Stunden der Therapiesitzung hindurch!

Ich deutete dies zu dieser Zeit als Trauerreaktion auf den Verlust meiner Mutter, aber erst sehr viel später erkannte ich den wahren Grund. Hier trauerte ich nicht um meine Mutter, vielmehr war es die jahrelang verdrängte Enttäuschung über meinen Vater, die sich nun ihren Weg bahnte. Wie erstaunlich doch auch die Parallele von Katerinas Schilderungen zu meinem Traum mit meinem Chef war, in dem er mir nicht zugehört hatte. Die Szene, die sich in meinem Elternhaus abgespielt hatte, schrie geradezu danach.

1995, zwei Jahre nach dem Tod meiner Mutter, hatte sich die Auftragslage der Firma meines Vaters, die seit über zwanzig Jahren gut gelaufen war, dramatisch verschlechtert. Weil er verständlicherweise sehr an seiner Firma hing, versuchte er alle Reserven zu mobilisieren, um die Pleite abzuwenden. Er verschuldete sich aber mehr und mehr. Wichtige Entscheidungen traf er zu spät oder gar nicht.

Durch den Tod unserer Mutter hatten wir Kinder, neben einem Pflichtteil, auch Anteile an unserem Haus geerbt. Um die Firma, vielmehr, um unseren Vater zu stützen, überschrieben meine Schwestern und ich ihm unsere Anteile am Haus. Aber auch das half nichts. Um die Firma weiter zu stützen, belastete mein Vater nun alle Reserven, die ihm zur Verfügung standen. So geschah dies wohl auch mit dem Haus meiner Großeltern. Ich war mir nicht sicher, aber entweder hatte meine Großmutter ihm bereitwillig das Geld gegeben, oder sie hatte sich durch meinen Vater breitschlagen lassen. Wären mein Großvater und meine Mutter noch am Leben gewesen, so hätten sie sich sicher nicht auf dieses Risiko eingelassen und meinem Vater frühzeitig ins Gewissen geredet. Mein Vater war jedoch alleine und hatte niemanden, der hinter ihm stand. Bis heute ist er absolut professionell auf seinem Gebiet. Er war aber nicht wirklich gut, wenn es um die Führung von Personal oder um seine Finanzen ging. Er stützte weiter und weiter, hoffte und hoffte. Vergebens.

Der Moment war gekommen! Als mein Vater Privatinsolvenz anmeldete, gingen alle restlichen Vermögenswerte einschließlich des Hauses meiner Eltern verloren. Darunter waren auch die Ausbildungsversicherungen von mir und meiner älteren Schwester, die unsere Eltern für uns angelegt hatten. Sie waren nicht auf einem Sperrkonto auf unserem Namen, und die Bank schluckte alles, was sie in die Finger bekam. Nur die Einlage meiner kleinen Schwester konnte sie nicht antasten. In weiterer Folge musste auch noch das Haus meiner Großeltern verkauft werden. Genauso verschwanden auch der Jeep und der teure Sportwagen. Auch die Spareinlagen, die unser Großvater all die Jahre vor seinem Tod für uns angelegt hatte, waren auf einmal weg. Bis heute weiß ich nicht, was genau mit ihnen passiert ist, obwohl es unsere Sparbücher waren! Ob meine Großmutter meinem Vater das Geld gab, oder ob die Bank sich das

Geld einfach nahm – keine Ahnung. Wir erfuhren so gut wie gar nichts. Ich musste mir alles zusammenreimen und war mir dabei nicht einmal sicher, ob ich mir nicht alles nur einbildete. Die Sparbücher und die Ausbildungsversicherung wären unsere Zukunft gewesen! Aber das Vermögen der Familie war weg. Gleich Null! Korrektur, nicht nur Null, sondern minus, und zwar nicht zu knapp. Wir standen vor dem Nichts. Aus dem mir vertrauten Haus gehen zu müssen und für die zukünftige Ausbildung keine finanziellen Ressourcen zu haben, das war für mich eine Katastrophe.

Bereits vor der Insolvenz hatte ich mich weniger um mich gekümmert als um unsere Familie, denn hier brannte ja so einiges. Meine kleine Schwester Nadja musste in die Schule, und die Einkäufe meiner Großmutter mussten auch erledigt werden. Da mein Vater in dieser Zeit auch noch seinen Führerschein wegen Trunkenheit am Steuer für ein ganzes Jahr abgeben musste, hielt ich für diese Aufgaben her.

»Was beschwerst Du Dich, Du kannst ja das Auto fahren und musst nicht einmal den Sprit bezahlen!«, bekam ich in dieser Zeit oft zu hören. Ich konnte diese Argumente nicht mehr hören, weil hier direkt an mein schlechtes Gewissen appelliert wurde. Ich fühlte mich regelrecht gekauft für die Aufgaben, anstatt mir zu vermitteln, dass wir als Familie zusammenhalten sollten. Wir alle mussten unseren Teil dazu beitragen, das verstand ich. Mir war damals aber eines gar nicht bewusst, und zwar, dass meine Mutter einfach so aus unserem Leben gerissen worden war und ich bisher noch gar keine Chance zu trauern gehabt hatte. Die emotionale Kälte und die Verleugnung des Todes in der Familie waren, neben der finanziellen Lage und meiner ungewissen Zukunft, einfach zu viel. Es war mir gar nicht möglich gewesen, bei mir selbst zu sein und mich um mich selbst zu kümmern. Ich musste funktionieren und wurde auch noch schief angeschaut, wenn ich mein eigenes Leben führen wollte. Niemand wusste, wie es in mir aussah, auch ich selbst nicht. Ich sollte die Familie stützen, das wurde von mir erwartet. Dass ich damals bereits weit über meine Grenzen hinaus ging und ständig überfordert war, ganz abgesehen davon, dass ich nicht mehr das Leben ei-

nes Jugendlichen führen konnte, das sah keiner. Wir hätten einfach, nach dem Tod meiner Mutter, als Familie näher zusammenrücken müssen, aber stattdessen drifteten wir auseinander.

In dieser Zeit empfand ich mein Leben eher als Pflicht und Bürde, denn als Bereicherung. Von meinem Vater und meiner Großmutter wurde ich in diese Zeit oft als egoistisch beschimpft, weil ich nicht das tun wollte, was sie von mir erwarteten.

Damals wollte ich einfach Kind sein! Ein Jugendlicher, der seine Erfahrungen machte! Niemand half mir! Niemand verstand, dass es nicht meine Aufgabe war, als Erwachsener zu handeln! Das war Aufgabe meines Vaters! Er war jedoch zu beschäftigt und überfordert, und er beging die Fehler, die wir dann ausbaden mussten!

Ich funktionierte seit dem Tod meiner Mutter wie ein Erwachsener. Typische Experimente, die Jugendliche in jungen Jahren machten, um sich selbst besser kennenzulernen, fanden nicht statt. Ich trank keinen Alkohol, bis ich 19 war. Ich nahm keine Drogen und verhielt mich ganz ruhig. Die normalen Eskapaden eines Teenagers gab es bei mir nicht. Ich war ganz und gar für die anderen da. Meine Jugend war mit dem Tod meiner Mutter auf der Strecke geblieben!

Kurz vor dem Abitur hatte sich meine erste Freundin von mir getrennt, sie hatte mich mit einem Bekannten betrogen. Daneben hatte ich mich auch mit zwei sehr engen Freunden überworfen. Mein Leben geriet zunehmend aus den Fugen. Lange Zeit war ich ziemlich niedergeschlagen und fühlte mich alleine. Ich versuchte mich wieder aktiv zu verabreden, aber über die nächsten drei Jahre gelang mir dies nicht. Viel schlimmer noch, sobald ich eine Verabredung mit einem Mädchen hatte, bekam ich echte Schwierigkeiten. Ich konnte mich gar nicht mehr öffnen. Ich hatte große Angst vor Nähe und vor dem Schmerz, der damit verbunden sein konnte. So löste ich diese Probleme meist, indem ich Frauen einfach nicht mehr traf. Ergab sich trotzdem einmal eine Gelegenheit, so wurde das Mädchen nach einem kurzen Intermezzo kurzerhand aus meinem Leben befördert.

In dieser Zeit hatten wir als Familie zu dritt eine Zweieinhalbzimmerwohnung bezogen. Meine ältere Schwester war bereits vor-

her in eine eigene Wohnung gezogen. Es war schlimm, von einem Haus in diesen beengten Wohnraum zu ziehen. Nachdem ich den Zivildienst absolviert hatte, half ich meinem Vater in der Firma aus, die jetzt nur noch mit drei Leuten geführt wurde. Zusammen erledigten wir die Arbeit, die vorher etwa zwanzig Angestellte gemacht hatten. So fand ich mich in fast allen Bereichen der Firma wieder und war wie ein Trüffelschwein, alle ausstehenden Aufgaben suchend und erledigend. Erfreulicherweise hatte mein Vater seinen Betrieb wenigstens so strukturiert, dass mir die Arbeit gut von der Hand ging, auch wenn man rund um die Uhr arbeitete. Dazwischen gab es einige Verschnaufpausen, die ich auch anders nutzen konnte. Nach zwölf bis vierzehn Stunden fiel ich müde, aber zufrieden ins Bett. Trotz der dramatischen Unterbesetzung gelang es uns, den Betrieb über zwei Jahre hinweg gut am Laufen zu halten, jedoch hatte ich die ganze Zeit über dieses Gefühl der inneren Leere, der Kopflosigkeit und des Schmerzes. Ich bemerkte dies zwar, aber konsequent versuchte ich dies aus meinem Leben wegzudrücken. Neben der gedrückten Stimmung hatte ich schon damals Beschwerden, wie Rückenschmerzen und Verspannungen. Ich nahm dies alles einfach hin, ohne darüber nachzudenken.

Im Laufe der nächsten Monate nahmen die Spannungen zwischen meinem Vater und mir im Betrieb zu. Zunächst hatten wir sehr gut zusammengearbeitet, aber nun hatte ich das Gefühl, ihm nicht genügen zu können. Er war oft undankbar, wenn er unter Stress stand, und raunzte mich an, wenn gar nichts Schlimmes passiert war. Das passierte aus heiterem Himmel, und ich fragte mich oft, was ich eigentlich dafür konnte. Mir ging dies zunehmend auf die Nerven. Wie viele Pflichten musste ich denn noch erfüllen, bevor er mich ernst nahm?

Meine Großmutter, mit der ich seit Jahren auf Kriegsfuß stand, war mir auch keine Hilfe. Ständig forderte sie. Sie war immer auf der Seite meines Vaters, und gemeinsam versuchten sie unaufhörlich, auf mich einzuwirken. Sie war eine harte Frau, die ihre beiden Schwestern alleine großgezogen hatte, nachdem ihre Eltern früh verstorben waren. Sie war sehr gegensätzlich zu meinem Großvater, den ich sehr geliebt hatte. Ich war ein Mama-Kind, und auch schon meine Mutter hatte ziemliche Differenzen mit meiner Großmutter gehabt. Das spiegelte sich hier nun wider.

In manchen Monaten, wenn es auf der Arbeit brannte, arbeitete ich bei meinem Vater 260 Stunden. Dabei übernahm ich neben der Tagesarbeitszeit auch Nachtdienste, bei denen ich zwar schlafen konnte, aber Bereitschaft hatte. Mittlerweile studierte ich auch nebenher! Bei dieser Stundenlast war eigentlich nichts anderes mehr möglich. Wenn es bei meinem Vater einmal nichts zu tun gab, verdiente ich mein Geld noch in anderen Jobs als Kellner, Umzugshelfer und als Fahrer. Irgendwoher musste das Geld kommen, sonst war keines da. BAföG bekam ich nicht, da mein Vater auf dem Papier genug verdiente, nach der Pfändung aber so gut wie nichts übrig blieb.

Selbst als ich mein Vordiplom ablegte, arbeitete ich im Monat der Prüfung 280 Stunden inklusive der Nachtdienste. Wenn die Arbeit durch den Ablauf zwangsweise unterbrochen worden war, lernte ich in diesen Pausen nebenher. Ich bestand das Vordiplom. Meine Note war nicht berauschend, ganz zu schweigen davon, dass ich vergleichsweise wenige Fachkenntnisse hatte. Ich hinkte ständig hinterher, wie damals in der Schule. Das Gefühl, mich kontinuierlich im hinteren Feld zu bewegen und nicht zu genügen, kam so nicht nur durch mein Elternhaus.

Als mir diesen Monat der Gehaltsscheck durch die Sekretärin ausgehändigt wurde, bekam ich einen der Kommentare, die mir oft ein schlechtes Gewissen machten:

»Du bist Deinem Vater echt zu teuer! Da hast Du jetzt eine Menge Geld bekommen, weißt Du das überhaupt zu schätzen?«

Welch ein Kommentar! Für dieses Geld hatte ich alle Stunden sauber gearbeitet, Aufgaben erledigt, sowie Verantwortung getragen, die sonst auf den Schultern vieler lag.

Auch nahmen die Spannungen zwischen mir und meiner Großmutter zu. Sie war seit dem Tod meiner Mutter die Frau im Haus. Emotional sehr kalt und kontrollierend, übte sie sehr subtil ihren Druck auf mich aus. So blieben Meinungsverschiedenheiten zwischen uns nicht aus.

Wenn ich am Wochenende frei hatte, legte sie ihre Einkäufe meist mitten in den Tag und nahm mir oft damit die Gelegenheit, meine Tage anders zu planen. Dies wäre ja noch gegangen, aber zunehmend musste ich den Kopf über meine Großmutter schütteln:

»Alexander, wann gehst Du denn jetzt zur Wehrmacht?«, fragte sie mich eines Nachmittags unvermittelt.

»Oma, das ist die Bundeswehr!«

»Das ist doch dasselbe!«, entgegnete sie umgehend.

Ich schüttelte den Kopf: »Oma, nein, ich mache Zivildienst. Ich werde verweigern.«

Langes betretenes Schweigen: »Warum?«

»Ich sehe keinen Sinn darin, mich kasernieren und anbrüllen zu lassen, und dann nach dem Grundwehrdienst nur herumzusitzen. Ich mache lieber etwas für die Allgemeinheit!«

Sie schwieg, und nach einer Ewigkeit brachte sie mit leicht bebender Stimme hervor: »Das ist Feigheit!«

Dieses Gespräch nahm mir den Respekt vor meiner Großmutter. Als ich eines Tages mit Einkäufen für sie in die Firma kam, wurde ich von einem Bekannten meines Vaters angesprochen:

»Ah, Sie haben die Einkäufe für Ihre Großmutter erledigt.«

»Jawohl!«, entfuhr es mir im best-imitierten 1940er Deutsch, »in einem Akt beispielsloserrr Vaterlandstrrreue!«

Meine Großmutter stieg auch gerne einmal aus dem Bus und quittierte ihren Ärger über die ausländischen und jugendlichen Fahrgäste mit einem:

»Heute waren aber wieder viele Kanaken im Bus!«

Mich erschütterte dies alles. Sie hatte doch den Krieg erlebt, und mein Großvater hatte ja auch gekämpft und war mehrmals verwundet worden. Ich war mir sicher, er hätte meinen Entschluss zur Verweigerung unterstützt. Meine Tante hatte mir auch gesagt, ich sei der letzte, den man schleifen und formen müsste. Also, was sollte das Ganze?

Eines Tages, als ich Ferien hatte, nahm ich mir die Freiheit auszuschlafen. Bin ja jung und faul! Da wurde ich morgens unsanft durch Geräusche aus der Küche geweckt. Jemand schlug mit den

Türen. »Dieser Mistkerl!«, schallte es aus der Küche. Es war die Stimme meiner Großmutter. Ich denke, sie meinte mich. Anscheinend erwartete sie von mir, ich sollte ihr im Haushalt helfen, wenn ich schon frei hatte. So war das eben in der Familie. Prinzipiell hätte ich auch gerne geholfen, ich tat es ja die ganze Zeit schon! Es wurde von mir erwartet. Aber anstatt einfach normal zu fragen, oder an diesem Morgen mit mir ein Gespräch zu führen, schimpfte sie aufs Übelste. Es mir direkt ins Gesicht zu sagen, diese Courage hatte sie nicht. Einmal wurde ich sogar von Verwandten angerufen, die mir nahelegten, was ich in der Familie zu tun hätte. So ließ man mir auch indirekt ausrichten, mein Vater und meine Großmutter hielten es für besser, wenn ich zum Militär ginge. Ein direkter Kontakt, eine Konfrontation, fand nicht statt.

Es war eigentlich völlig absurd! Wie sollte ich denn als junger Mann herausfinden, was meine Aufgaben waren, wenn mich keiner heranführte oder mich in meine Schranken wies? Dies tat nämlich keiner. Mir wurden kaum Grenzen aufgezeigt. Ich übertrat ja auch keine Grenzen, eher viel zu selten. Ebenfalls nahm mich keiner an die Hand und zeigte mir, was ich zu tun hatte. In der Firma, im Haushalt, wie auch im Studium fand ich alles selbst heraus und traf alle Entscheidungen alleine. Mir gegenüber war dieses Verhalten absolut unfair. Und das Schlimmste: Meine Trauer fand nicht statt! Meine seelischen Schmerzen drückten und drückten. Und niemand sah meine Not!

Mein eigenes Leben als Heranwachsender existierte so gut wie gar nicht mehr. Mir wurden mehrheitlich Dinge übertragen, die Aufgaben eines Erwachsenen waren. Gleichzeitig erkannten mein Vater und meine Großmutter mich so nicht an. Mehr noch, ich wurde als egoistisch bezeichnet, nicht gehört und nicht so wahrgenommen, wie ich es mir gewünscht hatte. Ich war frustriert. Sobald ich versuchte, mein Leben durch natürliche Akte der Aggression zu ändern und mir die Freiheit zu erkämpfen, stieß ich auf taube Ohren. Ich wurde nicht ernstgenommen, oder meiner Aggression wurde einfach nicht begegnet. Versuchte ich einen Streit mit meinem Vater anzufangen, lief ich ins Leere. Er bot mir keine Angriffsfläche oder entzog sich einem Streit. Meine Großmutter tat es ihm gleich. Ich konnte meine

Aggressionen auf niemanden richten. Niemand kämpfte mit mir! Ich konnte mich nicht reiben und nicht abgrenzen. War dies der Ursprung meiner Aggressionshemmung? Auf eine Art hatte es keinen Sinn mehr, sich aufzulehnen, sich zu streiten. Es war ja eh keiner da, der zuhörte! Ich fühlte mich die ganze Zeit alleine gelassen.

Die Enttäuschung und der Schmerz über meinen Vater und über meine Rolle im Familienverbund fanden genau in dieser Gruppensitzung ein Ventil, geöffnet durch meine Mitpatientin Katerina, die von ihrem Frust und der Enttäuschung über ihren Freund erzählte. Ich spürte meine Enttäuschung über die Ereignisse, die nicht mehr rückgängig zu machen waren.

Nach der Gruppensitzung war ich emotional aufgewühlt. 4 Löffel Nutella mussten herhalten. Auf dem Heimweg lief ich wie ein Geist durch die Straßen.

Es fiel mir in dieser Zeit schwer, alle Freundschaften so weiter zu pflegen wie bisher. Manche meiner Freunde zeigten seltsame Reaktionen, wenn ich von meinen Erlebnissen in der Klinik erzählte. Sie waren eher belustigt und zeigten keinerlei Einfühlungsvermögen.

Dies ließ mich alle Freundschaften und familiären Bindungen nochmals überdenken. Durch meine in der Therapie gewonnenen Kenntnisse sah ich mich zunehmend nicht mehr in der Lage, meine Beziehungen in der bisherigen Weise fortzuführen. Es gab einfach zu viele Menschen, die emotional nicht bei mir waren, mich manipulierten oder einfach nicht respektierten. Dies wollte ich nun ändern.

Meine Familie war hierbei der wichtigste Punkt, den ich genauer unter die Lupe nahm. Ich wollte noch mehr verstehen, wie mein Chef die Eigenschaften meiner beiden Elternteile spiegelte. Zunächst war ich froh, dass meine Familie jetzt für mich da war, mehr als jemals zuvor in meinem Leben. Mit meinem Vater teilte ich momentan noch die Wohnung, und wir verstanden uns sehr gut. Meine große Schwester zeigte als Ärztin und junge Mutter das eindeutig verständnisvollste Verhalten. Sie verhielt sich neutral und hörte mir einfach nur zu. Wenn sie mir einen Rat gab, drängte sie sich nicht auf.

Meine kleine Schwester stand meiner Krankheit eher skeptisch gegenüber. Sie erkannte zwar an, dass ich eine schwere Zeit durchmachte, jedoch konnte sie meinen Klinikaufenthalt nicht nachvollziehen und meinte zu mir:

»Ach, das schaffst Du auch alleine, die Hilflosigkeit redest Du Dir nur ein!« Sie reagierte überwiegend ablehnend auf meine Erklärungsversuche, die sich auf unsere Familiensituation und Vergangenheit bezogen. Auch meine Lektüreempfehlungen, die ihr meine Situation vielleicht verständlicher gemacht hätten, blockte sie ab.

Ähnlich schwer fiel es mir, meinen Freunden und Bekannten die Situation nahezubringen. Nur meine Mitpatienten verstanden genau, was ich durchmachte. Dafür war ich ihnen sehr dankbar. Ohne sie wäre es mir erheblich schlechter gegangen. Viele Menschen um mich herum verstanden das Wesen einer seelischen Verwundung oder einer Depression gar nicht. Sie wollten es meist gar nicht an sich heranlassen und hatten vielleicht Angst, mit in die Tiefe gerissen zu werden. Sie konnten sich diesen Zustand nicht vorstellen. Ich begann ja selbst erst zu verstehen, wie es um mich stand, und wusste nichts mit der Depression anzufangen.

09

Der Klinikaufenthalt neigte sich dem Ende zu. Ich hasste das Gefühl, mich wieder selbst um mein »Leben« kümmern zu müssen. Das erste Mal seit langer Zeit fühlte ich mich aufgehoben und umsorgt, und das wollte ich nicht wieder aufgeben müssen.

Fortwährend kamen neue Patienten in die Klinik, und vertraute Gesichter schieden nach und nach aus. Für uns alteingesessene Patienten war das oft sehr schwer, wir verloren unsere engsten Vertrauten. Die Neuen wollten wir eigentlich nicht in unserer Mitte haben, da sie anfangs oft nicht zugänglich und kooperativ waren. Es fühlte sich an, als ob sie unsere eigene Genesung störten. Ich erinnerte mich zurück an die Patienten, die uns Neuankömmlinge anfangs ebenfalls distanziert behandelt hatten. Nun verstand ich, warum sie so auf Abstand gegangen waren. Wir waren ebenfalls skeptisch gewesen, auch unser Auftauen hatte seine Zeit gebraucht. Es tat gut zu wissen, dass diese Gefühle ganz normal waren und auch ihre Berechtigung hatten.

Ich freute mich, dass Jörg und ich zur selben Zeit die Klinik verlassen würden. Wir verstanden uns in den letzten Wochen so gut, dass wir zusammen einen Spitznamen erhalten hatten: die »Star-Therapeuten«. Auch wenn wir viel mit unseren eigenen Problemen beschäftigt waren, nahmen wir an anderen Patienten viel Anteil und gaben Empfehlungen. Wir verfielen dabei bisweilen in den Therapeutenjargon. Der eine Patient oder die andere Patientin in der Gruppe fragte dann oft herausfordernd:

»Was sagen denn die Star-Therapeuten dazu?«

Von Beginn an war deutlich erkennbar, dass Jörg und ich unter normalen Umständen dickste Freunde geworden wären. Hier in der Klinik war mir Jörg, neben meinen Therapeuten, eine große

Stütze. Wir wussten beide, dass wir in diesem »Setting« vorsichtig sein mussten und auch die Möglichkeit in Betracht ziehen sollten, dass sich unsere Wege nach der Klinik womöglich trennten.

In diesen Tagen bekamen wir wieder einmal mit, wie eine Mitpatientin aus der Klinik »verbannt« wurde. Sie war ein süßes Mädchen und wir hatten sie ins Herz geschlossen. Das Klinikpersonal war aber nicht amüsiert, dass sie immer wieder zu spät kam und sich den Regeln der Klinik nicht beugen wollte. Da kannte das Personal kein Pardon, ganz nach dem Motto: »You're with us, or against us!«

Als sie auf ein paar Warnschüsse nicht reagierte, musste sie gehen. Wir wussten, dass dies richtig war, denn es warteten viele Patienten auf einen Klinikplatz. Wenn jemand nicht behandelt werden wollte oder nicht mitarbeitete, dann musste er oder sie auch mit Konsequenzen rechnen. Dies geschah wie bereits erwähnt aber nur selten, und auch nur bei grober Verletzung der internen Regeln. Konnten wir Patienten uns aufgrund unserer Probleme nicht öffnen, oder kämpften wir aktiv gegen unsere Therapeuten, so wäre es sehr unfair gewesen, uns eine mangelnde Kooperation zu unterstellen. Dies gehörte zur Behandlung. Solange der Patient die Angebote wahrnahm, war alles in Ordnung. Man konnte auch die gesamte Sitzung schweigen oder den Therapeuten anbrüllen. Gerade diese Situationen waren es ja, die eine Behandlung erfolgreich machten.

Unsere Mitpatientin Petra, die leider öfters in der Alkoholkontrolle durchfiel, wurde für mehrere Wochen unter Beobachtung gestellt und mehrmals verwarnt. Man drohte ihr mit dem Rauswurf, aber das Personal befürchtete, sie könnte sich etwas antun, da es ihr seelisch sehr schlecht ging. Uns Patienten fiel es schwer, damit umzugehen. Auch wir waren depressiv und kämpften hin und wieder mit den Gedanken, es könnte besser sein, diese Welt zu verlassen. Auch ich hatte bisweilen diese Gedanken, aber ich ging nicht so weit, mir einen solchen Weg zu konstruieren. Vielen von uns Patienten schien unser Leben nicht mehr lebenswert zu sein, vor lauter Trauer, Schmerz und Aussichtslosigkeit. Dies war jedoch durchaus angemessen. Wir durften uns schlecht fühlen und an der Welt verzweifeln, solange wir zugleich die Chance wahrnahmen, uns auf ein neues Leben einzulassen!

Wenn unsere »lebensmüde« Petra nach dem Wochenende erst später in der Klinik auftauchte oder zu Hause blieb, machten wir uns natürlich alle Gedanken um sie. Doch sie fing sich immer wieder recht gut, auch wenn sie des Öfteren Heulkrämpfe bekam, überaus aggressiv gegenüber anderen Patienten auftrat und hin und wieder die Gruppengespräche verließ.

Ihre Leidensgeschichte war hart. Sie war als Kind von ihrem Großvater sexuell missbraucht worden und die Eltern hatten tatenlos zugesehen. Sie hatten ihre Tochter völlig alleingelassen, und das hatte sie neben der Misshandlung schwer mitgenommen. Irgendwann hatte sie sich aus dem Zugriff ihres Großvaters befreien können. Nur ihre Verwundungen trug sie jahrelang mit sich herum, bis sie nicht mehr konnte.

Da sie nicht stabil war, wurde sie mehrmals am Wochenende unter Meldepflicht gestellt oder musste in der Klinik bleiben, damit die Ärzte sich ihrer annehmen konnten. Manchmal wurde sie von übelsten Panikattacken geplagt und bekam dann die Hammermedikation »Tavor«. Diese stellte sie zwar ruhig, aber bei Dauerkonsum konnte sie zur Abhängigkeit führen. Wenn es ihr so schlecht ging, sahen wir sie den ganzen Nachmittag nicht. Als Jörg und ich an einem dieser Tage unten die Straße entlanggingen, bemerkte ich Jörgs Blicke, die immer wieder zum Dach und zu den Fenstern schweiften.

»Lass das, Jörg! Du machst mich noch ganz wahnsinnig mit Deinen Selbstmordpräventionsgedanken! Ihr geht es gut, da bin ich sicher!«

Die Tage verflogen. Neben den Einzelstunden, den Gruppensitzungen und den wöchentlichen Spaziergängen saßen wir routinemäßig morgens und nachmittags in der Begrüßungs- und Abschiedsrunde. Jeden Tag waren diese Runden durch positive und negative Äußerungen der Patienten geprägt. Mantraartig beschwerten sich die einen über die alltäglichen Dinge wie Küchendienst, die anderen über ihren Behandlungsfortschritt. Beispielsweise Peter betonte seit Wochen immer wieder monoton, er würde sich, wie jeden Tag, »brauchbar« fühlen, was stets schallendes Gelächter auslöste, erinnerte es doch an eine ewig wiederkehrende Komödie.

Für eine Patientin hatten wir Männer eine besondere Schwäche.

»Wäre sie nicht depressiv, dann wäre sie wirklich interessant!«, war fortwährend am Mittagstisch zu hören.

Sie wusste sich zu kleiden und ihre Figur war nicht nur gut, sondern außerordentlich sexy. Bei einer Abschiedsrunde war sie zwar nicht aufreizend gekleidet, hatte aber so viel Ausstrahlung, dass viele Patienten, auch das männliche Klinikpersonal, ihr mit ihren Blicken folgten. Während ich in anderen Sphären schwebte, sah ich zufällig zu Petra und Susi hinüber, die mich schon seit geraumer Zeit beobachteten und schallend anfingen zu lachen. Auch ich musste lachen, so viele Blicke ruhten auf ihr.

In der nächsten Woche sollte ich selbst die letzten Gespräche mit meinen Therapeuten und meiner Bezugsschwester haben. Mir graute davor. Ich hätte es mit ihnen gar nicht besser antreffen können. Von Anfang an hatten sie mich durchschaut, immer die richtigen Knöpfe gedrückt und mir so die richtige Tür zu meinem Unterbewusstsein gewiesen.

Im Umgang mit den Therapeuten und den Mitpatienten fühlte es sich so an, als hätte man einen längeren Auslandsaufenthalt oder eine gute Zeit unter Freunden verlebt. Diese sollte nun zu Ende gehen. Ich fühlte mich traurig. Unerbittlich tickte die Uhr und führte mir vor Augen, wie vergänglich das Leben war. Ich musste ins Leben »hinein sterben«. Abschiede müssen gelebt werden, nur so bleiben wir lebendig. Ich sagte mir dies immer wieder aufs Neue. So richtig glauben konnte ich es jedoch nicht.

Meine Bezugsschwester wollte ich in der letzten Sitzung am liebsten drücken. Sie lächelte, aber sie blieb auf Distanz.

»Herr Feodor, diese Grenze kann ich nicht überschreiten, um Ihretwillen und meinetwillen.«

Ich lächelte: »Kein Problem! Sie sind mir nur ziemlich ans Herz gewachsen! Ich habe endlich die richtigen Menschen gefunden, und ich möchte das jetzt nicht wieder aufgeben.«

»Keine Sorge! Melden Sie sich jederzeit in der Klinik, wenn es Ihnen schlechter gehen sollte. Kümmern Sie sich aber bitte rechtzeitig um einen ambulanten Therapeuten. Das können wir nicht für Sie tun. Sie müssen sich jetzt selbst weiterhelfen.«

»Wissen Sie, ich bin mir nicht sicher, wie ich alleine weitermachen soll. Ein Teil von mir ist erwachsen, aber der andere Teil ist immer noch das Kind, das hilflos vor dem Krankenbett seiner Mutter steht.«

»Herr Feodor, Sie müssen diese »symbiotische« Verbindung mit der Klinik wieder auflösen. Hier zu verharren, wäre nicht gut für Ihre eigene Entwicklung! Denken Sie an das innere Kind. Was braucht dieser Junge? Nehmen Sie ihn an die Hand. Es ist nun an Ihnen, dieses innere Kind zu führen und zu pflegen. Helfen Sie ihm, erwachsen zu werden.«

Wie gewohnt schaffte sie es, mich durch ihre Worte zu beruhigen. Sie war wirklich wie eine Mutter. Denn meine Mutter war nicht mehr für mich da!

Natürlich fand ich es schwer, mich selbst um einen ambulanten Therapieplatz zu kümmern, denn ich traute dem Urteil des Klinikpersonals mehr als meinen eigenen Entscheidungen. Aber jeder Protest war umsonst. Die Regeln der Klinik standen fest, und wie ich allmählich verstand, hatte meine Therapie wohl gerade erst begonnen. Ich wollte mein Leben nun auch wieder selbst in die Hand nehmen.

Symbiose, der Begriff war mir inzwischen gut bekannt. Ich hatte verstanden, dass ich gerade mit meiner Mutter noch immer eine symbiotische Beziehung aufrechterhielt, aus der ich mich befreien musste. Dass die Klinik natürlich auch eine Symbiose darstellte, war mir so noch nicht bewusst gewesen, aber es ergab Sinn.

Das letzte Gespräch mit meinem Einzeltherapeuten war das Wichtigste für mich. In dieser letzten Stunde wollte ich noch einmal alles aufsaugen und alles mitnehmen, was mitzunehmen war.

»Nun, wie geht es Ihnen damit, dass Sie die Klinik verlassen?«

»Ich bin mir nicht sicher. Meine ursprünglichen Erwartungen an den Klinikaufenthalt haben sich eigentlich gar nicht erfüllt. Aber ehrlich gesagt, waren meine Erwartungen gar nicht realistisch. Ich dachte, nach neun Wochen sei wieder alles in Butter, und ich könnte wieder an mein »altes« Leben anknüpfen und es weiterleben wie bisher. Wie bei einem gebrochenen Arm, der versorgt wird. Das ist jetzt aber alles anders.«

Er nickte zustimmend. Ich dachte nach.

»Wissen Sie, ich dachte, mir würde es besser gehen, wenn ich den Klinikaufenthalt hinter mir habe. Das ist auch in gewisser Weise so. Nur fühle ich mich jetzt, als hätten Sie mich aufgerissen und blutend auf der Straße liegen gelassen. Sie haben meine Gefühle an die Oberfläche gebracht, und jetzt tut es eigentlich nur weh!«

Das tat es tatsächlich. Seit meinem Tränenausbruch tat es mit jeder Erkenntnis noch mehr weh, auch wenn es mir körperlich dadurch zunehmend besser ging.

»Ja, ich weiß. Das ist auch gut so, denn Sie bewältigen gerade Ihre Probleme, da bin ich mir ganz sicher. Sie haben sehr gut mitgearbeitet und haben viele Dinge geschafft. Sie werden Zeit brauchen, alles zu verarbeiten.«

»Aber wie lange werde ich denn noch brauchen, um vollends zu genesen?«, fragte ich ihn unsicher.

»Das kommt ganz auf Sie an, Herr Feodor. Manche Dinge werden vielleicht sehr lange brauchen, um zu heilen. Es kann aber auch sein, dass Wunden schnell oder auch gar nicht verheilen. Manche Klinikpatienten werden ihr Leben lang kämpfen, manche auch gar nicht vorankommen.«

Mir lief eine Träne über das Gesicht.

»Macht Sie das traurig?«

»Nein«, stammelte ich, »ganz und gar nicht. Ich bin nur froh über das, was Sie mir eben gesagt haben.«

»Dass Sie gut mitgearbeitet und viel geschafft haben?«

»Ja!«

Er lächelte. Dann schaute er mich neugierig an und fragte: »Was, meinen Sie, werden Sie jetzt machen?«

»Nun, nachdem ich nicht mehr in mein altes Leben zurückgehen kann, weiß ich es noch gar nicht genau. Eines weiß ich aber: Mit den Einsichten, die ich hier gesammelt habe, will ich auch nicht mehr dorthin zurück! Ich bin einfach zu verändert; es wäre unsinnig, in mein altes Leben zurück zu gehen. Irgendwie bin ich aufgewacht!«

Er lächelte zuversichtlich: »Herr Feodor, Sie haben eine Fähigkeit, die nicht alle Patienten besitzen. Sie sind introspektionsfähig.«

»Was meinen Sie damit?«

»Sie können sich von außen selbst sehr gut betrachten, sozusagen aus Sicht einer dritten Person. Sie können Emotionen abstrakt betrachten und diese in Bezug zu sich selbst setzen. Trotzdem müssen Sie noch viel an sich selbst arbeiten, denn Sie leiden noch unter einer starken Aggressionshemmung, und durch den Tod Ihrer Mutter immer noch unter starker Trennungsangst. Sie müssen lernen, sich zu trennen und Ihre Aggressionen auszuleben. Sie unterwerfen sich noch allzu oft! Legen Sie dies ab, es wird Ihnen guttun. Noch dazu haben Sie eine starke Abwehr gegen einige Probleme, die in Ihnen sind. Diese könnten Sie noch im Laufe der Genesung zu Fall bringen, wenn Sie nicht aufpassen. Gerade die Abwehr und Übertragung auf Frauen ist bei Ihnen recht hoch!«

Ich verstand nicht so recht, was er mit Übertragung meinte. Ich wusste auch nicht, was ich noch so alles in mir abwehrte.

»Während Ihres Aufenthaltes hier in der Klinik haben wir als Personal verstanden, was Ihnen fehlt. Auch Sie haben verstanden, was Ihnen fehlt. Nun können Sie die ersten Schritte in die richtige Richtung Ihrer Genesung machen. Die Klinik diente nur der gründlichen Diagnose Ihres Problems, nicht der Heilung. Diese wird nun in der ambulanten Therapie erfolgen müssen. Haben Sie sich schon überlegt, welchen Therapeuten Sie sich aussuchen werden?«

Zwei Wochen zuvor hatte mir mein Einzeltherapeut ein paar Informationsblätter gegeben, die es mir ermöglichten, zuverlässige Therapeuten zu finden.

»Nun, ich habe mir zwei männliche und zwei weibliche Therapeuten ausgesucht, die ich mir ansehen werde. Ich würde aber gerne zu einer Frau gehen, da ich denke, hier könnte ich die größten Fortschritte machen. Ich möchte mich noch direkter mit dieser Problematik konfrontieren!«

»Sind Sie sich sicher? Ich meine, wegen der Abwehr und Übertragung?«, fragte er mich eindringlich.

»Sicher bin ich mir nicht, aber ich möchte es gerne ausprobieren!«

»Sie könnten auch Ihr Arbeitsproblem zuerst bearbeiten«, schlug er mir vor.

»Nein, ich habe die Trauer zu lange aufgeschoben, und ich möchte dies erst einmal hinter mich bringen. Ich denke, sobald ich meine Trauer in den Griff bekomme, wird sich alles Weitere leichter angehen lassen.«

Er nickte: »Na, dann wünsche ich Ihnen alles Gute. Melden Sie sich bei mir in ein paar Wochen wegen einer Nachbesprechung. Hier haben Sie noch meinen Abschlussbericht und einen Arztbrief.« Mit gemischten Gefühlen verließ ich Lex Luthor, meinen glatzköpfigen Star-Therapeuten. Er hatte alles richtig gemacht.

Meine letzte Kunsttherapiestunde sollte es in sich haben, wie jede der letzten Klinikstunden. Ich malte zum Abschluss ein Bild, das, wie ich fand, mein seelisches Innenleben sehr gut beschrieb. Ich habe es bis heute aufgehoben. Ein großer, runder Kreis aus feurigen Farben von tiefrot bis gelb wird durch eine Linie mit der Aufschrift »Abwehr« von einem dunkel umschlossenen roten Herz getrennt. Beide liegen sehr weit auseinander. Ich malte nun eine kleine Verbindung zwischen dem Kreis und dem Herz, die die Abwehr durchschlägt und mit der Aufschrift »Wunsch« versehen ist. Auf das Herz fallen große Tränen herab.

Als die Therapeutin mich zum Abschied aufforderte, etwas zu meinem Bild zu sagen, versagte mir die Stimme. Ich begann plötzlich wieder heftig zu weinen. Das zweite Mal, dass es mir aus heiterem Himmel die Schleusentore öffnete! Wieder einmal verstand ich nicht genau, warum. Waren die in mir liegende Wut und die Liebe auf irgendeine Weise miteinander verbunden? Wehrte ich mich dagegen, beide zusammenzubringen? Vielleicht stand das Bild aber auch für die Trennung von meiner Mutter? Mein bevorstehender Abschied in der Klinik deutete ja auch auf das Thema hin. Ich verstand es nicht, und ich konnte auch nichts mehr sagen. Die Tränen liefen und liefen. Alle nahmen an meiner Traurigkeit Anteil, ganz besonders Jörg. Nur ein neu hinzugekommener Patient, kaum zwanzig Jahre alt, konnte damit gar nicht umgehen. Meine Tränen mussten ihn wohl ziemlich belasten. Am liebsten hätte er wohl gleich den Raum verlassen, oder mir Gewalt angetan, nur um meinen Heulkrampf irgendwie zu stoppen. Vor einigen Wochen hätte dies schon ausgereicht, um mich zum Aufhören zu bewegen. Nun war es mir völlig egal. Er musste damit umgehen, nicht ich.

Emotional aufgewühlt, verabschiedete ich mich am Ende der Stunde von meiner Therapeutin und ging erst einmal in die Küche und aß drei große Löffel Nutella. »I am Nutella Man!«

Dann kam der Abschiedstag. Lange gefürchtet und unabwendbar. Für unsere Abschiedsfeier hatten Jörg und ich uns Spiele wie auf einem Kindergeburtstag ausgedacht. Wir Kindsköpfe konnten einfach nicht wiederstehen, uns irgendeinen Unsinn einfallen zu lassen. So veranstalteten wir Eierlaufen und Mohrenkopfwettessen, wir hatten großen Spaß.

Ein Großteil des Klinikpersonals und alle Patienten nahmen an diesem Event teil, vielleicht nicht alle freiwillig. Trotzdem lief meine Bezugsschwester voller Enthusiasmus beim Eierlaufen mit, und einige Patienten waren beim Wettessen wirklich flink mit dem Mund, nicht nur in den Gruppensitzungen! Den Rest des Nachmittags verbrachten wir mit Witze- und Geschichtenerzählen. Es war ein warmer Sommertag, mit dem besten Wetter, das man sich wünschen konnte. Wir genossen jede Minute.

Dann war es soweit. Es kam der Abschied, den wir so lange auszublenden versucht hatten. Gott sei Dank war ich nicht so nahe am Wasser gebaut, wie ich befürchtet hatte.

Einige Patienten kamen zu mir und schüttelten mir die Hand. Sie lächelten und wünschten mir viel Glück. Petra, die ich wirklich ins Herz geschlossen hatte, wollte sich nicht von mir verabschieden. So ging ich einen Schritt auf sie zu und nahm sie einfach in den Arm.

»Nein!«, sagte sie und wiederholte es gequält. Ich aber lächelte sie an: »Ich wünsche Dir alles Gute!«

Es gab noch eine neue Patientin, die erst seit ein paar Tagen da war. Ich kannte nicht einmal ihren Namen. Sie kam auf mich zu, sah mir tief in die Augen und sagte:

»Du hast wirklich etwas ganz Besonderes! Schau, dass Du Dir das bewahrst!« Dann brach sie in Tränen aus und lief schnell aus dem Zimmer. Ich fühlte mit ihr. Ich verstand zwar nicht, was sie in mir sah und was ihr so viel Schmerz bereitete, aber ich wusste, dass ihre Tränen gut waren und ihr geholfen werden würde. Sie war hier in den besten Händen.

Zögernd verließ ich die Klinik und blieb auf dem großen Platz vor dem Haupteingang noch einmal stehen. Ich atmete auf. Mir wehte ein warmer Sommerwind entgegen. Ich war mir selbst überlassen und war wieder alleine. Alleine? Nein!

10

Die erste Woche nach Beendigung des Klinikaufenthalts war kein Zuckerschlecken. Ich musste zunächst mit der wieder aufkeimenden Angst zurechtkommen. Es verunsicherte mich, dass ich auf eigenen Beinen stehen musste und bei Schwierigkeiten nicht gleich aufgefangen wurde. Ich zweifelte, ob ich dem Leben draußen jemals wieder gewachsen sein würde. Bisher hatte ich mich mit jeder Frage, jedem Problem an meine Ärzte wenden können. Jetzt stand ich wieder alleine da. Ein Zustand, den ich zur Genüge kannte. Aber meine Ausgangsposition hatte sich verbessert. Ich wusste, was mir fehlte. Ich hatte eine Krankheitseinsicht. Ich war krank und konnte Hilfe bekommen.

Und wieder verstärkten sich meine Symptome, die sich in heftigen Spannungszuständen und Schwitzen äußerten. Je nach Tagesform und anstehenden Aufgaben fühlte ich mich besser oder schlechter. Ich merkte jedoch deutlich, wie sehr sich mein Gesundheitszustand verbessert hatte. Hatte ich kurz vor meinem Zusammenbruch an die dreißig verschiedene Symptome, so waren es jetzt vielleicht noch fünf, die sich aber hartnäckig hielten. Warum, wusste ich nicht, aber ich wusste wohl, dass sie mit Dingen zu tun hatten, die ich noch nicht aus meinem Unterbewusstsein ausgegraben hatte.

Ich nahm mir viel Zeit zum Nachdenken. Jahrelang hatte ich fortwährend zu viele Dinge von anderen hingenommen und mir wichtige Entscheidungen aufoktroyieren lassen. Durch meine Passivität wurde ich mehr durch das Leben geschleift, als dass ich aktiv daran teilgenommen hätte. Das folgende lateinische Sprichwort trifft es ganz gut: »Den Willigen führt das Schicksal, den Unwilligen zerrt es dahin!« Wenn ich mein eigenes Schicksal zu lenken nicht fähig war, indem ich meine eigenen Entscheidungen traf, würden andere

Menschen die Entscheidungen für mich treffen, und so würde ich stets das Leben der anderen leben müssen. Das musste ich ändern!

Was ich jetzt beobachtete, war in der Klinik gar nicht zur Sprache gekommen. Plötzlich sah ich durch die Art, wie ich die Welt um mich herum neu erfasste, die mich beeinflussenden Dinge viel klarer. Dabei hatte ich nicht unbedingt das Bedürfnis, mir und allen anderen die Welt zu erklären. Erstmals seit langem war ich auf einem guten Weg und erkannte nun einige meiner Probleme viel besser. Ich hatte mir durch meine früheren Entscheidungen hinsichtlich meiner Jobs, meines Lebens und meiner Freunde selbst ein Gefängnis aus sich aufrechterhaltenden Mustern geschaffen, die ich jetzt erst erkennen konnte. Ich musste ausbrechen. Ich wollte nicht mehr durch die Muster anderer beeinträchtigt werden und ihnen nicht mehr behilflich sein, ihre Muster aufrecht zu erhalten. So erlangte ich die Einsicht, dass man seine Freundschaften sorgfältig aussuchen sollte.

Eine meiner besten Entscheidungen war es gewesen, meinen Job aufzugeben. Das feierte ich innerlich jeden Tag. Um endgültig einen Schlussstrich zu ziehen, fuhr ich nach Frankfurt, um meine Wohnung zu räumen. Alle wichtigen Papiere packte ich zunächst ungeordnet in einen Karton und warf alle anderen unwichtigen Sachen weg. Ich war erstaunt, dass ich ganze zehn Müllsäcke mit Papier anhäufte. Dieses unwichtige Zeug aus den letzten Jahrzehnten! Als ich die Müllsäcke mit Freude in die Mülltonne warf, fühlte ich einen Ballast von mir abfallen: mit jedem Sack ein Stück Vergangenheit. Ich nahm mir vor, den restlichen Papierkram und die wichtigen Dokumente zu ordnen, sobald ich eine eigene Wohnung in München haben würde.

Da ich arbeitslos gemeldet war und schon mit dem Amt in Frankfurt gesprochen hatte, meldete ich mich nun beim Arbeitsamt in München an. Glücklicherweise war ich nicht wieder auf Hartz IV angewiesen, wie damals 2005, nachdem ich völlig pleite aus Neuseeland zurückgekehrt war. Das wollte ich auf keinen Fall wieder erleben müssen. Ab jetzt griff das Arbeitslosengeld I.

Bald unternahm ich das erste Mal einen Versuch, wieder arbeiten zu gehen. Ein guter Freund hatte mich gefragt, ob ich in einer Bücherei, die Insolvenz angemeldet hatte, aushelfen wollte. Die ersten Tage waren recht anstrengend und machten mir zu schaffen, jedoch ging es hier zunächst um körperliche Arbeit wie Bücher umräumen, Regale aufbauen und anderes. Die erste Woche verlief ganz gut, obwohl ich mit acht Stunden pro Tag eingestiegen war. In der zweiten Woche bekam ich Probleme, da sich die Arbeitsanforderungen auf einmal radikal änderten. Die Unternehmensberatung, die sich um die Reorganisation der Bücherei kümmerte, stellte immer unrealistischere Forderungen. So sollten wir bis zwei Uhr nachts arbeiten, und auch Absprachen hinsichtlich der Bezahlung wurden nicht eingehalten. Außerdem sollten wir Dateneingaben während der Ladenöffnungszeiten durchführen. Das bedeutete, dass ich mich auf die Eingabe konzentrieren musste und gleichzeitig permanent den Kundenanfragen ausgesetzt war, denen ich sowieso nicht helfen konnte. Noch dazu klagten alle Mitarbeiter, und das Telefon klingelte permanent. Es passierte, was passieren musste. Ich fühlte mich wie in meinem alten Job. Der Stresslevel stieg rapide an. Ich bekam erneut Ohrensausen. Starker Schwindel stellte sich ein, diesmal aber so massiv, dass ich mich richtig erschrak. Als direkte Folge bekam ich zwei Tage lang so schwere Panikattacken, dass ich kurz davor war, mich wieder in die Klinik einliefern zu lassen, so wie damals auf der Messe. Ich hatte das Gefühl, gleich durchzudrehen und wieder zusammenzubrechen.

Diesmal jedoch konnte ich die Probleme identifizieren. Ich wusste, dass ich mit der Arbeit sofort aufhören musste, auch wenn es mich viel Überwindung kostete, der Unternehmensberatung abzusagen. Bald ließ die Anspannung deutlich nach. Ich war wieder »frei«. Keine Panikattacken mehr. Der Schreck über das Erlebte saß tief. Trotzdem war ich nicht völlig handlungsunfähig gewesen. Dass ich Einfluss auf mein Leben haben konnte und nicht ausgeliefert war, war eine wichtige Erkenntnis.

Durch den gescheiterten Versuch war ich so ernüchtert und erneut verunsichert, dass ein Teil meines aufgebauten Selbstvertrauens in sich zusammenbrach. Meine körperliche Fitness war zu dieser Zeit so gut, dass ich eigentlich geplant hatte, einen Halbmarathon mitzulaufen. Durch die Erschütterung meines Selbst war ich jedoch nicht mehr in der Lage, lange Strecken zu laufen. Die Depression und die Angstzustände hatten sich leider wieder verstärkt. Statt ein paar Schritte voranzukommen, war ich mehrere Schritte zurückgefallen. Warum war ich so anfällig für Probleme in der Arbeit? Warum fühlte ich so hohen Druck, wenn ich Leistung erbringen musste?

Meine Erinnerungen führten mich zurück in den September 1994. Zu Beginn der zwölften Jahrgangsstufe hatte ich mit starken Schweißausbrüchen zu kämpfen. Und gleich vom ersten Tag an war ich nervös, da der Eintritt in die Kollegstufe viele Veränderungen mit sich brachte. Damals verstand ich nicht, dass ich mich gegen alle Veränderung innerlich zur Wehr setzte. Das Leben ging weiter. Ich aber wollte nicht weitergehen, da ja ein Teil von mir in der zehnten Klasse stehengeblieben war. Ich war immer noch der Siebzehnjährige, der vor dem Krankenbett seiner Mutter stand. Damals schon war meine unterdrückte Trauer zu spüren gewesen.

Während der letzten Jahre war ich in der Schule ein recht aufsässiger Junge gewesen und hatte zwischen der fünften und zehnten Jahrgangsstufe etwa dreizehn Verweise gesammelt. In der siebten Klasse war ich durchgefallen. Las man meine Zeugnisbemerkungen über die Jahre, konnte man deutlich sehen, wie dieser Junge sich zur Wehr setzte.

Zeugnisbemerkungen wie: »Alexander ist ein Träumer«, »Alexander hat ein schwer zu zügelndes Temperament«, »Alexander fehlt es an mangelndem Verständnis für seine Pflichten« zeichneten ein eindeutiges Bild von mir.

Meine Noten waren schlecht, aber nicht, weil es mir an Intelligenz fehlte, sondern weil ich einfach keine Lust auf Schule hatte. So gab es in meinem Zeugnis jedes Jahr mehrere Fünfen, und mein Vorrücken war gefährdet. Ich war meist das Schlusslicht und spielte den Klassenclown.

Nach dem Tod meiner Mutter hörte dieses Verhalten jedoch

schlagartig auf, und meine Noten besserten sich. Bis auf den Fünfer in Mathe, den ich immer behielt. Statt in der letzten Reihe, saß ich nun in der ersten Reihe. So gesehen, veränderten sich viele Dinge zum Guten. Aber diese Verwandlung war ein zweischneidiges Schwert.

Charakteristisch für diese Verwandlung war die Reaktion meines seltsamen Musiklehrers, den ich oft neckte. Mit einem Standard-Fünfer in Musik hatte ich jahrelang in der letzten Reihe gesessen und von ihm zwei Verweise bekommen. Nach dem Tod meiner Mutter saß ich bei ihm in der ersten Reihe und hatte die Note Zwei.

»Alexander, ist eigentlich alles in Ordnung mir Dir?«

»Ja, wieso?«

»Du bist so ruhig geworden.«

Er formulierte es nicht wie: »Endlich hält er in der Stunde seinen Mund«, sondern eher vorsichtig und nicht ganz sicher, ob es nicht vielleicht eine meiner Maschen war, ihn wieder zu ärgern. Oder war er wirklich besorgt?

»Du sitzt in der ersten Reihe und hast jetzt eine zwei in Musik! Ist wirklich alles in Ordnung bei Dir?«

»Nun, ich spiele doch jetzt Schlagzeug, und ich glaube, ich habe einfach keine Lust mehr, Sie zu ärgern!«, kam es aus meinem Mund, während ich lachte.

Ich war über Nacht erwachsen geworden und hatte keine Lust mehr, ihn zu ärgern. Meinem Musiklehrer war aber eindeutig aufgefallen, dass etwas anders war als vorher. Vielleicht war es nicht so positiv wie es sich eigentlich darstellte. Ich dagegen hatte es überhaupt nicht verstanden. Ich war todtraurig und verloren, nur ließ ich es nicht an mich heran. Dieses eindeutige Zeichen für eine einschneidende, traumatisierende Erfahrung in meinem Leben blieb durch die positiven Eigenschaften unentdeckt.

War dieses Verhalten eine Wiedergutmachung dafür, dass ich nicht bei ihr war, als sie starb? War es eine Wiedergutmachung für all die Jahre, in denen ich nicht für sie dagewesen war? Oder wollte ich nun durch mein neues Verhalten Anerkennung bekommen, die mir vermeintlich durch den Tod meiner Mutter verwehrt wurde? Was es auch war, die Änderung meines Verhaltens half mir, auf den richtigen Weg zu kommen. Den Wissensrückstand von den Blödeleien der Jahre zuvor konnte ich jedoch nicht mehr aufholen.

Gegen Ende der zwölften Klasse lernte ich meine erste Freundin kennen. Zuerst lief es wirklich gut zwischen uns, aber nach unserem gemeinsamen Kurzurlaub gegen Ende der Sommerferien veränderte sich mein Gemütszustand zusehends. Meine Freundin hatte sich mir gegenüber auf einmal verschlossen. Ich registrierte es damals nicht. Sie hatte wohl entweder jemanden kennengelernt oder aber herausgefunden, dass sie mit unserer Beziehung doch nicht so ganz zufrieden war, wie sie es angenommen hatte.

Während unseres Kurzurlaubs blockte sie mich emotional ab und ließ mich gar nicht mehr an sich heran. Eigentlich hätte ich herausfinden sollen, was denn los war. Ich tat es aber nicht und wurde stattdessen tief traurig. Ich fing an zu weinen und sagte ihr, wie sehr es mich schmerzte, dass meine Mutter nie meine Frau und meine Kinder kennenlernen würde. Woher dieser Gedanke plötzlich kam, wusste ich nicht. Ich war zwanzig, und Kinder standen gar nicht zur Debatte.

Das Gefühl im Unterbewusstsein, dass ich sie verlieren könnte, hatte wohl eine Trauerreaktion provoziert. Und damit hatte ich Erfolg. Meine Freundin öffnete sich mir danach wieder. Aber das tat sie mehr aus Mitleid. Die Beziehung war schon lange nicht mehr in Ordnung gewesen.

Wenn ich mit ihr Zeit verbrachte, hatte ich einfach nicht mehr das Gefühl von Geborgenheit, sondern verspürte ein innerliches Drücken, einen inneren Schmerz, der in ihrer Nähe zunehmend stärker wurde. Ich versuchte diese Gefühle zu verdrängen und meine alten Gefühle wieder hervorzuholen. Doch es gelang mir nicht. Weil ich nicht weiter wusste, verkroch mich immer mehr ins Musikmachen und verbrachte viel Zeit mit unserer damaligen Band.

Vier Wochen vor dem Abitur verließ mich meine Freundin. Sie hatte mein Vertrauen missbraucht und mich wegen eines anderen sitzengelassen. Das Lernen so kurz vor dem Abitur war unmöglich. Ich war am Boden zerstört. Meine Abschlussnote fiel nicht wirklich berauschend aus.

Mein Vater war stolz auf mich, denn mein Umfeld hatte nicht wirklich damit gerechnet, dass ich jemals mein Abitur machen würde.

»Hauptsache Abitur, die Note ist egal«, gab er mir mit auf den Weg.

Aber in der heutigen Zeit zählt nicht der Abschluss alleine. Mein Abschluss sollte es mir auch weiterhin nicht leicht machen, da ich in den nächsten Jahren aufgrund meiner Note auf meine Studienwünsche verzichten musste. Auch meine finanzielle Situation blieb weiter angespannt.

Zu dieser Zeit hatte ich mich auch noch mit meinen zwei engsten Freunden zerstritten, weil der eine sich dem Drogenkonsum hingab und nicht auf mich hören wollte, und der andere auf einem riesigen Egotrip war, den ich so nicht mitmachen wollte.

Dies war alles andere als ein normales Leben: Meine Mutter war tot, mit meiner Freundin war es vorbei, die zwei besten Freunde waren weg, unsere Familie ging in die Insolvenz, und mit dieser mussten wir unsere Orte der Geborgenheit, das Haus meiner Eltern und das Haus meiner Großeltern, verlassen! Perfekter Nährboden für eine Depression. Wie hätte ich da den Tod meiner Mutter überhaupt noch betrauern können? Mein Leben war ein Chaos. Nichts war mehr so, wie ich es kannte. Manche Menschen wären schon mit einem dieser Probleme überfordert gewesen. Ich sah mich einem ganzen Berg von Problemen gegenüber.

Zunehmend verlor ich die Lust an Vielem und natürlich auch am Musizieren, was bis dahin für mich als Wichtigstes in meinem Leben galt. Allmählich verloren alle Dinge um mich an Bedeutung. Alles wurde farblos und trist. Meine Depression hatte begonnen.

Mit meiner Familie war es über die vielen Jahre ein ganz eigenes Problem, denn im Gegensatz zu der Arbeit oder den Lebenspartnern kann man sich seine Familie ja nicht aussuchen. Trotzdem war es mir gelungen, mit vielen Ereignissen meiner Vergangenheit Frieden zu schließen. Mein Vater war es schließlich, bei dem ich Unterschlupf fand, und mit dem ich einige Ereignisse von damals aufarbeiten konnte. Schon vorher hatte ich mich mit ihm zunehmend besser verstanden, auch wenn unsere Vergangenheit nicht immer einfach gewesen war.

Nach meinem Klinikaufenthalt fragte ich ihn nun jedes Detail zu meiner Mutter, um mein Erinnerungspuzzle zusammenzusetzen und die darin verborgenen Emotionen weiter auszugraben. Er versuchte mir zu helfen, erzählte mir aber nur bruchstückhaft, was damals passiert war. Ich hatte sogar den Eindruck, dass er bestimmte Ereignisse selbst verdrängte. Oder verschwieg er diese bewusst vor mir?

Erinnerungen aus meiner Vergangenheit sprudelten manchmal aber auch einfach so aus mir heraus, ohne dass ich die Erinnerung hätte beeinflussen können. Eines Tages, beim Joggen im Westpark, erinnerte ich mich an einen Streit mit meiner kleinen Schwester Nadja.

Das musste etwa ein Jahr nach dem Tod meiner Mutter gewesen sein. Mein Vater und ich waren mit ihr zusammen im Esszimmer gewesen. Ich konnte mich jedoch nicht mehr erinnern, wer den Streit vom Zaun gebrochen hatte und worum es eigentlich ging. Jedenfalls fing Nadja bitterlich an zu weinen und schrie nach unserer Mutter. Die Szene war an sich schon schlimm genug, denn wie sollte ihre tote Mutter sie in den Arm nehmen und trösten? Jetzt aber schrie mich mein Vater plötzlich an:

»Alexander, tu doch etwas!«

Jetzt, da ich mich beim Joggen an diese Szene erinnerte, überfiel mich eine riesige Wut und ich schrie es heraus:

»Ja, was denn? Soll ich zu Petrus gehen und Mama wieder holen? Soll ich da anrufen? Auf die Vorwahl bin ich gespannt!«

Tränen schossen in meine Augen, und die Wut verkehrte sich in Trauer. Plötzlich tauchten andere Bilder in meinem Kopf auf. Ich sah mich wieder als Junge am Krankenhausbett stehen. Diesmal aber erinnerte ich mich nicht nur an viele Details und Bilder, an die ich mich schon immer erinnert hatte. Nein, diesmal war mir die gesamte Atmosphäre gegenwärtig, und wie ich mich damals gefühlt haben musste! Mein emotionales Gedächtnis wurde reaktiviert. Mir tat es unendlich leid für meine Mutter. Wie sie da so hilflos vor mir lag, nicht wissend, was mit ihr geschah. Und ich fühlte noch etwas. Ihr Anblick hatte mich bis ins Mark erschüttert! Ich war geschockt, ängstlich und hätte am liebsten weglaufen wollen. Ich war immer noch der »kleine« Junge und ganz alleine in diesem Zimmer. Niemand hatte mich darauf vorbereitet, niemand hatte mich begleitet. Ich war ja auch alleine gegangen, weil ich wusste, dass ich die Antwort sonst nie bekommen hätte!

Merkwürdig. Jedes Mal, wenn die Trauer wieder abfiel, begann ich das eben Gesagte gebetsmühlenartig zu wiederholen: »Alex, tu doch etwas! Alex, tu doch etwas!«

Ich wurde wieder wütend! Die Trauer keimte fortwährend aufs Neue auf, und zwar so stark, dass ich auf die Knie sank, weil ich nicht mehr stehen konnte. Meine Beine sackten einfach weg und ich fiel auf die Knie. Ich musste mich sogar abstützen, um meinen Oberkörper zu halten. Ich atmete schwer und weinte. Ich hatte keine Kontrolle mehr über meine Gefühle, sie sprudelten einfach aus mir heraus. Nach einer gefühlten Ewigkeit konnte ich mich wieder aufrichten und atmete tief durch.

Und plötzlich erinnerte ich mich an ein weiteres Detail. Der Blick des jungen Arztes oder Pflegers, der mich damals beim Verlassen der Intensivstation mitleidig angeschaut und verabschiedet hatte. Durch seinen Blick erkannte ich nun die verzweifelte Situation, in der ich mich befunden haben musste. Mein damaliges Leid war nur durch diesen einen Menschen registriert worden. Niemand sonst war dabei gewesen.

Aber da war noch etwas anderes, was diese Szene so wichtig machte. Gegen Ende August hatte ich mich entschieden, zu einer Therapeutin zu gehen. Die ersten Stunden bei ihr war ich enthusiastisch gewesen, bis mich eine Wut auf sie überfiel. So etwas hatte ich noch nie gespürt. Es passierte, als sie mich bei meinen Erzählungen oft sehr mitleidig ansah und ich sie mehrmals darauf hinwies, sie möge dies bitte doch unterlassen. »Warum sollte ich das tun, Herr Feodor? Das, was sie erzählen, ist doch schlimm!« Ihr

Mitleid machte mich rasend, und ich hatte daraufhin die Therapie erst einmal für ein paar Stunden ausgesetzt. Nach meinen Erlebnissen im Park wusste ich, dass für mich ihr mitleidiger Blick mit der Szene in der Klinik verknüpft sein musste. In gewisser Weise fand sich für mich der mitleidige Blick des Mannes auch in ihrem Gesicht wieder, und ich war wohl nicht bereit gewesen, mich diesem Schmerz zu stellen. Bis jetzt.

Ich fühlte mich nach diesem Traueranfall im Park sehr befreit und meldete mich wieder bei meiner Therapeutin. Ich hatte sie auch deswegen ausgewählt, um mich allen Problemen zu stellen. Hatte nicht mein Einzeltherapeut in der Klinik versucht, mir verständlich zu machen, dass meine Abwehr und Übertragung auf Frauen mich zu Fall bringen könnten? Ich war mir nicht sicher, vielleicht war jetzt genau das passiert? Jedenfalls wusste ich nun, dass meine unterdrückte Aggression der Schlüssel zu meiner Trauer war. Ich musste mich meinen Aggressionen stellen.

Es vermischten sich viele Probleme zu einem großen unüberschaubaren Knäuel, das ich weiter entwirren musste. Womöglich lagen auch noch, tief in mir vergraben, irgendwelche Aggressionen gegen meine eigene Mutter. Das sagte meine Therapeutin. Aber welche? Ich konnte es nicht fühlen. Diese Gefühle, wenn sie denn überhaupt existierten, schienen unterdrückt oder von etwas anderem überlagert zu werden. In der Psychologie spricht man von der Abspaltung von Gefühlen. Nicht weil sie nicht da sind, sondern weil es für manche Menschen zu schmerzhaft ist, sie zu fühlen. Unsere Seele oder unser Verstand wollen sich damit nicht auseinandersetzen. Wir brauchen Zeit, um solche Gefühle an uns heranzulassen und zu verarbeiten.

Ich erzählte meiner Therapeutin von dem Vorfall im Park. Aufgrund meiner Vorgeschichte beschlossen wir, eine Traumatherapie anzufangen, denn die Szenen zeigten eindeutig traumatischen Charakter.

Ein weiteres Problem war, dass ich dringend eine Wohnung suchen musste. Mittlerweile war ich mit meinen Vater zu meiner

Schwester und ihrem Freund gezogen. Mein Vater hatte aufgrund seiner schwierigen finanziellen Situation seine Wohnung kündigen müssen.

Meine Schwester und ihr Freund verhielten sich von Anfang an sehr hilfsbereit und offen. Es ließ sich jedoch nicht verbergen, dass es ihnen auch nicht leicht fiel, mit uns unter einem Dach zu leben. Dies galt besonders für meine Schwester, die im täglichen Umgang bisweilen ein schwieriger Charakter sein konnte. Nur zögerlich begann ich eine Wohnung zu suchen. Hinzu kamen noch andere Probleme. Erstens war ich arbeitslos und fand einfach keinen Vermieter, der mich aufnehmen wollte. Zweitens musste ich durch meine Depressionen zusätzlich eine sehr hohe Angstschwelle überwinden. Es war für mich eine große Herausforderung, mich wieder von der Familie zu lösen und in eine eigene Wohnung zu ziehen, denn dort würde ich dann wieder alleine sein.

Die Aggressionen meiner Schwester nahmen mir gegenüber in den folgenden Wochen so stark zu, dass wir uns schließlich richtig stritten. Sie war sehr geschickt darin, die Schwäche ihres Gegenübers zu nutzen, um diesen zu verletzen. Nun ließ sie all ihren Frust über ihren eigenen Schmerz und ihre Probleme an mir aus.

»Was ist denn nun mit Deiner Wohnung?«, fuhr sie mich an. Es war wie in einer schlechten »Schluss mit Hotel Mama«-Sendung, als ich ihr entgegnete, ich würde einfach nichts finden, und hätte wegen der Depression auch Schwierigkeiten, mein Ziel einer eigenen Wohnung konsequent zu verfolgen.

»Es geht mir einfach auf die Nerven, dass Du den ganzen Tag vor dem Rechner sitzt, mitten in unserem Wohnzimmer kampierst oder Dich den ganzen Tag in der Küche aufhältst.«

»Was soll ich denn sonst machen?! Immer habe ich diese verdammten Spannungszustände, Angst und diesen blöden Schwindel! Dann bin ich auch noch arbeitslos. So einfach ist das hier nicht!«, schrie ich sie an.

»Ich weiß nicht, mach einfach etwas Sinnvolles!«, entgegnete sie.

Mich verletzte dieses Streitgespräch, denn es zeigte, dass meine Schwester sich nicht in meine Lage versetzen konnte. Trotz allem war dieser Streit auch nicht das Schlechteste für mich, denn nun wurde ich zur Aktivität gezwungen. Ich musste mich meiner Angst stellen und dringend eine Wohnung finden.

Mittlerweile schritt ich in der ambulanten Therapie gut voran. Durch meine Erinnerungen und durch die Beschäftigung mit dem Tod meiner Mutter sprudelten bei jeder Behandlung neue Gefühle aus mir heraus. Dies führte dazu, dass ich die Therapie jede Woche tränenüberströmt verließ. Auch zu Hause saß ich oft weinend und dachte über meine Mutter nach. Aber anstatt mich nur meinen Trauergefühlen auszuliefern, nutzte ich viele Gelegenheiten auch dazu, innerhalb der Familie über den Tod meiner Mutter zu sprechen. Über Jahre hinweg war dieses Thema bei uns völlig ausgeblendet worden, einfach tabuisiert. Ich fragte meinen Vater und meine Schwestern über den genauen Hergang des Todes meiner Mutter aus. Jedes Detail wollte ich wissen. Im Gegensatz zu meinem Vater halfen mir meine Schwestern sehr, ein genaues Bild zu zeichnen. Ob mein Vater überhaupt ausreichend getrauert hatte und den Tod seiner Frau in all den Jahren überhaupt an sich herangelassen hatte, schien mir zweifelhaft, denn seine Erzählungen blieben nach wie vor emotionslos und sehr oberflächlich.

Nun versuchte ich alles, um mehr in Erfahrung zu bringen. Ich besuchte meine Orte des Schmerzes, also Orte, die direkt mit dem Tod meiner Mutter verknüpft waren. Ich wollte mich erinnern und verarbeiten. Ich besuchte ihr Grab. Ich ging nochmals ins Krankenhaus, in dem sie damals verstorben war. Ich ging auch zu meiner alten Schule und schritt alle Wege ab, die ich damals am Tag der Nachricht ihres Todes zurückgelegt hatte. Im Schulsekretariat traf ich auf unsere damalige Sekretärin, die sich noch sehr gut an mich und das Geschehene erinnern konnte.

In dieser Zeit der Suche und der aktiven Trauer begann ich von meiner Mutter zu träumen. All die Jahre hatte ich vielleicht dreimal von ihr geträumt, und die Träume waren stets genau gleich gewesen. Es klingelte an der Tür unseres alten Hauses. Ich öffnete, und meine Mutter stand davor. In ihren Leggins mit Oberteil, die sie immer so gerne trug, wirkte sie jung und mädchenhaft. »Hi, Mama? Du darfst doch gar nicht hier sein!«, sagte ich irritiert. »Ja, ich weiß, aber ich wollte nur mal vorbeischauen und sehen, wie es Euch geht!«, entgegnete sie. In diesem Traum saß sie dann bei uns am Esstisch, zusammen mit meinem verstorbenen Großvater.

Zunehmend veränderten sich meine Träume. Auf einmal lag meine Mutter im Krankenhaus, war aber bei Bewusstsein. Sie war an einen Herzmonitor angeschlossen, dessen Anzeige vermuten ließ, dass etwas nicht stimmte. Die Anzeigen wurden immer seltsamer und unruhiger. Mein Vater war der behandelnde Arzt, der meiner Mutter die Elektroden abnahm, um sie an sich selbst zu testen. Er schüttelte den Kopf und begriff nicht, was das Problem war. Mir machte dies Angst. Ich flehte ihn an, er solle doch bitte wieder die Elektroden an die Mama anschließen!

In einem anderen Traum waren wir im Haus meiner Großeltern. Mein Vater und ich saßen am Esstisch, der sich auf einer höheren Ebene befand. Meine Mutter saß mit dem Rücken zu uns im Wohnzimmer. Plötzlich stand sie auf und ging. Mein Vater fragte, ob sie noch da sei. »Ja, sie ist noch da, Du brauchst keine Angst zu haben!«

In den Therapiesitzungen arbeiteten wir intensiv daran, diese Träume aufzuarbeiten und das darunterliegende Trauma zu heilen. Sie zeigten eindeutig die Abschiedsthematik, von der ich bereits viel gelesen hatte. Ich schien mich also wirklich in einem Trauerprozess zu befinden. Meine Therapeutin sagte, ich wäre zwar kein klassischer Traumapatient, jedoch würden meine Schilderungen auch eindeutig traumabesetzten Charakter besitzen. Vor allem meine Erinnerungen und Bilder aus der Klinik, als ich meine Mutter hilflos und sterbend auf dem Bett hatte liegen sehen, gingen mir nicht mehr aus dem Kopf und machten mir große Schwierigkeiten.

Daher wollte meine Therapeutin jetzt tiefer in die Traumatherapie einsteigen, indem sie eine relativ neue Methode an mir ausprobierte. Diese wird vorwiegend bei Traumapatienten eingesetzt und konnte bisher gute Erfolge erzielen. Die Methode trägt den Namen »EMDR« und steht für »Eye Movement Desensitization and Reprocessing«. Meine Therapeutin erklärte mir, sie würde zwei Finger, ähnlich einem Pendel, bei der Hypnose vor meinem Gesicht hin und her bewegen. Ich sollte mit meinen Augen folgen. Ein Durchgang dauerte etwa eine Minute. Es wurde nichts gesprochen. Sobald meine Therapeutin aber eine Regung von mir wahrnahm, egal, ob diese positiv oder negativ war, hörte sie kurz mit der Behandlung auf und fragte mich nach Einzelheiten oder meinem Befinden. Vorher hatte sie mir erklärt:

»Herr Feodor, normalerweise reagiert jedes Tier auf eine Bedrohung mit einer Reaktion, also mit Stress. Das tun Menschen genauso. Um diese Situation aufzulösen und den Stress abzubauen, gibt es verschiedene Mechanismen. Entweder wird der Bedrohung mit Aggression begegnet und es kommt zum Kampf, oder es wird durch Angst eine Fluchtreaktion ausgelöst. In beiden Situationen wird der angestaute Stress durch eine Handlung abgebaut. Wenn Sie aber der Bedrohung durch Angriff oder Flucht nicht begegnen oder sie auf anderem Wege nicht auflösen können, wenn Sie also machtlos der Situation gegenüberstehen, dann kann es zu einem Trauma kommen. Der »Ort« der Traumatisierung liegt im Stammhirn. Normalerweise steigen starke Stresserlebnisse, die dort ausgelöst worden sind, mit der Zeit in die Hirnrinde auf und werden dort verarbeitet. Bei einer Traumatisierung findet dies aber nicht statt und die Bilder bleiben im Stammhirn dauerhaft gespeichert. Sie kreisen dort umher und können so immer wieder Flashbacks auslösen. Was Sie mir von Ihrem Erlebnis im Park erzählt haben, ist ein gutes Beispiel dafür. Für Sie ist das Erlebte, das schon Jahre zurückliegt, ständig präsent. Es fühlt sich an, als ob Sie diese Situation noch einmal durchleben müssen.

Durch EMDR können wir nun verschiedene Bereiche des Gehirns verknüpfen, die sonst bei psychotherapeutischen Sitzungen oder im Alltag nicht verbunden sind. Sie können sich das wie einen Mechanismus vorstellen, der das Gehirn so ablenkt, dass letztendlich ein Kanal geöffnet wird. So können wir das Trauma behandeln.«

»Wie ein Überbrückungskabel beim Starten einer Autobatterie.«

»Ja, so in etwa. Es bilden sich neue Möglichkeiten, das Trauma zu betrachten und zu bearbeiten. Das Trauma kann so in die Großhirnrinde aufsteigen und wird verarbeitet.«

Gleich die erste Sitzung hatte es in sich. Nach einigen Durchgängen bekam ich plötzlich ungewöhnlich starke Gefühlsausbrüche. Ich begann schwer zu atmen. Meine Therapeutin berichtete mir, ich würde ab und zu sehr stark das Gesicht verziehen, und sie hätte regelrecht ablesen können, wenn sich eine stark belastende Erinnerung den Weg in mein Bewusstsein bahnte. Diese Therapieform schien mich regelrecht aufzubrechen. In den folgenden Sitzungen wurden die Ausbrüche auf einmal so stark, dass ich es fast nicht mehr aushielt. Und dann plötzlich tauchte ein weiteres Bild auf. Mein Großvater! Völlig unerwartet erinnerte ich mich an ihn, ich vermisste ihn plötzlich sehr. Wie konnte das sein?

Er war zwei Jahre vor meiner Mutter gestorben. Auch er hatte längere Zeit im Krankenhaus gelegen. Ich hätte nie gedacht, dass er so verdrängt in meinem Unterbewusstsein war, aber nun wurde mir alles klar! Ich dachte an den Traum, in dem mein Großvater an unserem Tisch saß. Als er starb, war ich fünfzehn gewesen. Ihn hatte ich damals nicht im Krankenhaus besucht, aber warum, wusste ich nicht. Wollte ich damals nicht wahrhaben, wie schlecht es ihm wirklich ging, und dass er sterben könnte? Oder war ich auch damals geschützt und indirekt davon abgehalten worden, ihn zu besuchen? Ich fühlte mich unendlich schuldig. So unendlich schuldig, ihn nicht besucht zu haben, mich nicht verabschiedet zu haben. Jetzt hatte ich zwei Verluste zu betrauern, die ich völlig ausgeblendet hatte.

Meine Trauer zeigte sich in einer einschneidenden Traumserie. In einem Traum stand ich an einem Flughafen irgendwo in China und eine ältere, europäisch aussehende Frau stand vor dem Eingang. Plötzlich erkannte ich sie. Es war meine Mutter! Sie war sehr gealtert, und ihr Aussehen entsprach wohl eher dem geschätzten heutigen Aussehen. Plötzlich tauchte mein Vater auf. Er ging direkt auf sie zu und drückte ihr ein Geldbündel in die Hand. Es wirkte so, als wäre sie all die Jahre gar nicht tot gewesen und hätte ein Leben fernab unserer Familie geführt. Ich hatte den Eindruck, dass mein

Vater sie bezahlt hatte, damit sie sich aus unserem Leben fernhielt. Ich stürzte auf sie zu und klammerte mich an sie. »Bitte, geh nicht! Lass mich nicht allein!«, rief ich weinend. Doch sie schwieg und wendete sich von mir ab, als ob ich ihr lästig war. Schweißgebadet wachte ich auf.

Dieser Traum erschütterte mich, zeigte er doch, wie sehr ich sie nicht gehen lassen wollte. Und welche Rolle spielte dabei mein Vater, der in fast jedem Traum auftauchte? Er war meist derjenige, der Unruhe in die Szene brachte. War ich ihm böse, weil er damals neben ihr stand, als sie zusammenbrach, und ihr nicht helfen konnte? Oder lag es daran, dass er uns über ihren Zustand nicht die Wahrheit gesagt hatte? Warf ich ihm dies unbewusst vor und spaltete diese Gefühle ab? Und warum hatte sich meine Mutter von mir abgewendet? Mir schwirrte der Kopf.

Mir ging es zusehends schlechter. Ich verzweifelte, denn ich spürte das erste Mal in meinem Leben wirklich dauerhaft den Trauerschmerz. Ich konnte mir einfach nicht vorstellen, je wieder ein freudvolles Leben zu führen. Wie ich bereits gelesen hatte, war es typisch für die Trauer, durch intensive depressive Phasen zu gehen, in denen man auch eine gewisse Todessehnsucht hat, um den verloren gegangenen Personen nahe zu sein. Aus dem Leben zu scheiden, wäre auch eine Möglichkeit, um sich mit dem Toten wieder zu vereinen. Aber nur die wenigsten Trauernden wählten diesen Weg.

In gewisser Weise wünschte auch ich mir, dass es mich erwischen würde und ich bei meiner Mutter sein könnte, um sie wieder in die Arme schließen zu können. An Selbstmord dachte ich nicht, jedoch hatte ich meinen Lebensmut verloren. Ich wäre am liebsten gestorben, und hätte ich gehört, dass ich nur noch wenige Monate zu leben hätte, ich hätte den Tod bereitwillig akzeptiert.

Gerade jetzt, wo ich durch die Behandlung völlig aus dem Gleichgewicht gebracht wurde, kündigte meine Therapeutin einen zweiwöchigen Urlaub an. Es war wirklich der unpassendste Zeitpunkt. Jetzt, wo der Trauerprozess so stark aufkeimte, dass er womöglich außer Kontrolle geriet, benötigte ich sie wirklich dringend. Aber da war noch etwas anderes. Ich entwickelte eine immer stärkere Wut gegen sie. Ich wusste nicht, woher dieses Gefühl kam, aber sie war im sechsten Monat schwanger, und ich ahnte, dass dies etwas damit zu tun hatte. Natürlich wusste ich, dass sie selbst nicht die Ursache war, nur der Auslöser. Ich wusste auch, dass ich kein Anrecht darauf hatte, sie an mich zu binden. Sie musste in den Urlaub gehen. Aber ich machte mir ernsthaft Sorgen, wie es weitergehen sollte, da sie kurz vor ihrem Mutterschaftsurlaub stand. Ihre Schwangerschaft ließ mich nicht los, und es gab Momente, in denen ich eine solche Wut auf sie verspürte, dass ich ihr am liebsten ins Gesicht geschlagen hätte. Ich sprach mit ihr darüber und wusste gleichzeitig, dass ich dies nie tun würde.

Diese Gedanken führten mich zu einer weiteren Erinnerung. Anfang des Jahres 1999 reiste ich nach New York City. Ich brauchte Abstand von meiner Familie und meinem Münchener Leben, welches zunehmend aus dem Ruder lief.

Außer einer Nacht im YMCA auf der 42. Straße hatte ich keine weiteren Übernachtungen gebucht, und so machte ich mich auf die Suche nach weiteren Unterkünften für die nächste Woche. Durch Zufall stieß ich auf das älteste Hostel in New York City, dessen Alter nur von seinen günstigen Preisen übertroffen wurde. Die dort arbeitenden und lebenden Menschen machten einen ordentlichen Eindruck auf mich, und so beschloss ich zu bleiben. Ehe ich mich versah, fing ich in der ersten Woche etwas mit Mariella, der brasilianischen Rezeptionistin, an. Im Hostel bekam ich bald einen Job als Rezeptionist und Putzkraft. Mein Gehalt besserte ich mit Umzugsjobs in ganz New York auf und trug bisweilen Flyer auf der Fifth Avenue aus. So wurden aus einer geplanten Woche in New York drei Monate, die meinem Leben eine völlig neue Richtung gaben, in positiver und negativer Hinsicht.

So sehr mich New York faszinierte, so schwer fiel mir das Leben dort. Das erste Mal war ich auf mich alleine gestellt, weit weg von zu Hause. Dabei hätte ich dringend gute Ratschläge gebrauchen können, denn die Liaison mit der fünf Jahre älteren Brasilianerin geriet schnell zu einer emotionalen Berg- und Talfahrt.

Ihr Verhalten war widersprüchlich. Und so sollte unsere zukünftige

Beziehung auch werden. Ich wäre wohl damals besser weggelaufen, aber sie zog mich unweigerlich an. Nicht weil ich sie liebte, sondern weil ich zu dieser Zeit massive Probleme mit meinen eigenen Emotionen hatte und jemanden an meiner Seite brauchte. Ihre wechselhaften Stimmungen bewirkten in mir, dass ich mich permanent an sie klammerte und sie im nächsten Moment auch wieder abwies. Sie durchlebte an einem Tag alle Stimmungen, von himmelhochjauchzend bis zu Tode betrübt und aggressiv. Ein Mann mit einem natürlichen Empfinden hätte diese Frau einfach stehen gelassen, doch ich war von dieser Frau angewidert und fasziniert zugleich. Immer wieder dachte ich, an ihrem Verhalten schuld zu sein, und verhielt mich daher auch sehr widersprüchlich. Neben ihrem typisch brasilianischen Temperament hatte sie auch viele andere Probleme und Geheimnisse. Es musste in ihrem Leben etwas Drastisches vorgefallen sein, denn sie hatte vor drei Jahren Brasilien überstürzt verlassen und hatte keinen Kontakt mit ihrer Familie. Wenn ich mehr darüber wissen wollte, blockte sie ab. So wechselten sich leidenschaftliche brasilianische Nächte mit wilden Streitszenen ab. Sie wurde richtig handgreiflich, kratzte und boxte mich. So etwas hatte ich nie zuvor erlebt.

Ich kam nicht wirklich zur Ruhe, denn sie versuchte mich ständig zu kontrollieren und versetzte mich ständig in Aufruhr. War ich guter Stimmung, sorgte sie dafür, dass ich schnell wieder schlechte Laune hatte. War ich verärgert, so schnitt sie mich von meinen Emotionen ab und unterdrückte meine Wut radikal. Daraufhin wurde ich noch aggressiver, ich konnte mich einfach nicht mehr verstecken. Sie jedoch wollte alles kontrollieren.

Die Beziehung zu Mariella ging im Oktober 1999 in die Brüche, nachdem sie sich bei mir in den letzten zwei Monaten nur sporadisch per E-Mail gemeldet hatte. Nach meinen drei Monaten in New York hatte sie sich zu einer Reise entschlossen, bei der ich sie zwischendurch auch begleiten sollte. Ich war indessen nach München zurückgekehrt und hatte mir die Finger wund geschrieben, um mit ihr Kontakt zu halten. Selten bekam ich E-mails zurück. In einer E-Mail schrieb sie nur einen Satz, der lediglich beinhaltete, sie wisse nicht, was sie schreiben sollte, sie hätte keine Worte, aber sie würde gerne wissen, wie es mir ginge.

Ich verstand dies alles nicht. Da ich sie telefonisch nicht erreichen konnte und auch in den nächsten Wochen auf meine E-mails keine wirkliche Antwort kam, schrieb ich ihr eine E-Mail, in der ich sie fragte, ob sie vielleicht jemand anderen habe. Zwei Stunden später rief sie mich wutentbrannt an.

»Alexander, ich bin so enttäuscht von Dir! Wie kannst Du nur so etwas denken?«

»Hey, ich habe von Dir seit zwei Monaten kaum etwas gehört. Du rufst nie an! Auf meine E-Mails bekomme ich nur kurze Sätze zurück, mehr weiß ich nicht von Dir.«

»Was willst Du von mir, Alexander?«

»Ich will Dich sehen!«

»Gut, ich komme.«

Zwei Tage später war sie bei mir in München und brach sogleich einen neuen Streit vom Zaun. Es drehte sich um den Inhalt meiner E-Mail:

»Du weißt ja gar nicht, was ich die letzten Monate durchgemacht habe! Ich bin so enttäuscht von Dir!«, fauchte sie mich an.

»Ja, dann sag mir doch, was los ist, verdammt noch mal! Du hast Dich ja kaum bei mir gemeldet! Ich versuche Dich zu erreichen, ich schreibe Dir, und von Dir kommt nie etwas zurück! Auch von Deiner Vergangenheit sagst Du mir nie etwas und hüllst Dich in Schweigen! Was ist denn passiert, zum Teufel noch mal?«

»Ich war schwanger!« Stille. Ich war wie erstarrt und fand keine Worte.

»Ich habe es abgetrieben!«

»Was?«

»Unter anderen Umständen wäre ich zurück nach Brasilien gegangen, hätte das Kind ausgetragen und Du hättest nie etwas davon erfahren! Ich sage Dir das nur, weil Du gerade so gemein zu mir bist!«

Was hatte sie gesagt? Das brach mir regelrecht das Genick! Ich sackte auf die Couch und fing sofort an zu weinen.

Sie sah mich vernichtend an und fragte: »Warum heulst Du denn jetzt?«

Meine Stimme versagte: »Ich weiß nicht.«

Ich war einfach zu niedergeschmettert, um ihr etwas zu entgegnen, und zu verwirrt, wirklich zu begreifen, was da in diesem Moment auf mich einstürzte. Ich fühlte mich schuldig. Ich glaubte alles falsch gemacht zu haben.

Im Mai hatten wir das letzte Mal in New York miteinander geschlafen, und prompt war sie schwanger geworden. Damals war mir durchaus bewusst gewesen, was wir taten, und ich hatte mich auf eine mögliche Schwangerschaft eingestellt. Es wäre kein Problem für mich gewesen, ich hätte es akzeptiert. Wie sich jetzt herausstellte, hatte sie das Kind jenseits der Dreimonatsfrist abtreiben lassen und war deswegen nach Holland gefahren, wo eine legale Abtreibung nach drei Monaten überhaupt noch möglich war.

Mir drehte sich der Magen um. Ich war wie taub. Das Kind! Abgetrieben! Und sie hatte mir nicht einmal etwas davon gesagt! Ich war emotional am Boden.

Sie blieb drei Tage in München, und wir versuchten irgendwie unsere Beziehung in den Griff zu bekommen, aber es gelang uns nicht. Wir stritten und stritten. Auf meine Fragen, warum sie mir nicht vorher etwas gesagt habe, ging sie gar nicht ein. Sie betonte nur ihr Recht auf ihren Körper und auf ihre eigene Entscheidung. Warum sie mich aus dieser Gleichung nahm, erfuhr ich jedoch nicht. Ich drang einfach nicht zu ihr durch und wusste nicht mehr weiter. Mir setzten diese Tage deutlich zu. Meine ratlose Tatenlosigkeit machte sie noch wütender, und sie wollte wieder mit mir streiten. Als ich nicht darauf einging, weil ich einfach nicht mehr konnte, packte sie mich und versuchte mich mit Gewalt zum Aufstehen zu bewegen. Mit schmerzverzerrtem Gesicht sprang ich auf, und meine Hand erhob sich gegen sie. Was für ein Schock! Es war mehr Drohgebärde, als wirkliche Absicht sie zu schlagen, aber in diesem Moment wusste ich mir nicht anders zu helfen. Sie sah mich mit großen Augen an und schwieg. Das erste Mal seit Monaten schwieg sie und verharrte. Sie hatte mich so lange unter Druck gesetzt und immer wieder in die Ecke getrieben. Jetzt war Stille.

Ich war über meine eigene Reaktion erschrocken. Ich konnte nicht mehr und verließ den Raum. Die Beziehung beendete ich noch am selben Tag. Ich hätte mir nie verzeihen können, wenn ich sie geschlagen hätte. Hätte ich es getan, wäre ich auch immer der Schuldige gewesen. Nach all ihren Handlungen der letzten Monate zeigte diese Reaktion, wie verzweifelt ich war. Ich war nie gewalttätig gewesen, und das bin ich bis heute nicht.

Meine Therapeutin versuchte beharrlich, zu mir durchzudringen. Sie wollte sich nicht damit zufrieden geben, dass ich mich in den letzten Sitzungen zunehmend verschlossen hatte und respektierte meine Grenzen nicht mehr. So verschloss ich mich nur noch mehr. War dies die von meinem Therapeuten in der Klinik angesprochene Abwehr, die mich zu Fall bringen könnte?

»Herr Feodor, haben Sie bereits in Erwägung gezogen, Psychopharmaka zu nehmen?« Diese Frage hatte ich nicht erwartet.

»Ich weiß nicht, ich habe in der Klinik auch keine Medikamente bekommen und habe es auch so geschafft.«

»Nun, ich habe das Gefühl, dass ihre Trauer und Probleme Sie momentan übermannen. Ich komme gar nicht mehr zu Ihnen durch. Es wäre wirklich gut, sich das zu überlegen. Sie bekommen damit Ihre Gefühle in den Griff, so dass sie nicht mehr überborden.«

»Was meinen Sie mit überborden?«

»Haben Sie nicht oft das Gefühl, dass Sie einen Gefühlsausbruch haben und diesen nicht mehr richtig kontrollieren können?«

»Doch, schon. Ich weine ja jetzt jeden Tag und bin dann teilweise gar nicht mehr zu gebrauchen. Es fällt mir wirklich schwer, meine täglichen Pflichten zu erfüllen.«

»Wissen Sie, manchmal kommt man nur an jemanden wirklich heran, wenn er sich stabilisiert hat.«

»Ja, aber machen die Psychopharmaka einen nicht dumpf und stellen einen ruhig?«

»Nein, Herr Feodor! Ganz und gar nicht. Wir sprechen ja nicht von Neuroleptika, wie sie in der Psychiatrie eingesetzt werden. Durch die Depression sind Ihre Serotonin-Werte im Keller. Der Körper hat sich an diesen Wert gewöhnt. Durch Tabletten können Sie sich stabilisieren und Ihrem Körper helfen, zu einem normalen Serotonin-Niveau zurückzufinden. «

»Und was ist mit meinen Gefühlen?«

»Sie können immer noch alles fühlen, aber Sie überborden nicht mehr. Ihr Gefühlsspektrum wird nur insoweit eingeschränkt, dass es in engeren Bahnen verläuft. Zur Behandlung Ihrer zurückgehaltenen Ängste wäre es auch sehr gut. Sie werden von Ihren Gefühlen einfach nicht mehr so überfahren und haben mehr Antrieb. Vielleicht kommen wir ja so wieder an Sie heran?«

»Hm, ich weiß nicht. Ich bin mir nicht sicher, ob ich das wirklich will. Ich würde es lieber gerne alleine schaffen. Und wenn ich etwas nehmen muss, dann würde ich es, wenn möglich, gerne selbst entscheiden.«

Sie nickte.

Da ich verunsichert war, rief ich in der Tagesklinik an und versuchte meinen alten Therapeuten zu erreichen. Wir trafen uns zu einem kurzen Gespräch. Er war von meinen Erzählungen überhaupt nicht angetan. Er war auch nicht begeistert, dass meine Therapeutin nun in den Mutterschaftsurlaub gehen würde, aber er wusste genauso wie ich, dass er daran nichts ändern konnte. Im Grunde war es ungünstig gewesen, sich eine schwangere Therapeutin zu suchen, aber dies war mir vorher nicht klar gewesen.

»Wollen Sie nochmals in die Klinik zurückzukehren?«

»Sind Sie sicher?« Zurück in den Schoß der Geborgenheit und zu einem Therapeuten, dem ich wirklich vertraute. Das klang verlockend.

»Ja, natürlich. Das biete ich Ihnen an. Ihre Übertragung und Ihre Probleme mit Frauen stehen Ihnen wahrscheinlich zu sehr im Weg. Doch Sie müssen entscheiden, ob Sie das wirklich wollen.«

»Ich weiß nicht so recht. Eigentlich möchte ich wieder auf meinen eigenen Beinen stehen.«

»Das ist Ihre Entscheidung.«

»Ich muss mir das wirklich überlegen. Man hat mir auch nahegelegt, Medikamente zu nehmen. Was meinen Sie? Soll ich das machen?«

»Wenn der Leidensdruck zu hoch ist, oder wenn Sie das Gefühl haben, gar nicht mehr voranzukommen, dann können Sie sie nehmen. Manche Leute werden sogar erst unter dem Einfluss von Medikamenten therapierbar. Dies ist aber nicht so einfach zu beantworten. Wenn Sie sich dafür entscheiden, dann gehen Sie bitte zu einem Psychiater, also einem Facharzt für psychische Erkrankungen und für die Vergabe von Medikamenten.

»Können Sie das nicht machen?«

»Wir Therapeuten verschreiben keine Medikamente, können aber Empfehlungen hierzu aussprechen. Zwar könnten auch andere Ärzte diese Medikamente verschreiben, sie sind aber meist unzureichend mit den Möglichkeiten und der Wirkung vertraut. Also gehen Sie bitte damit nicht zum Hausarzt. Wenn Sie in die Klinik kommen, dann kümmern wir uns natürlich um Sie.«

Ich war hin- und hergerissen. Meine Therapeutin hatte mir nahegelegt, nicht wieder in die Klinik zurückzukehren. Eigentlich hatte sie damit auch recht. Sie sprach von einer sogenannten »Regression«, wenn ich wieder den Zustand der Symbiose suchen würde, um mich der Realität und Eigenständigkeit zu verschließen. Zwei Wünsche standen sich genau gegenüber, und ich wusste nicht, wie ich dem Ganzen begegnen sollte. Es war zum Verrücktwerden!

Die Zeit verstrich, ohne dass ich mich entschied. Meine Therapeutin ging in den Mutterschaftsurlaub. Ich reagierte panisch, da ich mich ja nicht vorher entscheiden konnte, wie ich mit der Situation umgehen wollte. Es war alles so kompliziert, ich war sehr verunsichert. Ich gab ihr zu verstehen, dass ich mich lieber nochmals zurückziehen wollte und eine Pause bräuchte. Sie ginge ja eh in den Mutterschaftsurlaub. Die Wahrheit war aber, dass ich mich nicht hatte entscheiden können.

Aber was sollte ich mit den starken Symptomen anfangen, wenn ich keine Unterstützung hatte? Ich war zu instabil. Dazu kam, dass ich mir dringend etwas wegen meiner beruflichen Zukunft einfallen lassen musste, denn mein Arbeitslosengeld wurde nur begrenzt gezahlt. Sollte ich mich selbständig machen wollen, so musste ich mich innerhalb der nächsten fünf Monate entscheiden, um mir den Gründungszuschuss sichern zu können. Durch diese Unterstützung hätte ich wenigstens Einfluss auf die Arbeitslast nehmen können. Die Alternative wäre eine Festanstellung gewesen, aber ich fühlte mich überhaupt noch nicht in der Lage, acht Stunden am Tag in einer Arbeitsstelle zu verbringen und den Arbeitsalltag zu bewältigen. Vielleicht sollte ich doch Medikamente einnehmen?

Nach einem Gespräch mit meiner Familie, in dem mein Vater und meine große Schwester keine Bedenken äußerten, entschied ich mich für eine Behandlung mit Antidepressiva. Meine jüngere Schwester war eher skeptisch und meinte, ich würde auch ohne Medikamente zurechtkommen, aber meine Entscheidung war gefallen.

Ich suchte mir also einen Psychiater in meiner Nähe. Nach einem kurzen Gespräch verschrieb er mir die »Serotonin-Re-uptake-Hemmer (SSRI)« mit dem Handelsnamen »Citalopram«. Von diesem Medikament hatte ich schon in der Klinik erfahren, denn einige Mitpatienten waren damit behandelt worden. Auch mit meinem Vater führte ich ein langes Gespräch über Psychopharmaka, und informierte mich in einem Buch über Angststörungen. Hier war zu lesen, dass viele Menschen pauschale Annahmen bezüglich Psychopharmaka haben und denken, man sei dann nicht mehr Herr seines Willens. »Außerdem machen diese ja alle abhängig!« Aber dies stimmt gar nicht. Wie mir auch der Psychiater erzählte, haben nur einige angstlösende Medikamente Suchtpotenzial. Die meisten Antidepressiva hingegen nicht. Sie sind überdies nebenwirkungsarm, vor allem die Medikamente der neuen Generation. Außerdem sind Antidepressiva keine »Happy-Pills« und mit Drogen nicht vergleichbar. Stimmungsschwankungen gleichen nicht mehr einem Zickzackmuster, sondern eher einer milderen Wellenform.

»Worauf Sie sich einstellen müssen, Herr Feodor, sind die ersten und die letzten Wochen einer Psychopharmakatherapie, denn diese können nicht besonders einfach sein. Mit der Einnahme können sich einige Symptome verstärken und noch weitere hinzukommen.

Bevor die Substanz wirken kann, scheint sie erst einmal das Gegenteil zu bewirken.

»Und wie weiß ich, dass sie wirken?«

»Lassen Sie sich vier bis sechs Wochen Zeit. Viele Patienten scheitern an dieser Hürde. Die Angst und Panik davor, dass es ihnen schlechter gehen könnte, veranlasst Patienten oft zum sofortigen Absetzen der Tabletten. Und wenn es Ihnen besser geht, setzen Sie die Tabletten auch nicht gleich wieder ab, sonst bekommen Sie wirklich Probleme wegen des rapide abfallenden Serotoninspiegels. Wir werden das Medikament nun drei Monate lang ausprobieren. Dann sehen wir, wie wir weiter verfahren. Wir müssen erst einmal die richtige Dosis für Sie finden und sehen, ob das Medikament überhaupt anschlägt.«

Der Gedanke daran, wieder durch ein tiefes Tal gehen zu müssen, gefiel mir nicht. Mir ging es schon schlecht genug. Als ich nun mit der Medikamenteneinnahme begann, verliefen die ersten Tage wie von mir befürchtet. Ich war erheblich nervöser, mir war viel schwindeliger. Außerdem hatte ich einen trockenen Mund und einen seltsamen Geschmack auf der Zunge. Jedoch konnte ich binnen weniger Tage feststellen, dass sich zwar einige Symptome verstärkten, andere wiederum deutlich abschwächten. Ich stand viel sicherer auf meinen Beinen und hatte eine bessere Motorik. Ich schien auch wirklich mehr Kraft zu haben.

Nach etwa vier Wochen schwächten sich alle Symptome deutlich ab. Auch beim Sport spürte ich meine steigende Leistungsfähigkeit. Der Schwindel und die Übererregbarkeit, die mich immer noch so gestört hatten, nahmen ab. Ich weinte deutlich weniger als vorher.

12

eihnachten feierten wir dieses Jahr bei meiner Schwester Beatrice in Augsburg. Das erste Mal seit sechzehn Jahren fühlte ich, dass mir ein Weihnachten ohne meine Mutter bevorstand. Als hätte ich sie erst vor ein paar Monaten verloren, vermisste ich sie an diesem Weihnachtsabend besonders. Wir zündeten die Kerzen an und die Bescherung fand statt. Da konnte ich nicht mehr an mich halten und weinte. Meine Schwestern und mein Vater trösteten mich.

Es wäre so schön gewesen, wenn sie diesen Moment in all den Jahren mit uns hätte teilen können. Ja, wenn sie sogar immer für uns dagewesen wäre. Was hätte ich darum gegeben. Nie würde sie wissen, was aus uns geworden ist, wen wir geheiratet haben, wie unsere Kinder und Kindeskinder sein würden. Jetzt, nach all den Jahren, standen wir Familienmitglieder zusammen und feierten. Seit ihrem Tod war jedes Familienmitglied mehr für sich gewesen und mit seinen individuellen Problemen und seiner Trauer beschäftigt. Ich fand es gut, dass ich nun trauern konnte und dass meine Familie zunehmend alles an sich heranlassen konnte.

Am ersten Weihnachtsfeiertag trafen wir uns mit der Verwandtschaft. Endlich, nach so vielen Jahren, konnte ich ein langes Gespräch mit meinem Onkel Utzi führen. Er machte sich immer noch Vorwürfe, weil er die Zeichen des nahenden Todes seiner Schwester nicht richtig gedeutet hatte. Meine Mutter hatte schon viele Monate vor ihrem Tod gesundheitliche Probleme und war bereits einmal mit einer Gefäßverengung in eine Klinik eingeliefert worden. Ihre Lebensweise war alles andere als vorbildlich gewesen. Schon Wochen vorher hatte sie mehrmals über den Tod gesprochen, und wie ihre Beerdigung aussehen sollte. Sie hatte ihm ein grinsendes Skelett für sein Aquarium geschenkt, das auf einer Piratentruhe saß.

»Vielleicht sehe ich ja auch einmal so aus«, hatte sie zu ihm gesagt. »Dann mache Dir bitte keine Gedanken um mich!«

Hatte meine Mutter etwas von ihrem bevorstehenden Tod geahnt? Sie war vor ihrem Tod jahrelang depressiv gewesen, ohne sich behandeln zu lassen. Vielleicht hatte sie auch mit dem Gedanken gespielt, sich das Leben zu nehmen. Es hatte in unserer Verwandtschaft bereits zwei Selbstmorde gegeben, der mütterliche Teil unserer Verwandtschaft war auffällig. Von Suchtproblematiken über Depression, ungewöhnliche Todesfälle und problematische Familienbeziehungen war alles zu finden.

Wir feierten mit der Familie dieses Weihnachtsfest eng und vertraut. Unsere gemeinsame Vergangenheit hatte mich in den letzten Wochen und Monaten viel beschäftigt. Ich wusste noch immer nicht so recht, wie ich mit meinem Vater umgehen sollte. Natürlich, wir verstanden uns gut und unser Verhältnis war in den letzten Jahren besser geworden. Vor allem war ich ihm dankbar, dass er mir in den letzten sechs Monaten beigestanden hatte. Nach wie vor vertraute ich ihm jedoch nicht. Meine Versuche, ihm meine Probleme nahezubringen und mit ihm zu diskutieren, liefen weiterhin ins Leere. Er wollte sich dem Ganzen offenbar nicht stellen. Wenn ich ihn geradeheraus etwas fragte, ohne ihn zu verurteilen, nahm er jedes Mal eine defensive Haltung ein. Das hatte er bereits jahrelang in der Ehe mit meiner Mutter so getan, und viele Jahre danach auch in Diskussionen mit uns Kindern. Man konnte ihn nicht greifen. Er war emotional immer noch distanziert. Mich ärgerte, dass er sich an viele unserer früheren Streitereien nicht mehr erinnerte. Warum nur? Diese waren doch oft recht einschneidend gewesen, weshalb wusste er nichts mehr davon? Ich erinnerte mich beispielsweise an einen Streit, bei dem er mich daran hindern wollte, das Haus zu verlassen, weil ich die Nachricht erhalten hatte, dass meine damals beste Freundin einen Freund durch einen schweren Unfall verloren hatte.

»Ständig kümmerst Du Dich um die anderen! Die anderen sind immer wichtiger als wir! Du aber lässt uns im Stich!«, hatte er mich damals angeschrien.

Da ich mich im Recht fühlte und sein Auftreten alles andere als fair war, entgegnete ich ihm damals ruhig, dass ich die Familie liebte, jetzt aber gehen würde. Diese Situation zeigte, wie sehr mein Vater Hilfe benötigt hätte. Natürlich war sein Verhalten alles andere als erwachsen gewesen, mich so anzugehen und in eine Erwachsenenrolle zu drängen. Wer weiß, wie oft das noch passiert war, unbewusst. Als ich ihn abends auf den Streit ansprechen wollte, fand ich ihn betrunken im Wohnzimmer. Eine Aussprache war nicht möglich.

Die Privatinsolvenz meines Vaters neigte sich dem Ende zu. Er hatte nur noch wenige Monate in der sogenannten Wohlverhaltensphase durchzuhalten. Einige Jahre zuvor hatten sich meine Schwestern als Gesellschafterinnen seiner Firma mit eintragen lassen. Dies war nötig gewesen, da seinerzeit meine Großmutter die Gesellschafterin des Betriebes gewesen war und diese Stelle nach ihrem Tod wieder besetzt werden musste. Auch ich war gefragt worden, ob ich mich nicht als drittes Kind an der Firma beteiligen wollte. Ich hatte damals abgelehnt, da ich befürchtete, mich für ihn in die Schusslinie begeben zu müssen.

Nun musste gegen Ende eine hohe Gewerbesteuerschuld der Firma beglichen werden. Natürlich war diese Steuerzahlung zu erwarten gewesen. Sie wurde nun jedoch durch unerwartete äußere Umstände gefährdet. Eigentlich hätte ich den notwendigen Abstand gehabt, um angemessen auf diese Situation zu reagieren. Es war das Leben meines Vaters und nicht meines. Das Problem war jedoch, dass meine Schwestern als Gesellschafterinnen in diesen Vorgang mit verstrickt waren. Dies belastete auch mich. Um den Betrieb und meinen Vater aufzufangen, mussten wir alle zusammen etwa 25.000 Euro zur Begleichung der Steuerschuld aufbringen. Wir verfügten aber nicht über viel Geld, weil wir alle über die letzten Jahre nichts hatten ansparen können. Ich selbst verdiente gerade einmal seit drei Jahren mein eigenes Geld, und meinen Schwestern ging es nicht anders.

Ich war wütend und enttäuscht. Wieder einmal mussten wir meinem Vater den größten Teil unserer Ersparnisse geben. Dabei ging nun auch die Ausbildungsversicherung meiner kleinen Schwester verloren, die damals nicht von der Bank hatte geschluckt werden können.

»Toll, jetzt bekommt es das Finanzamt!«

Erinnerungen an 1996 kamen hoch. Als wir das Haus auf unseren Vater überschrieben hatten und die Bank es sich holte, lief ungefähr dasselbe Schema ab. Déjà-vu! Am liebsten hätte ich mich geweigert, ihm das Geld zu geben. Was hatten wir damit zu tun?!

Für mich brach eine Welt zusammen. Meine Rolle in der Familie und als Angestellter wiederholte sich. Der »Alkoholiker an der Flasche« war wieder da! Es hatte doch alles keinen Sinn. Diesmal war es nicht mein Chef, der den Betrieb an die Wand fuhr, es war mein eigener Vater! Schon wieder. Oder konnte er wirklich nichts dafür? Oh nein, hier konnte ich nicht einfach kündigen und weggehen, schoss es mir durch den Kopf. Diesmal konnte ich meine Abhängigkeit klar vor meinen Augen sehen. Die richtige Antwort wäre gewesen: »Nein! Diesmal helfe ich Dir nicht! In all den Jahren hast Du es nicht gelernt! Warum trägst Du Deine Probleme immer auf den Schultern Deiner Kinder aus?« Ich konnte es einfach nicht mehr mit ansehen.

Nach außen hin wirkte es so, als ob er seine Verfehlungen selbst ausgebadet hätte, aber in Wirklichkeit tat er es nicht immer. Er hatte einen guten Teil der Verantwortung auf unsere Schultern geladen. Natürlich hätten wir diese wortlos mitgetragen, aber dazu hätte es seiner Offenheit und seiner Nähe bedurft. Wir waren als Kinder schon früh in eine Erwachsenenrolle geschlüpft und hatten ihm einige Kohlen aus dem Feuer geholt, sei es durch Geld oder Arbeit. Dadurch war es ihm erspart geblieben, sich mit der Wahrheit auseinandersetzen zu müssen. Ich fühlte mich ausgenutzt. Vordergründig war es, als würde er sich schützend vor seine Kinder stellen, so wie es auch mein Firmenchef getan hatte. Ich glaube, es war zu hart für ihn, sich einzugestehen, dass er durch sein Verhalten das Leben der gesamten Familie schon seit Jahren belastet hatte. Er war natürlich kein böser Mensch. Aber durch seine Art, Dinge nicht zu sagen, sich nicht zu streiten, Dinge zu vertuschen und auszusitzen, war er selbst wie ein Alkoholiker. Dies war eine Form seelischer Qual für mich. Auch darum war ich depressiv geworden.

»Wissen Sie, Herr Feodor, was Waisenkinder im Heimen machen, wenn man sich nicht um sie kümmert?« Diese Frage kam in einer meiner Einzeltherapiestunden auf.

»Die Kleinkinder schreien und schreien. Es kommt niemand, um ihre Bedürfnisse zu lindern. Die Kinder verstummen irgendwann und sind sogar die bravsten Kinder in den Heimen. Sie bleiben unauffällig, sie ecken meist nicht mehr an. Sie finden sich mit ihrer Einsamkeit ab. So ähnlich läuft es auch, wenn Sie in der Familie gehört werden wollen und immer gegen eine Wand laufen! Das ist das eigentliche Wesen einer Co-Abhängigkeit, wenn ein Bedürfnis gestillt werden muss und nicht befriedigt wird, und Sie sich dann so anpassen, dass Sie trotz des Schmerzes weiter existieren können und diesen dann sogar brauchen.«

»Dann sind wir, wie diese Kinder, die Co-Abhängigen?«

»Ja, genau. So geschieht es jeden Tag, in Freundschaften, in der Arbeit, in der Familie. Nur zeigen sich verschiedene Ausprägungen, und die Konsequenzen wiegen unterschiedlich schwer.«

Jetzt aber war alles anders. Ich wusste um mein Problem. Ich hätte nicht alles von meinem Vater erfahren müssen. Indem er uns aber wichtige Dinge verschwieg oder sie verdrängte, schützte er mich und meine Schwestern nicht. In diese Situation hätte er uns niemals bringen dürfen. Die Insolvenz selbst war schon schlimm genug. Dass wir seine Insolvenz aber so mittragen mussten, hätte er uns ersparen sollen. Mein Firmenchef hatte ebenfalls Verträge abgeschlossen und den Kunden Versprechungen gemacht, die wir nicht halten konnten. Später sagte er uns, er habe es doch dem Kunden versprochen, und wir mussten es wieder einmal ausbaden. Auch er riskierte damit die Gesundheit aller Kollegen.

Mir wurde vieles klar. Nicht wir waren die Kinder unseres Vaters, vielmehr war er unser Kind, dessen Verfehlungen wir mittragen mussten, auch wenn er uns großgezogen und ernährt hatte. Das war absolut paradox. Es wäre seine Pflicht gewesen, uns den Rücken frei zu halten, nicht umgekehrt. Dazu war er schließlich alt genug. Er hatte sein eigenes Leben selbstbestimmt leben können, was für uns Kinder teilweise nur eingeschränkt möglich gewesen war.

Mir war dabei nicht wichtig, dass mein Vater sah, wie sehr ich geblutet hatte. Ich wollte ihn emotional bei mir haben, als Vaterfigur, die mich leitete. Ich hatte sie all die Jahre zuvor gebraucht und brauchte sie auch jetzt als Erwachsener. Es war schlichtweg so, dass ich ihn in dieser Rolle kaum erlebt hatte.

Jetzt, da wir ihm wieder Geld leihen mussten, holte mich alles ein. Es war einfach nicht richtig! Nun wartete ich auf eine Geste seines guten Willens, vielleicht einen Satz wie:

»Hört zu, ich gebe Euch das Geld spätestens nächstes Jahr zurück, oder ich mache einen Dauerauftrag und stottere es in kleinen Beträgen ab.«

Aber er schwieg sich darüber aus, und wir erfuhren zunächst monatelang nicht, wann wir unser Geld zurückbekommen würden. Eines Abends gab ich ihm zu verstehen, dass ich in meine eigene Wohnung ziehen und mich vielleicht selbständig machen wollte. Dazu würde ich das Geld dringend brauchen. Ich hatte schon viel zu lange mein eigenes Leben vernachlässigt, um für jemand anderen einstehen zu müssen.

Dessen ungeachtet bat er mich immer wieder um Geld. Es ging eher um kleinere Summen, die er mir mehr oder weniger schnell zurückgab. Meist bezahlte ich seine Auslandsflüge, damit er wieder in seinem Business Fuß fassen konnte, oder die Flüge und Hotelrechnungen seiner Frau, die er zweieinhalb Jahre nach dem Tod meiner Mutter geheiratet hatte. Sie hatte er jahrelang unterstützt, und indirekt unterstützte ich jetzt auch seine Frau. Das ging mir erheblich zu weit!

In den letzten Sitzungen bei meiner Therapeutin war dies alles auch Thema gewesen. Sie hatte das Ganze sehr kritisch beurteilt und mir geraten, mich aus allem mehr herauszuhalten. So gab ich ihm weiteres Geld nur unter der Prämisse, es in spätestens vier Wochen wieder zurückzubekommen. Nach vier Wochen fragte er mich, ob er das Geld zunächst meiner Schwester geben könne, da sie es für ihre Familie dringender benötigte als ich. Natürlich! Wenigstens fragte er mich, doch auch hier hielt er nicht wirklich Wort.

Enttäuscht war ich von meinem Vater schon seit langem, jedoch hatte ich mich der Realität bislang nicht wirklich stellen können.

Jetzt schlug sie hart zu! Den damit verbundenen Schmerz versuchte ich nicht zu sehr an mich heranzulassen. Aber es gelang mir nicht. Es tat mir sehr weh, der Wahrheit ins Gesicht zu sehen. Dies verschlechterte meinen seelischen Zustand noch mehr.

Nach Weihnachten zog ich in meine eigene Wohnung. Ich hatte insgesamt vier Monate gebraucht, um eine geeignete Wohnung zu bekommen. Dreimal war ich von Provisorium zu Provisorium gezogen, für drei Wochen wohnte ich sogar wegen der verzögerten Wohnungsübergabe in einem Kellnerwohnheim. Ich hatte richtig kämpfen müssen, da man mich aufgrund meiner Arbeitslosigkeit regelrecht diskriminierte.

Am liebsten wollte ich in einer Zwischenwelt leben, zwischen Kranksein, Klinikaufenthalt und Freizeit, ohne mich auf eine eigene Wohnung, eine Arbeit oder jemanden festlegen zu müssen. Aber ich wusste es nun besser. Ich musste vorwärts gehen und mich einlassen.

Wenn ich je wieder ein normales Leben führen wollte, musste ich auch wieder arbeiten gehen, und vor diesem Schritt grauste es mich. Ich musste eine Entscheidung für mich und mein Leben treffen, mich auf eine Richtung festlegen. »Erwachsenes« Handeln war gar nicht so leicht wie gedacht. Einerseits hatte ich mich jahrelang erwachsen gefühlt und auch entsprechende Aufgaben übernommen, andererseits war da aber immer noch dieser kleine Junge, der vor dem Krankenhausbett stand und nicht wollte, dass sein Leben sich nun veränderte. Ein Teil meines Selbst war gewissermaßen im Alter von siebzehn stecken geblieben. Ich war zerrissen, wie die von mir in der Klinik modellierte Ton-Figur. Ich wollte nichts wahrhaben, sonst hätte ich mich von meiner Mutter für immer trennen müssen, und davor hatte ich schreckliche Angst. Dieses ungerechte Leben, das mich zwang, meine wichtigste Bezugsperson aufzugeben und nun alleine auf dieser Welt weiterkämpfen zu müssen, das wollte ich meinem inneren Kind nicht antun. Warum hatte niemand diesen Jungen an die Hand genommen, um ihm den Weg zu weisen?

Ich freute mich trotz allem auf meine eigene Wohnung, weil ich mir klar machte, wie wichtig dieser Schritt für mich war. Ich hatte Angst vor dem Alleinsein, aber eigentlich war ich doch schon seit Jahren alleine gewesen. Und wie auf einem steinigen Gebirgsweg, musste ich nun jeden einzelnen Brocken aus dem Weg räumen, der mich am Vorankommen hinderte. Manche waren größer als andere, und ich hatte das Gefühl, es gäbe endlos viele von ihnen.

Meine Ängste versuchte ich auszusitzen oder mich durch Sport und Aktionismus in meiner neuen Wohnung abzulenken. Dies gelang mir die ersten vier Wochen recht gut. Je mehr ich aber meine Wohnung einrichtete und mein Privatleben durchstylte, wurde mir zunehmend bewusst, dass ich mein Leben nicht alleine leben wollte. Warum konnte sich nicht jemand um mich kümmern, vom Kochen bis zum Putzen? Oh, dieses verdammte symbiotische Verhalten! Ich lebte seit 1999 alleine, hatte längere Zeit in den USA, in Italien und Neuseeland gelebt, sowie in zwei anderen deutschen Städten, aber eines war stets gleich gewesen: Ich hatte mich nie auf ein eigenes Leben einlassen können, schon gar nicht mit einem anderen Menschen! Alles war immer Übergangszustand gewesen, ich hatte permanent schwebende Arbeitsverhältnisse und »schwebend unwirksame« Freundinnen! Ich erkannte, dass mein Leben lange Zeit ohne Ruhe und Ziel gewesen war. Es war die Trauer, die mich so unruhig und ziellos hatte werden lassen.

Bis zum Tod meiner Mutter hatte man mir alle Hausarbeit abgenommen. Von meiner Mutter über die Putzfrau bis zu meiner Großmutter hatten alle gekocht, geputzt, Wäsche gewaschen. Ich hatte nie gelernt, wie man einen Haushalt führte. Meine Wohnungen sahen immer wild aus, mancher Besucher hatte sich bestimmt gegraust bei diesem Anblick. Oft lebte ich aus dem Koffer, und während meines letzten Anstellungsverhältnisses hatte ich es nie richtig geschafft, meine Wohnung einzurichten. Ich war ein »Messi Light!« Wie hatte ich eigentlich in New York City ein Hostel mit 50 Betten sauber gehalten? Dies war mir selbst nie klargeworden. »Struktur«, das war das Zauberwort!

Ich war erstmals froh, dass ich medikamentöse Unterstützung hatte. Diesmal fiel ich nicht mehr ins Bodenlose und musste mich wieder herauskämpfen. Die Medikamente gaben mir Kraft, die ich vorher so nicht gehabt hatte. Die Angst beherrschte nicht mehr mein Denken.

»Never change a winning horse!«, sagte mir der Psychiater eindringlich, als ich um eine Dosiserhöhung bat. Gewisse Dinge bräuchten ihre Zeit, auch die Wirkung der richtig dosierten Medikamente. Aber warum ging alles so langsam voran?

Ich stolperte über ein Buch von Charlotte Janson mit dem Titel »Letzte Reise und zurück«. In diesem Buch geht es um den Selbstversuch einer Frau, bei dem sie ihre eigene Todesanzeige aufgibt und anschließend ihre eigene Beerdigung organisiert. Ein recht seltsames Buch.

Das Buch inspirierte mich natürlich nicht dazu, meinen eigenen Tod zu inszenieren, aber es gab mir doch wichtige Impulse und ließ mich nachdenklich werden. Als es um die Sargausstattung und das Herrichten des Leichnams ging, fragte ich mich, wie meine Mutter nach ihrem Tod überhaupt aufgebahrt worden war. Ich griff zum Telefon und rief Beatrice an.

»Sag mal, Du warst doch mit Papa damals beim Bestattungsunternehmen, oder nicht?«

»Wann denn? Bei Omas Tod?«

»Nein, da waren wir doch zusammen bei der Trauerhilfe. Ich meine, bei Mama.«

»Ja, aber ich weiß gar nicht mehr, wo genau das war«, entgegnete sie mir.

»Aber weißt Du noch, was Ihr ausgesucht habt?«

»Ja, ich war völlig genervt, weil es so ein typisches Verkaufsgespräch gewesen ist. Es hat so wehgetan, diesen Sarg auszusuchen!«

Meine Schwester berichtete mir, dass sie einen dunklen Holzsarg ausgesucht hatten. Den hatte ich ja in der Aussegnungshalle gesehen.

»Wie lag sie denn nun im Sarg? Was hat sie angehabt?«

»Also, wir haben sie auf crème-weißer Bettwäsche gebettet, weil Mama sich kurz vor ihrem Tod eine von ihr so gerne getragene Modekombination bestellt hatte. Die haben wir ihr anstelle eines Leichenhemdes anziehen lassen.«

»Was?«

»Ja, Du weißt doch: ihre modischen hellbraunen Tops mit Schalkragen, mit kleinen Perlen oder Strasssteinen besetzt, und dazu Leggins.«

Bei den Leggins musste ich sofort lächeln und mir schossen Tränen in die Augen. Leggins hatte sie oft getragen. Ich konnte mir meine Mutter nach den Schilderungen meiner Schwester gut vorstellen, denn ich kannte meine Mutter fast nur in Leggins und modischen Tops. Nun hatte ich endlich ein vollständiges Bild von ihr, im Sarg liegend. Ich wusste, wie wichtig diese Information für mich gewesen war. Da ich zu diesem Zeitpunkt im Café saß, versuchte ich mich zusammenzureißen, denn ich wollte nicht, dass mich alle Gäste tränenüberströmt sahen.

»Ach ja, das hatte ich fast vergessen! Wir haben ihr noch Strümpfe anziehen lassen!«, fügte Beatrice hinzu.

»Wieso denn Strümpfe?«, entgegnete ich etwas verwundert.

»Ja, Mama hatte doch immer kalte Füße! Da habe ich mir gedacht, dann hat sie's schön warm!«

Ich begann laut zu lachen. Verwunderte Blicke richteten sich im Café auf mich, so verweint und laut lachend, wie ich dort saß.

Zusammen mit den Schilderungen meines Onkels hatte ich jetzt ein Bild, wie meine Mutter friedlich im Sarg gelegen hatte. Diese Vorstellung wärmte mich. Es war zwar nicht die letzte Information, die ich über meine Mutter erfahren sollte, jedoch war sie eine der wichtigsten. Ich merkte, wie mein Drang abnahm, nach ihr zu suchen und alles über sie herauszufinden. Zugleich besuchte ich meine Mutter nicht mehr so regelmäßig auf dem Friedhof. Alle Rituale, die ich für mich und auch auf Anraten meiner Therapeutin durchgeführt hatte, wie zum Beispiel einen Abschiedsbrief zu hinterlassen oder Kerzen anzuzünden und ihrer zu gedenken, wollte ich nicht mehr so regelmäßig durchführen.

13

Ich hatte weiterhin große Angst, arbeiten zu gehen. Wie auf einem Zehnmeterbrett stehend, traute ich mich nicht zu springen, aus Angst vor dem ungewissen Ausgang. Immer wenn ich darüber nachdachte, in eine neue Festanstellung zu gehen, befürchtete ich wiederkehrende Zehn- oder Zwölfstundentage und fehlende Anerkennung. Ich erinnerte mich an sinnlose Arbeiten, zig Excel-Listen und die sich ständig ändernden Anforderungen meines ehemaligen Chefs. Und ich war mir unsicher, ob ich fähig war, mich gegen dies alles zu wehren.

Der Gedanke, für mich selbst zu arbeiten, erschien mir da schon attraktiver. Aber wäre es wirklich das Richtige für mich, sich selbständig zu machen? Konnte ich da überhaupt bestehen? Es heißt doch »selbst und ständig«.

Bei einem Informationsgespräch im März auf dem Arbeitsamt wurde mir eindringlich nahegelegt, mich selbständig zu machen. Dies geschah natürlich auch aus dem Grund, dass ich dann aus der Arbeitslosenstatistik herausfallen würde. Aber mein Berater war fair. Er wies mich darauf hin, ich könnte doch einen Gründungszuschuss beantragen und gleichzeitig eine freiwillige Arbeitslosenversicherung abschließen. So könnte ich die Selbständigkeit in Ruhe ausprobieren und notfalls immer noch zurück in die Arbeitslosigkeit oder in eine Festanstellung gehen. Sich aus einer selbständigen Tätigkeit heraus zu bewerben, wäre ja besser als aus der Arbeitslosigkeit heraus.

In den letzten Monaten hatte ich viel Zeit gehabt, verschiedene Bücher zu lesen. Darunter fanden sich neben der »Psycholiteratur« auch viele Fachbücher zum Thema Unternehmensführung und Unternehmensgründung. Der Gedanke der Selbständigkeit war mir eigentlich nicht neu, ich befasste mich schon seit Jahren mit dieser

Idee. Einen Gewerbeschein als Messebauer hatte ich ja auch bereits für einige Monate besessen. Damals war ich Kleinunternehmer, aber weit entfernt von einer Grundsatzentscheidung zur Selbständigkeit gewesen. Mit meinem engen Freund Markus hatte ich schon seit etwa fünf Jahren Geschäftsideen entwickelt, die jedoch alle nicht vielversprechend waren. Wir hatten kein Kapital und wussten nicht genau, wie wir ein solch großes Projekt anpacken sollten. So gingen wir jeder unseren eigenen Weg. Er entschloss sich, vorerst als Freiberufler tätig zu werden, und ich überlegte mir, auf mein Wissen meiner letzten Anstellung zurückgreifen. Ich hatte ja in einem Nischenbereich in der Luftfahrtindustrie gearbeitet und wollte diese Erfahrung nicht verloren wissen.

Während der Beschäftigung mit dem Thema Arbeit hatte ich wieder einen bedeutenden Traum. Ich merkte, dass Träume wie kleine Helfer für mich waren. Mit der Zeit bekam ich ein besseres Händchen, wenn es um ihre Deutung ging. So halfen sie mir auch bei den Entscheidungen bezüglich meiner zukünftigen beruflichen Laufbahn.

In diesem für mich bedeutenden Traum war ich bei meiner Steuerberaterin, die mir half, meine Unterlagen zusammenzustellen. Als ich alle Unterlagen beisammen hatte, schaute sie mir tief in die Augen. Da erkannte ich plötzlich in dieser Frau meine Mutter, die deutlich gealtert war. »Alexander, Dein Bus fährt in 30 Minuten! Den musst Du nehmen!«, mahnte sie mich. »Ich weiß, das werde ich tun. Mach Dir keine Sorgen!«, entgegnete ich ihr ruhig und fühlte, dass ich dies wirklich tun sollte.

Bis zu diesem Traum hatte ich über Wochen mit mir gerungen. Als ich an diesem Morgen aufwachte, war ich davon überzeugt, dass der Schritt in die Selbständigkeit für mich die einzig richtige Entscheidung war. Es erforderte trotzdem die Kraft, mir selber einen Ruck zu geben. Der letzte Termin für den Antrag auf den Gründungszuschuss rückte auch immer näher. Bitte springen Sie ... jetzt!

Ab Mai 2010 war ich selbständiger Unternehmensberater in der Luftfahrt. Nur ohne den Anzug und den Schlips, den ich noch nie hatte leiden können! Auch während meiner letzten Anstellung war ich im Büro gerne leger und gut gelaunt aufgetreten, bisweilen zur Verwunderung meiner Kollegen. So war ich halt schon immer gewesen, und das wollte ich auch weiter so halten.

Wie es weitergehen und wann ich gesund werden sollte, war mir unklar. Mich ermutigte, dass es weiterhin bergauf ging. Gerade durch den Schritt zurück in die Arbeitswelt hatte ich nun die Möglichkeit, mich meinen Ängsten wieder direkter zu stellen und so mehr Selbstvertrauen zu gewinnen. Es war ja gerade die Arbeit gewesen, die mich in den Burn-out getrieben und die mich hatte ängstlich werden lassen. Die Ursache war sie nicht gewesen, aber gerade durch die schwierige Arbeitssituation hatte ich einen sehr großen Verlust meines Selbstvertrauens erlitten. Ich wollte nun daran arbeiten, dies wieder herzustellen.

Ich erhielt den Anruf eines Bekannten, der als Leiter eines Luftfahrtunternehmens tätig war. Er fragte mich, ob ich ihm bei der Erstellung gewisser Dokumente helfen könne. Obwohl ich keine Ahnung davon hatte, sagte ich ihm zu, und wir einigten uns auf einen Freundschaftspreis. Da ich nicht wusste, worum es ging, und er die Arbeit einfach nicht machen wollte, war dies für uns beide die sogenannte »Win-Win-Situation«.

Ich fing sofort an, mich einzuarbeiten. Nach etwa zwei Monaten, ich hatte bereits eine gute Übersicht über die Materie erhalten, bekam ich unerwartet eine zweite Anfrage. Es war eine Tochterfirma der Lufthansa, die von mir dieselbe Leistung haben wollte.

»Wir haben gehört, Sie sind Spezialist dafür!« Was sollte ich sagen? Das hatte sich ja offenbar schnell herumgesprochen.

»Äh, ja!?« entgegnete ich unsicher. »Bis wann brauchen Sie es denn?«

»Nun ja, wir benötigen alle Dokumente nächste Woche!«

Ich lachte laut ins Telefon. Der Kunde wollte von mir eine Leistung, für die man gut zwei Monate Arbeit benötigte, von jetzt auf gleich! Nun ja. Gott sei Dank hatte ich schon vorgearbeitet und konnte auf einiges Material zurückgreifen.

»Hm, entschuldigen Sie bitte, das ist etwas sehr schnell!«, erklärte ich und betonte: »Das wird viel Arbeit, da muss ich Überstunden machen, und das wird Sie einiges kosten!«

»Das ist kein Problem! Wir brauchen die Dokumente dringend, sonst bekommen wir massive Probleme und können nicht weiterarbeiten!«

Ich hatte nicht wenig Geld verlangt, aber angesichts der Leistung, der Zeit und des möglichen Zahlungsausfalls meines Kunden war dies durchaus gerechtfertigt.

Nach etwa einer Woche war dieser Auftrag von mir erledigt. Es war nicht einfach gewesen, unter diesem Druck zu arbeiten, aber es gelang mir, die Stressspitze von einer Woche einigermaßen unter Kontrolle zu halten. Ich war aufgeregt, denn ich wusste nicht, ob meine abgelieferten Dokumente überhaupt einer Prüfung standhalten würden. Bei Ablehnung meiner Arbeit wäre der Betrieb in arge Schwierigkeiten geraten. Das Telefon klingelte.

»Ja, Herr Feodor, so wie es aussieht, gab es bei uns einiges zu beanstanden. Das Einzige, was gar keine Beanstandung fand, war Ihre Arbeit! Vielen Dank!«

Ich ballte die Faust und reckte diese mehrmals zum Triumph in die Luft. Dabei strahlte ich über das ganze Gesicht, ohne einen einzigen Ton auszustoßen. Schnell fing ich mich wieder: »Ja, vielen Dank. Darüber bin ich sehr erfreut.«

Ich legte auf und feierte. Das waren wirklich die besten Nachrichten seit langem! So wie es jetzt aussah, hatte ich eine echte Chance, mich als Selbständiger zu behaupten. Ein warmes Gefühl durchströmte meinen Körper. Ich genoss das Gefühl dieser Bestätigung und inneren Zufriedenheit. Eigentlich hatte es ja die ganze Zeit auf der Hand gelegen. Ich hatte mich ja immer selbständig um alle meine Belange gekümmert. Mein Leben hatte ich schon jahrelang wie ein Unternehmer geführt und Entscheidungen getroffen. In meinem Privatleben musste ich stets alleine zurechtkommen, und in meiner alten Firma hatte ich das auch getan. Aber eines musste klar sein: Diesmal läuft es nicht chaotisch, sondern geordnet! Nicht risikoreich, sondern vorsichtig! Und vor allem, alles zu seiner Zeit!

Meine therapeutische Arbeit hatte ich seit Weihnachten auf Eis gelegt. Aber nicht wirklich, denn ich war mir durchaus bewusst gewesen, dass die Medikamente mich ja nur stabilisieren konnten und sicherlich nicht das alleinige Heilmittel waren. Es schlummerten so viele Dinge in mir, von denen ich ahnte, von denen ich aber nicht wusste, wie diese aussahen und wie ich diese ausgraben sollte. Die letzten Monate der Therapie hatten dies ja schon gezeigt. Durch die Klinik wusste ich auch, dass ich erst am Anfang stand. Dabei schien meine unterdrückte Aggression der Schlüssel zu sein. Aber wie sollte ich diese ohne Unterstützung freisetzen?

Ich besorgte mir einschlägige Literatur zum Thema und versuchte meine Aggressionen mehr und mehr aus mir herauszubringen. Dazu nutzte ich typische Begebenheiten des Alltags. Da mich einige Dinge des alltäglichen Lebens schon immer besonders genervt hatten, fing ich nun an, bei solchen Gelegenheiten die direkte Konfrontation zu suchen. Dies hatte ich in den Jahren zuvor viel zu wenig gemacht. Auf offener Straße fing ich Streitereien mit rechthaberischen Passanten an. Manchmal war ich im Unrecht, aber hier ging es um meine Genesung! Ich musste üben!

»In Italien würde das niemanden interessieren! Kümmern Sie sich gefälligst um Ihre Sachen! Haben Sie nichts Besseres zu tun?«

In der U-Bahn wurde ich angerempelt: »Eine Entschuldigung würde schon reichen«, entfuhr es mir.

Ich wurde oft angestarrt. Im Café ließ ich Bestellungen zurückgehen, wenn ich nicht zufrieden war, und beschwerte mich. Im Theater stand ich einfach auf und ging, wenn die Vorstellung schlecht war.

»Was werden die anderen von mir denken? So etwas macht man doch nicht!«

Dieser Satz hatte in den letzten Jahren mein Denken bestimmt, und dadurch war ich nie »bei mir« gewesen. Natürlich hatte ich auch Streitereien in der Arbeit und mit meinen Freunden gehabt. In solchen Situationen hatte ich mich auch oft durchgesetzt, ich war also kein wirklicher Ja-Sager und Konformist. Jetzt verhielt ich mich jedoch konkret bei solchen Angelegenheiten aggressiv, bei denen ich mich jahrelang untergeordnet hatte. Und ich begriff, dass gerade diese unterdrückten Eigenschaften, die mich nervten, ihren Ursprung in meiner eigenen Vergangenheit hatten. Erlebnisse aus der Familie, aus der Schule und aus der Arbeit, die ich immer noch als ungerecht und ungelöst in mir spürte. Ich, der in einem von Frauen dominierten Haushalt aufwachsen war, der in der Schule immer der Klassenclown gewesen war, bei wichtigen Entscheidungen aber im Hintergrund agiert hatte, musste meine damals unterdrückten Aggressionen dringend aufholen. So wie die weiblichen Familienmitglieder ihre Art von Aggressionen lebten, so hätte ich auch meinen Ausdruck verleihen müssen. Da ich in meinem Vater nicht das Vorbild eines positiv aggressiven Mannes fand, er nicht angreifbar gewesen war, und er, so gesehen, auch so gut wie nie zu Hause gewesen war, hatte ich diesen Aspekt meines Charakters viel zu wenig entwickelt. Ich hatte wohl irgendwann aufgegeben, mich als Mann durchsetzen zu wollen. Zu oft war ich nicht gehört worden. Das Kind, das schrie, und keiner kam! Aber seltsam, das hatte nicht einmal meine kleine Schwester Nadja geschafft, und sie war ja eine Frau. Sie konnte wirklich richtig aggressiv werden und nahm den Kampf auf. Auch sie war jedoch jahrelang in der Familie gegen eine Mauer des Schweigens gelaufen, an der die Aggressionen abprallten. Was hatte dies für mich zu bedeuten? War es die Haltung der gesamten Familie zum Thema Aggression gewesen, oder der weibliche, kontrollierende Anteil? Vielleicht war es beides?

Was war mit den Aggressionen gegen meine Mutter? Fühlen konnte ich nichts, aber ich war mir sicher, dass es sie gegeben hatte. Ich schien nach wie vor diese Erinnerungen einfach zu verdrängen. War ich wütend und enttäuscht, weil sie einfach von uns gegangen war? Hatte sie mich im Stich gelassen? Ich konnte meine Gefühle immer noch nicht einordnen. Auch gingen mir meine Probleme mit meiner letzten Therapeutin nicht aus dem Kopf. Warum war ich so zornig auf die Frauen generell, und warum hatte ich Frauen in all den Jahren nicht an mich herangelassen? Hatte dies etwas mit meiner brasilianischen Ex-Freundin und der Abtreibung unseres Kindes zu tun? Es ließ mir einfach keine Ruhe.

Nun, nachdem über zehn Jahre vergangen waren, fasste ich den Entschluss, Mariella nochmals zu kontaktieren und sie um eine Erklärung zu bitten, warum sie mir die Schwangerschaft vorenthalten hatte. Und nicht zuletzt, warum sie abgetrieben hatte, ohne mir vorher etwas zu sagen. Ich wusste nicht genau, was ich schreiben sollte, deswegen schrieb ich es gerade heraus. Ich war mir nicht einmal sicher, ob diese E-Mail überhaupt ankommen würde. In einer kurzen E-Mail schrieb ich:

Hallo, Mariella,

ich bin mir nicht sicher, ob Dich diese E-Mail erreicht, aber ich wollte Dir nochmals sagen, dass ich sehr darüber enttäuscht bin, dass Du mir damals über die Schwangerschaft und die Abtreibung nichts gesagt hast. Mich hat das damals sehr verletzt. Findest Du nicht, ich hätte es damals verdient, mitentscheiden zu dürfen?

Gruß, Alex.

Die E-Mail war wirklich sehr kurz gewesen, und ich glaubte nicht daran, dass sie zurückschreiben würde. Vielleicht gab es diese Mailadresse gar nicht mehr? Und wenn doch, vielleicht sah sie ja nach zehn Jahren einige Dinge anders? Zu meiner Überraschung fand ich am nächsten Tag eine E-Mail von ihr im Postfach. Das hatte ich nicht erwartet.

Alexander!

Diese Entscheidung war so hart, so hart für mich! Schlimmer als sie für Dich je hätte sein können! Oh, Alexander! Ich verstehe Dich nur allzu gut. Ich habe Dich immer verstanden und so gut wie ich Dich kenne, kennst Du Dich nicht einmal und auch niemanden sonst. Wieso kannst Du nach all den Jahren nicht einmal fragen, wie es mir geht? Du hast Dich überhaupt nicht verändert, Du bist immer noch wie früher! Ich bin so enttäuscht von Dir! Ich weiß genau, was Deine Absichten sind. Wieso kannst Du Dein Leben nicht einfach weiterleben, so wie jeder andere auch? Das Leben geht weiter, Alexander!

Dann schrieb sie noch einige belanglose, recht esoterisch geprägte Sätze. Sie sprach von tollen Energien und schwärmte, dass sie jetzt in Paris lebte und verheiratet war. Sie wäre ja so glücklich, das wurde richtig betont. Eine Antwort auf meine Fragen erhielt ich jedoch nicht. Da ich nicht gleich wieder alles sprengen wollte, schrieb ich ihr:

Hallo, Mariella,

ich weiß, wie hart die Entscheidung für Dich gewesen sein muss. Aber ich wollte Dich nach all diesen Jahren fragen, warum? Warum hast Du mir nicht gesagt, dass Du schwanger warst, und wieso hast Du das Kind einfach abgetrieben, ohne mir etwas zu sagen? Ich hatte mir so sehr gewünscht, Kinder zu haben. Als ich mit Dir schlief, wusste ich genau, was wir da taten. Ich hatte mir die Frage selbst gestellt, was passieren würde, wenn Du schwanger wärst, und es hatte mich nicht geängstigt, sonst hätte ich dies niemals so getan. Ich würde mich wirklich freuen, wenn wir darüber sprechen könnten, was passiert ist. Bitte lass mich das verstehen.

Alexander

Natürlich hätte ich fragen können, wie es ihr ging. Ehrlich gesagt, interessierte es mich aber nicht. Ich wollte Antworten! Ich verdiente Antworten!

Ich hatte eine unruhige Nacht. Meine damaligen Gefühle und viele Schmerzen wurden jetzt wieder nach oben gespült. Ich fühlte wieder die Schuld in mir. Aber halt, ich hatte doch nichts Falsches getan! Sie hatte die Entscheidung alleine getroffen, ohne mich. Ich kochte innerlich und war gleichzeitig wie entwaffnet, genau wie damals. Ich kämpfte mit mir und meinen Gefühlen.

Auf einmal änderte sich etwas in mir. Plötzlich wusste ich, dass ich dieses Spiel noch ewig weiterspielen könnte, und sie würde mich immer vor die Wand rennen lassen. Ich würde von ihr nie eine Antwort erhalten. Das begriff ich auf einmal. Und ich ließ los. Ich brauchte auch keine Erklärung mehr.

Abermals erhielt ich eine E-Mail von ihr, in der sie wieder belanglose Sätze schrieb und auf meine Bitte mit keinem einzigen

Wort einging. Die E-Mail war ohne Zusammenhang, sie erzählte einfach irgendetwas.

»Wenn Du keine Antwort bekommst, lass es gut sein. Du musst keine Antwort haben, Du wirst sie auch nie bekommen!« Das sagte ich mir wieder und wieder.

Ich glaube, jede andere schwangere Frau hätte damals Kontakt zu mir aufgenommen und hätte es mit mir besprochen. Man hätte zusammen sicher eine Lösung gefunden. Mariella aber wollte die Kontrolle behalten. Damals hatte sie vielleicht sehr emotional gehandelt, aber eine Rechtfertigung für das Geschehene war es nie gewesen. Zwei Tage nach diesem E-Mailwechsel war mir noch ziemlich elend zumute, aber ich hatte wieder ein Kapitel abgeschlossen.

Einige Wochen später hatte ich wieder eine E-Mail von Mariella im Postfach. Diesmal schrieb sie, sie hätte nochmals beim Aufräumen ihres Postfachs meine E-Mail gesehen und hätte sich wirklich darüber gewundert, dass doch so manche Dinge zu Fehlern und Missverständnissen führten, auch wenn sie ganz anders abgelaufen wären.

Was sie schrieb, ergab nicht wirklich Sinn. Es passte überhaupt nicht zu unseren vorangegangenen Mails. Sinn ergab auch nicht, dass sie plötzlich über ihren Aufenthaltsort schrieb und dort gar nicht so glücklich war wie vorher beschrieben. Es war wohl richtig gewesen, auf ihre letzte E-Mail nicht mehr zu antworten und sie ins Leere laufen zu lassen, das wurde mir jetzt klar. Aber was meinte sie mit den Dingen, die doch anders zu sein schienen? War sie einfach nur unglücklich, oder wollte sie mir durch die Brille sagen, dass sie mich belogen hatte? Es verunsicherte mich. Aber es sprach vieles für eine Schwangerschaft. Hätte sie mir nur eins auswischen wollen, wäre ihre Geschichte nicht so durchdacht gewesen. Alles war stimmig gewesen. Dazu passte auch ihre seltsame und kurze Nachricht, die sie mir einen Monat, bevor sie mich in München besuchte, auf den Anrufbeantworter sprach:

»Alexander, dieser Teil meiner Reise ist sehr hart. Sehr, sehr hart! Ich weiß, Du wolltest kommen, und ich weiß, Du wolltest mich treffen. Aber ich bitte Dich, komme nicht!«

Sie hatte damals verzweifelt geklungen. Zeitlich passte auch alles vom Mai bis in den Oktober. Wer würde sich denn ausdenken, dass man nach Überschreiten der Dreimonats-Frist nach Holland gereist war, um das Kind abtreiben zu lassen? Nur, um jemandem eins auszuwischen? Ich schüttelte den Kopf. Das alles konnte so keinen Sinn ergeben, und es half mir auch nicht. Warum hatte sie eigentlich diese Frist überschritten? Es war mir letzten Endes auch egal, ob sie wirklich schwanger gewesen war oder nicht. Für mich spielte es keine Rolle. Ich würde es nie nachprüfen können. Außerdem war ihre Schwangerschaft für mich elf Jahre Realität gewesen. Selbst wenn ich herausgefunden hätte, dass sie niemals schwanger gewesen war, so hätte es nichts an dem Gefühl, das ich erfahren hatte, geändert.

Obwohl mich der Kontakt mit Mariella zwischenzeitlich herunterzog, erlebte ich in diesem Sommer viele gute Dinge. Ich bekam einige Aufträge und hatte genug Zeit, den Sommer in München zu genießen. So liebte ich die Selbständigkeit.

Durch meine Arbeit hatte ich vor kurzem Frauke kennengelernt. Wir verstanden uns auf Anhieb. Vier Wochen später trafen wir uns, da sie 600 Kilometer weit weg wohnte und gerade auf einem Außeneinsatz in München war. Erstmals ging ich recht positiv an die Sache heran. Ich war emotional deutlich stabiler als jemals zuvor.

Dieses erste Treffen verlief etwas holperig, aber wir kamen zusammen. Die Fernbeziehung war für mich gar nicht so schlecht, denn ich benötigte noch sehr viel Zeit für mich. Frauke gegenüber ging ich absolut offen mit meiner Erkrankung um und sagte ihr, wie es momentan um mich stand. Ich rechnete damit, dass sie sich eventuell trennen würde, aber dies tat sie nicht. Im Gegenteil, sie war sehr verständnisvoll, aber auch nicht zu hilfsbereit. Sie kannte die Problematik und ließ mich sein, ohne mich verändern zu wollen. Wenn wir uns sahen, dann meist gleich für mehrere Tage, weil ich recht flexibel war und auch direkt bei ihr vor Ort arbeiten konnte. Sie hingegen konnte Zeitausgleich nehmen, und so hatten wir eigentlich immer einen Kurzurlaub, wenn wir uns sahen.

Trotzdem traten auch gerade dann, wenn wir uns sahen, Spannungen auf. Sahen wir uns, waren wir die ganze Zeit zusammen.

So ging es emotional für mich von Null auf Hundert. Erst Freiheit, dann vollkommene Nähe! Ab und zu verspürte ich wieder das alte Gefühl zwischen Anziehung einerseits und Abstoßung andererseits. Diesmal wusste ich aber, dass diese Ambivalenz-Gefühle auch Bestandteil der Trauerarbeit waren.

Dies brachte mich dazu, wieder bei einem Therapeuten vorstellig zu werden. Es wurde Zeit, wieder an mir zu arbeiten. Ich probierte verschiedene Therapeuten aus, wurde aber nicht wirklich fündig. So wendete ich mich nochmals an die Klinik. Wie schön, meine alte Bezugsschwester zu sehen! Dieses Vertrauen! Am liebsten hätte ich mich sofort wieder angemeldet. Wieso konnte ich dieses Vertrauen nicht zu anderen Therapeuten aufbauen? Was war das Problem?

Nachdem ich mir den Kummer von der Seele geredet hatte, nannte sie mir einen Therapeuten, der früher in dieser Tagesklinik gearbeitet hatte. Er hörte sich gar nicht schlecht an!

Ich wurde umgehend bei ihm vorstellig. Anfangs war ich natürlich noch skeptisch, aber er überzeugte mich rasch davon, dass er der Richtige war. Er bot eine klassische Gesprächstherapie, gepaart mit systemischen Elementen. Er nutzte also Verfahren, wie ich sie in der Klinik erfahren hatte. Er überzeugte mich, indem er nicht wie andere Therapeuten erst einmal fünf bis zehn Stunden darauf verwendete, mich kennenzulernen und mich endlos meine Geschichte erzählen ließ, sondern mich gleich in der ersten Stunde mit Gegenständen meinen Lebenslauf aufzeigen ließ. Einfache, farbige Schnüre und verschiedene Gegenstände, die Abschnitte meines Lebens symbolisierten, legte ich nun aneinander. Ich war völlig verblüfft. In einer Stunde hatte ich ein recht vollständiges Bild von den Geschehnissen meines Lebens zeichnen können. Selbst ich sah nun mein Leben und alle Ereignisse vor mir ausgebreitet. Eine grüne Schnur symbolisierte mein gutes Leben als Teenager bis zum Tode meiner Mutter. Und danach? Eine rote Schnur zog sich bis zu meinem Zusammenbruch im letzten Jahr. Unglaublich! Ich nahm das erste Mal Notiz davon, wie lange ich in diesem Zustand verharrt haben musste. Mit dem Tod meiner Mutter hatte mein Unglück begonnen, mein damaliges Leben hatte aufgehört zu existieren. Und nach dem Zusammenbruch? Dies war genauso verblüffend. Mit dem Punkt, an dem ich zusammengebrochen war, war die Linie wieder grün. Aber ich war doch durch die Hölle gegangen? Wieso war der Burn-out auf einmal wieder positiv besetzt? Ich trauerte doch und hatte alle diese Probleme in mir. Sechzehn Jahre meines Lebens waren durch die rote Schnur gekennzeichnet. Das war mein halbes Leben! Oh, mein Gott, mit dem Zusammenbruch hatte ich mein Leben wiedergefunden. Das bedeutete ja, dass dies das Beste war, was mir hatte passieren können!

Beeindruckend! So viele Einsichten, so viele Erkenntnisse, gleich in der ersten Stunde! Hier musste ich richtig sein!

Ich war erleichtert. Ich hatte einen Therapeuten gefunden, war in einer Beziehung und hatte eine Arbeit. Das war mehr als ich jemals zuvor gehabt hatte.

14

Diesen Sommer 2010 genoss ich besonders, und dies trotz meiner Behandlung und der Einnahme von Antidepressiva. Mit meinem früheren Schulkameraden Steven, den ich zufällig wiedergetroffen hatte, trieb ich viel Sport. Da wir beide quasi Jungunternehmer waren und unsere Auslastung nicht so hoch war, nahmen wir uns vor, jeden Monat etwas Neues auszuprobieren. Wir gingen zum Surfen oder Wakeboarden, und an manchen Tagen probierten wir neue Clubs oder Cafés aus. Gerne verbrachte ich die Nachmittage am Eisbach und schrieb dort regelmäßig Tagebuch.

Von meinem Psychiater war ich nicht begeistert, denn bei ihm fühlte ich mich wie am Fließband behandelt. Ich bekam zwar ein neues Rezept, aber er beantwortete die mir wichtigen Fragen nicht, und nach fünf Minuten war ich wieder auf der Straße. So zweifelte ich, ob ich bei ihm gut aufgehoben war.

Als ich mich bei dem Versuch verletzt hatte, mich nach zwanzig Jahren wieder auf ein Skateboard zu stellen, empfahl mir Steven einen Orthopäden.

»Schlafen Sie eigentlich gut?«, fragte er mich.

»Nein, gar nicht. Ich bin jeden Morgen wie zerstört, wenn ich aufwache. Warum fragen Sie?«

»Nun, ich merke, wie hoch Ihr Muskeltonus ist. Sie haben sich sicher auch wegen der gespannten Muskulatur verletzt. Haben Sie schon immer so einen hohen Tonus?«

»Nein, erst seit einiger Zeit wegen des Burn-outs. Meine Muskeln schmerzen oft. Ich kann mich einfach nicht entspannen.« Ich fühlte mich den ganzen Tag über erschöpft und kam nie in Schwung, trotz der vielen Zeit, die ich für mich hatte.

»Burn-out. Und nehmen Sie Antidepressiva?«

»Ja, Citalopram.«

»Möchten Sie sich bei einem befreundeten Psychiater von mir vorstellen? Ich würde Ihnen gerne noch ein Präparat dazu verschreiben, wenn mein Kollege einverstanden ist. Das würde Ihnen sicher helfen, besser zu schlafen.«

Sogleich stellte ich mich im Nebenhaus vor. Ich berichtete dem Psychiater von der Einnahme des Citaloprams und von dem Vorschlag seines Kollegen, ein zweites Präparat namens »Amytriptilin« einzusetzen. Er erklärte mir, dieses Medikament wirke auf die Tiefschlafphase, in der sich der Körper besonders erholen könne. Man könnte es durchaus probieren.

Bei diesem Psychiater fühlte ich mich sehr gut aufgehoben und fragte ihn, ob ich nicht zu ihm wechseln könnte, da ich mit meinem derzeitigen Arzt nicht zufrieden sei. Er hatte keine Einwände und hatte auch bereits von diesem Kollegen gehört. Dieser sei zwar nicht schlecht, genieße jedoch durchaus den Ruf, seine Patienten recht schnell abzufertigen.

Auch das Amitryptilin brauchte seine Zeit, um die volle Wirkung zu entfalten. Jedoch bereits nach den ersten Tagen konnte ich einige Veränderungen spüren. Mein Körper war nicht mehr so übererregbar wie zuvor. Dies hatte mich beim Sport stets beeinträchtigt und war während der Behandlungszeit mit Citalopram nicht besser geworden. Nach wie vor bekam ich bei Überanstrengung Schwindel und Herzrasen, und fühlte mich oft wie in Watte gepackt. Sport sorgte immer noch für Stress, obwohl er mich eigentlich entlasten sollte.

Mit der Einnahme des neuen Medikaments ließen die Muskelspannungen bald deutlich nach. Ich konnte nicht sagen, ob mein Tiefschlaf sich verbessert hatte, aber ich glaubte Veränderungen zu bemerken. Noch immer war ich morgens wie gerädert, wenn ich aus dem Bett stieg, aber ich war längst nicht mehr völlig erschöpft.

Meine körperliche Leistung machte einen Satz nach vorne. Ich konnte die Trainingseinheiten mit Steven ganz gut durchhalten, ohne dass sich mein Herz überschlug. Wenn ich dies mit meiner

Zeit nach dem Burn-out verglich, lagen Welten dazwischen. Ich konnte ja vor einem Jahr nicht einmal mehr richtig gehen.

In der nächsten Zeit übertrieb ich es mit dem Sport. Steven, der bereits seit Jahren Krafttraining betrieben hatte, forderte mich ziemlich. Wir trainierten beide drei- bis viermal die Woche im Fitnessstudio, gingen schwimmen, und manchmal ging ich auch noch laufen. Aber jeden Tag in diesem Maße Sport zu treiben, das war zu viel.

Es hatte schon etwas Manisches. Wie die Verrückten versuchten wir unsere Körper in Form zu bringen. Also stellten wir auch unsere Ernährung um. Kein Zucker und keine kohlenhydratreichen Lebensmittel mehr. Kartoffeln, Nudeln und Reis gab es nur selten. Um den Körper weiter zu stählen, führten wir ihm jede Menge Proteine in Form von Eiweißshakes und Fischmahlzeiten zu. Nur an einem Tag in der Woche schlugen wir richtig über die Stränge.

Nach einer Weile des Verzichts auf Kohlenhydrate fühlte ich mich richtig gut. Ich hatte mich auf 77 Kilo heruntergearbeitet, war jetzt aber durch die hohe Zufuhr von Proteinen wieder auf 86 Kilo. Der Körperfettanteil hatte sich in der Tat deutlich verringert, aber die Muskelmasse hatte so zugenommen, dass bei unserem fünfzehnjährigen Klassentreffen ein ehemaliger Klassenkamerad zu einer engen Freundin von mir sagte, ich sei das Phänomen des Abends. Dies schmeichelte mir durchaus, zumal er mir es sicher nie direkt ins Gesicht gesagt hätte. Ich war wohl ganz gut durchtrainiert.

Bei unserem Krafttraining probierten Steven und ich eine neue Sportart aus, die sich »Kettlebelltraining« nannte. Dieser Sport ist in Russland schon seit über dreihundert Jahren bekannt und fand jetzt seinen Weg in die moderne Sportindustrie.

Es war das härteste Training, das ich je in meinem Leben ausprobiert hatte. Vor und nach diesem Kurs wurde bei uns ein Fitness- und Beweglichkeitstest durchgeführt, und wir konnten nun vergleichen. Anfangs hatte ich nur 9 von 21 Punkten, die ich nicht auf mir sitzen lassen wollte. Nach zwei Monaten Training und Gymnastik war ich auf 15 Punkte nach oben gekommen. Fast 30 Prozent Steigerung! Steven war so beeindruckt von der Methode, dass er sich spontan ein zweites Standbein schuf und dieses Training von nun an professionell anbot. »Schön und stark in acht Wochen« wäre ein guter Werbeslogan dafür!

Durch die Einnahme des zweiten Antidepressivums hatte ich wieder eine Phase bedeutungsschwangerer Träume, die ich über längere Zeit nicht mehr gehabt hatte. Entweder sie waren voller Gewalt, oder voller Traurigkeit. Ich träumte sogar, dass ich einen ehemaligen Klassenkameraden von mir ermordet hatte und seine Leiche verstecken musste. Bizarr! Ich konnte keinen Zusammenhang zur Realität herstellen. Vielleicht wurden diese Träume auch nur durch die Substanz verursacht und hatten gar nichts zu bedeuten?

Im Urlaub hatte ich zwei drastische Träume. Im ersten Traum befand ich mich auf dem Dach eines Flachdachbungalows. Plötzlich wurde ich von hinten von einer Kugel getroffen und dachte, nun sei es vorbei. Ich sackte zusammen und starb. Ich wusste, der Tod stand in Träumen meist für Abschied oder Veränderung. Aber dies war verstörend gewesen. Ich war noch nie erschossen worden, geschweige denn, im Traum gestorben.

Im zweiten Traum irrte ich nachts alleine durch die Straßen. Ich betrat eine Polizeistation, um Hilfe zu suchen. Ein Polizist kam zu mir und fragte, ob er mir helfen könne. Ich entgegnete ihm, ich sei so unendlich traurig. Er zuckte mit den Schultern und ließ mich alleine stehen.

Was bedeuteten diese Träume? Nach dem letzten Weihnachtsfest war mir aufgefallen, dass ich weiterhin eine tiefe Traurigkeit in mir trug. Es kam aber einfach nicht mehr dazu, dass ich die Traurigkeit und Anspannung durch Tränen regelmäßig abbauen konnte. Ich war gefühlstaub und kam nicht richtig weiter. Auch in der Therapie ging ich durch eine langsamere Phase und machte keine großen Fortschritte mehr.

Ich konnte es schlecht beschreiben. Obwohl man mir gesagt hatte, die Medikamente würden Gefühle nicht einschränken, fühlte ich, dass ich möglicherweise an einen Punkt gekommen war, an dem mir die Tabletten im Weg standen. Vielleicht sollte ich also die Dosis nicht erhöhen, sondern eher reduzieren. Außerdem spürte ich, dass sich die bereits abgeschwächten Symptome meiner Erkrankung und die Nebenwirkungen der Medikamente in etwa die Waage hielten. Machte es wirklich noch Sinn, die Medikamente weiter zu nehmen? Vielleicht war ich ja so stabil, dass ich mittlerweile selbst ein »Überborden« meiner Gefühle und Stimmungen verhindern konnte?

Ich besprach meine Überlegungen mit meinem Therapeuten und dem Psychiater. Meine Vermutung war, dass ich vielleicht durch die Medikamente daran gehindert wurde, an mir selbst zu arbeiten. Ich hatte das Gefühl, wieder in der Trauer festzustecken.

Beide waren optimistisch und sagten, das Absetzen der Medikamente sei auf jeden Fall einen Versuch wert. Also reduzierten wir über die nächsten drei Monate schrittweise die Dosis des Citalopram. Ich kam mir vor wie ein Drogenabhängiger, der durch den Entzug musste, aber ein sofortiges Absetzen hätte mir geschadet und womöglich eine stark depressive Reaktion hervorgerufen. Das Amytriptilin, das ich ja eh in einer kleinen Dosis zu mir nahm, sollte ich am Schluss einfach absetzen.

Mit meinem Therapeuten verstand ich mich gut. Wir machten Fortschritte, vor allem, als er eines Tages meine Eltern ins Spiel brachte: als Paar, und als Einzelpersonen in Bezug auf mich. Dazu ließ er mich eine Szene aus meiner Kindheit aufstellen.

»Wie haben Sie Ihre Eltern erlebt? Wie sehen Sie sich in Bezug zu Ihren Eltern?«

Ich schnappte mir zwei Gegenstände, die meine beiden Eltern symbolisieren sollten und stellte sie mitten in den Raum.

»Und wo stehen Sie jetzt, Herr Feodor? Stellen Sie sich einfach so hin, wie es sich für Sie richtig anfühlt.«

Mir schnürte sich der Magen zu, als ich merkte, dass ich mich am anderen Ende des Raumes platziert hatte. Diese Szene, die meine beiden Eltern im Streit darstellte, führte mir wieder vor Augen, wie hilflos ich mich dabei als Kind gefühlt haben musste. Ich hatte mich meilenweit weg und alleine gelassen gefühlt.

Ich erinnerte mich an das Jahr 1989. Zunehmend größere Spannungen beherrschten die Ehe meiner Eltern, die bis einige Monate vor dem Tod meiner Mutter andauerten. Zu dieser Zeit saßen wir oft zusammen am Esstisch und die Luft war so dick, dass man sie mit einem Messer hätte schneiden können.

Es lief immer gleich ab. Meine Mutter schrie meinen Vater ständig an und kritisierte ihn. Dies tat sie mit einer Art, die jeden Aggressionsausbruch einer Lateinamerikanerin in den Schatten gestellt hätte. Ihre Gesichtszüge verzerrten sich dabei, wie ich es selten bei Menschen erlebt hatte. Wie eine giftige Schlange, kurz bevor sie ihr Opfer mit einem Biss außer Gefecht setzte. Wie eine Wolfshündin kurz vor dem Angriff. Wenn ich darüber nachdachte, wurde mir ganz anders. Mein Vater starrte meist einfach vor sich hin. Er wusste gar nicht, wie er darauf reagieren sollte und setzte sich fast nie zur Wehr. Sein Wegschauen, seine stoische Ruhe und defensive Haltung machten meine Mutter nur noch wütender. Sie bohrte und schrie, um bei ihm irgendeine Reaktion zu provozieren. Anstatt aber den Kampf gegen sie aufzunehmen, machte er nur noch weiter zu. Wenn er nicht mehr konnte, verließ er einfach das Haus und fuhr mit dem Auto stundenlang in der Gegend herum. Das war seine Art gewesen, damit umzugehen: Flucht. Die Streitereien belasteten mich so stark, dass ich eines Tages während eines Streits anfing zu weinen und sie fragte, ob sie sich denn nun scheiden lassen wollten. Ich war damals dreizehn Jahre alt gewesen.

»Nein! Alexander, das würden wir nie machen. Wir haben nur Meinungsverschiedenheiten, mach Dir keine Gedanken.«

Aber dies war nur eine ihrer Schutzbehauptungen gewesen. Nichts, aber auch gar nichts war in Ordnung. Die Spannungen und die Häufigkeit der Streitereien nahmen zu. Als meine Mutter es gar nicht mehr aushielt und meinem Vater die ganze Schuld an ihrer Misere gab, schmiss sie ihn kurzerhand aus dem Haus heraus. Sie bezweifelte, ob diese Beziehung für sie überhaupt noch die richtige war.

Für die nächsten Jahre lebte mein Vater in einer kleinen Wohnung einige Kilometer entfernt. Er besuchte uns gelegentlich und nahm bisweilen meine kleine Schwester zu sich. Wie sich Nadja dabei fühlte, konnte ich nur erahnen.

Ich wusste nicht, was durch den Kopf meiner Mutter ging, aber in dieser Zeit empfing meine Mutter bei uns zu Hause den einen oder anderen Herrenbesuch. Diese Herren kannte sie über den Internetvorläufer, das BTX. Hieraus ergab sich aber nichts Ernstes. Meinem Wissen nach war meine Mutter in dieser Zeit meinem Vater treu. Oft beriet sie mit mir, was sie denn nun tun sollte, auch wenn es für mich als Teenager ein Erwachsenenproblem war. Aber meine Mutter war unglücklich in ihrer Ehe und wusste einfach nicht, wie sie aus ihr ausbrechen sollte, oder wie sie die Konflikte mit meinem Vater in die richtigen Bahnen lenken konnte. Meine Mutter sprach sogar mit meinem Vater über diese Männer und was sie sagten. Sie wusste nicht mehr, wo sie stand. Und mein Vater war hilflos. Er konnte nur zuschauen. Stundenlang hielt sie sich in den Chatrooms auf, rauchte und saß so lange mit verschränkten Beinen da, bis diese blau angelaufen waren. Eine Paartherapie, zu der sie mein Vater versuchte zu überreden, lehnte sie kategorisch ab. Sie hatten ein paar Sitzungen besucht, aber sie beschloss die Therapie abzubrechen. Sie wollte sich einfach nicht helfen lassen. Ich erinnerte mich, dass ich die meiste Zeit bei Freunden verbrachte und draußen Skateboard fuhr, weil ich es daheim nicht mehr aushielt.

Meiner Tante sagte meine Mutter einmal, sie fühle sich wie in einem goldenen Käfig. Sie habe alles, aber sie fühle sich nicht wirklich frei. Verzweifelt suchte sie nach einer Lösung. Dazu kam, dass sie seit Jahren eine depressive und ängstliche Frau gewesen war, was es ihr unmöglich machte, für sich selbst die richtigen Entscheidungen zu treffen.

Die Depressionen und Ängste meiner Mutter äußerten sich besonders stark in den letzten Jahren vor ihrem Tod. Sie zeigte regelrechte Selbstzerstörungstendenzen. Sie rauchte Kette, aß nichts, bewegte sich kaum und zog sich fast gänzlich aus dem sozialen Leben zurück.

Anfang der Neunziger Jahre fuhr die ganze Familie zu ihrem letzten großen Urlaub nach Lanzarote. Meine Mutter schaffte es, zwei Wochen lang fast ausschließlich auf ihrem Zimmer zu verbringen. An Ausflügen und anderen Aktivitäten nahm sie so gut wie gar nicht teil. Warum registrierten wir ihr Leid und ihre Krankheit einfach nicht, und wieso schritt mein Vater nicht ein? Damals war unsere Mutter für uns nicht depressiv. Wir erkannten gar nicht, dass sie depressiv war. Wir ließen es nicht an uns heran. Und an diesen Urlaub hatte ich seltsamerweise auch gar keine schlechten Erinnerungen, obwohl eigentlich in unserer Familie nichts mehr in Ordnung war.

Kurz darauf feierte meine Mutter ihren 40. Geburtstag. Dabei war sie so deprimiert, dass sie den ganzen Tag nur am Tisch saß und vor sich hinstarrte. Ich fand es unerträglich. Auf die resignierte Äußerung meiner Mutter, sie wäre ja jetzt vierzig und das Leben wäre bereits zu Ende, riss meinem Onkel Utzi der Geduldsfaden. Er schrie sie an:

»Ninnie, wenn Du Trübsal blasen willst, dann mach das bitte alleine! So geht es nicht weiter!«

Er stand auf und ging. Die Familie blieb zurück. Anstatt sich meinem Onkel anzuschließen, saßen wir alle still am Tisch. Hilflos. Unfähig zu irgendeiner Reaktion.

In dieser und den folgenden Therapiestunden zeigte sich, dass die Probleme meiner Eltern ihren Anteil an meinem Verhalten hatten. Ich hatte das Verhalten meines Vaters in meinen Beziehungen kopiert, genauso wie er es mir vorgelebt hatte. Und bei dem ganzen Streit, der zwischen meinen Eltern abgelaufen war, hatten sie uns Kinder wohl völlig aus den Augen verloren.

»Meinen Sie, Ihre Eltern haben Sie gesehen?«

»Nein, das glaube ich nicht. Die beiden waren so mit sich selbst beschäftigt, dass wir als Kinder überhaupt nicht mehr vorkamen.«

»Und wie fühlen Sie sich damit?«

»Schlecht natürlich! Ich weiß nicht, ob meine Mutter in meinem Vater etwas suchte, was er ihr nicht geben konnte, oder was ihr Problem war. Ich glaube, es ist fast wie bei mir abgelaufen.

»Wie meinen Sie das?«

»Nun ja, meine Mutter hatte ihren Vater verloren, als sie elf Jahre alt war, und ihre Mutter hatte sie und ihre Geschwister abgelehnt. Genauso war es bei mir. Vielleicht hat sie diesen Schmerz jahrelang nicht fühlen wollen, oder sie hat sich mit meinem Vater einen Mann gesucht, der zwar für sie sorgte, aber emotional nicht so verfügbar war, wie sie es eigentlich gebraucht hätte. Wie in dem Buch »Wenn Frauen zu sehr lieben«. Davon hatte ich Ihnen ja erzählt.« Er nickte.

»Ständig war er auf der Arbeit und war unfähig, sich in ihre Bedürfnisse einzufühlen. Ich nehme an, dies war es, was sie mit dem »goldenen Käfig« meinte.« Ich werde sie nie fragen können.

Ich entdeckte immer mehr Parallelen zwischen meinem Verhalten und dem meiner Mutter. Nur hatte ich den Schritt getan und mir Hilfe geholt. Meine Mutter hatte das bis kurz vor ihrem Tod nicht getan. Unsere Mutter war jahrelang krank und unglücklich gewesen! Das hatte ich lange Zeit nicht an mich herangelassen. Aber so wie die Verleugnung des Todes meiner Mutter in der Familie funktioniert hatte, so perfekt hatte sie selbst all die Jahre zuvor ihre Krankheit geleugnet. Mein Vater spielte dieses Spiel schon so lange, dass er nicht zu schlagen war.

Nur mein Onkel hatte dieses Spiel nicht mitspielen wollen, und dies war schon damals eine seiner stärksten Eigenschaften gewesen. Hätten wir nur auf ihn gehört! Er hätte uns die Augen öffnen können, wenn wir nicht so blind gewesen wären. So wie er es tat, als meine Mutter im Krankenhaus bereits so gut wie tot war.

Und so spulten sich immer mehr Erinnerungen an meine Mutter und die Beziehung zu meinem Vater in mir ab. Eine Szene nach der anderen fand den Weg in mein Bewusstsein. Mich schauderte. Genauso tauchten auch ständig Szenen auf, in denen ich meine Mutter als depressive, ängstliche und zurückgezogene Frau sah. Und dann hatte sie dieses aggressive, strafende Verhalten gegen uns und unseren Vater. In diesen Situationen war sie immer besonders unfair gewesen.

Erstmals nach diesen Sitzungen fragte ich mich ernsthaft, ob meine Mutter nicht weitaus mehr an den Problemen unserer Familie beteiligt gewesen war und damit auch meine jetzige gesundheitliche Situation maßgeblich mit beeinflusst hatte? Bislang hatte ich meine Probleme nicht nur meiner Trauer und der Arbeit, sondern auch meinem Vater zugeschrieben. Aber ich tat ihm Unrecht. Er war es nicht alleine gewesen.

Es fühlte sich schlimm an, als mir bewusst wurde, dass meine Mutter genauso wenig verfügbar gewesen sein musste, und dies bereits viele Jahre vor ihrem Tod. Auch sie war emotional abhängig und süchtig nach Liebe gewesen. Durch ihre Depressionen und ihre Angst war sie nichts anderes als der »Alkoholiker«, von dem ich schon viel gehört hatte! Also war ich bereits viele Jahre vor dem Tod meiner Mutter in eine Co-Abhängigkeit verstrickt gewesen, so wie die gesamte Familie, nicht nur meine Eltern unter sich! Dies alles war für mich ein Schlag ins Gesicht.

15

Meine Erinnerungen an meine Mutter setzten sich auch fort, als ich gegen Ende dieses Sommers mit meiner Freundin Frauke nach Italien in den wohlverdienten Urlaub fuhr. Wir hatten uns ein Hausboot gemietet und machten die venezianische Lagune unsicher.

Unsere Beziehung war in den letzten zwölf Monaten gut gelaufen. Natürlich hatte ich immer noch Schwierigkeiten, sie näher an mich herankommen zu lassen, aber wir verstanden uns sehr gut. Bei ihr konnte ich mich auch verwundbar zeigen, ohne dass mir dies als Schwäche ausgelegt wurde oder meine Probleme gegen mich verwendet wurden.

Genau eine Woche vor unserem Urlaub hatte ich mit meinem Psychiater beschlossen, nun endgültig die Medikamente abzusetzen. Wir hatten die Dosis über die letzten Monate schrittweise reduziert, und ich war die ganze Zeit über stabil gewesen. Aber jetzt, als ich sie wirklich absetzte, schien es so, als ob ich eine Art »Entzug« durchlebte. Nicht, dass diese Medikamente Entzugserscheinungen verursachten, aber trotzdem schien mein Körper auf die veränderte äußere Zufuhr von Serotonin zu reagieren. Ich war mir nicht sicher. Vielleicht war es auch die klassische aufkeimende Angst, da ich ja nun wieder »alleine« funktionieren musste.

Immer noch war ich emotional blockiert und nicht ganz so frei, wie ich mir das gewünscht hätte. Im Gegenteil, ich war sogar durch das Absetzen der Medikamente wieder recht angespannt. Auch Frauke war angespannt. Ich vermute, auch sie war sich unsicher, wie wir beide diesen Urlaub verbringen würden.

Dann geschah es wieder, ganz unerwartet. Als wir am ersten Tag nach Empfang unseres Hausbootes an der Lagune spazieren gingen, brachen die Tränen einfach so aus mir heraus. Wir standen zufällig vor einer Kirche.

»Können wir bitte hineingehen?«

»Ja.« Sie nickte und zog mich hinein. Ich besorgte mir ein paar Kerzen und zündete sie an.

»Für Dich, Mama! Und für Dich, Opa!«, murmelte ich in mich hinein. »Oh Gott, ich vermisse sie so!«

Frauke hielt mich die ganze Zeit über fest in ihren Armen. Sie blickte mich einfach nur an. Sie sagte nichts, und dafür war ich ihr sehr dankbar. Sie wusste, wie sie meiner Trauer begegnen musste. Sie versuchte nicht, mich zu trösten, sie wurde auch nicht aggressiv, wie ich es von meiner kleinen Schwester Nadja gewohnt war. Dies hatte mich regelmäßig von meinen Gefühlen abgeschnitten und mich eher von ihr weggetrieben.

Nach einiger Zeit in der Kirche hatte ich mich wieder beruhigt und fühlte mich deutlich besser. Mein Gott, wie sehr ich diesen Trauerausbruch gebraucht hatte! Jetzt konnte ich viel befreiter in den Urlaub gehen und begann unsere Tage zu genießen.

Einige Wochen nach diesem Urlaub hatte ich endlich das Vertrauen, es auch ohne Medikation gut schaffen zu können. Ich fühlte mich insgesamt viel besser, da die Nebenwirkungen der Medikamente mich, ehrlich gesagt, gegen Ende der Behandlung gestört hatten. Neben einem ständig trockenen Mund hatte ich auch mit einem unkontrollierten Zucken der Augenmuskulatur zu kämpfen gehabt, sowie mit einem eingeschränkten Sexualtrieb. Daneben waren auch immer wieder Kreislaufprobleme aufgetreten, die ich nicht von meinem durch Angst verursachten Schwindel unterscheiden konnte.

Auch wenn nicht alle Symptome restlos verschwunden waren, so hatten meine Ängste im Laufe der letzten Monate deutlich abgenommen. Bisweilen traten noch spezifische Ängste auf, die an besondere Situationen gekoppelt waren. Die Angst war also nicht mehr ungerichtet und unkontrollierbar. Die Gefühle zu dämpfen, war wohl nicht mehr notwendig. Und mit dem Absetzen der Medikamente und dem Einsetzen der Trauer hörten auch die Träume auf, die meine innere Traurigkeit wiedergespiegelt hatten. Wieder ein Schritt nach vorne! Wieder eine Tür geöffnet! Wieder einen

Stein aus dem Weg gerollt! Wie viele noch? Dies hätte ich gerne gewusst. Immer wieder stellte ich mir diese Frage.

Ein steiniger Weg lag noch vor mir, denn beruflich lief es gegen Ende dieses Jahres deutlich schlechter. Ich war mir erstmals seit Beginn meiner Selbständigkeit nicht sicher, wo ich mein Geld herbekommen sollte. Ich fragte mich ernsthaft, ob mein Geschäftskonzept dauerhaft aufgehen konnte. Da ich in einem Nischenmarkt arbeitete, verdiente ich zwar an einem Auftrag recht viel Geld, bekam aber nur alle zwei bis drei Monate einen geeigneten Auftrag. Mein Telefon stand absolut still. Was sollte ich nur machen? Wo sollte ich das Geld hernehmen?

Meinem Vater hatte ich vor gut zwei Jahren 5.000 Euro geliehen, und bisher hatte er keine Anstalten gemacht, diese zurückzuzahlen. Dies war nicht ganz unproblematisch, denn so steckte ich nach wie vor in einer offenen Situation. Mit meinem Therapeuten hatte ich darüber gesprochen, und wir waren uns einig, dass ich alles versuchen sollte, um dieser »Abhängigkeit« ein Ende zu setzen. Aber wie? Mein Vater musste das Geld zurückzahlen, oder ich musste mich einfach endgültig von meinem Geld verabschieden. Wenn meine Schwestern nicht selbst in Schwierigkeiten gesteckt hätten, hätte ich ihm das Geld nie geliehen. Es lag mir schon ganz schön im Magen und ärgerte mich. Vor allem hatte ich nach wie vor Angst, von meinem Vater enttäuscht zu werden.

Als Frauke mich im November in München besuchte und wir den Abend zu Hause verbrachten, klingelte das Telefon. Es war mein Vater.

»Hallo, Paps. Wie geht's?«

Er war distanzierter als sonst. Ich merkte gleich, dass es um irgendetwas Wichtiges ging. Er zögerte.

»Hallo, Alexander. Ich wollte Dir nur sagen, dass ich Dir in einigen Tagen den ersten Teil Deines Geldes wiedergeben werde.« Das passierte doch nicht wirklich, oder?

»Es ist nicht alles, aber es ist ein Anfang. Ich hoffe, das ist in Ordnung für Dich.«

»Ja klar, ... danke!«

»Ich überweise es Dir dann.«

»Ja, danke, ... danke.« Das Gespräch war völlig unerwartet gewesen.

Ich legte den Hörer auf und sank auf das Sofa. Tränen schossen mir in die Augen, es waren Tränen der Freude und der Erleichterung. Damit lösten sich nicht nur meine Finanzprobleme für die nächsten Monate, sondern vor allem hatte mein Vater gezeigt, dass er zu seinem Wort stand. Davor hatte ich eine solche Angst gehabt. Nun freute ich mich umso mehr, dass er endlich fähig war, seine Schulden zu begleichen. Und es bedeutete, dass ich allmählich aus meiner Abhängigkeit herauskommen konnte, für immer!

Die Familiensituation hatte sich entspannt. Ich konnte das erste Mal richtig wahrnehmen, wie wir wieder als Familie nach und nach zusammenwuchsen. Wir waren zwar all die Jahre nie wirklich entzweit, aber seit dem Tod meiner Mutter auch nicht mehr emotional beisammen gewesen. Jedes Familienmitglied hatte auf seine eigene Weise versucht, mit dem Verlust umzugehen. Mein Vater und meine Schwester Beatrice hatten gearbeitet wie die Wilden, meine Schwester Nadja und ich hatten ausgedehnte Reisen unternommen und waren eher lebenskünstlerischen Aktivitäten nachgegangen. Wir alle hatten mit unserer Ruhelosigkeit und unserem Schmerz gekämpft. Jedoch war unserer Familie die Fähigkeit abhandengekommen, uns gegenseitig zu stützen und unser Leid durch Nähe und Anteilnahme gemeinsam zu tragen. Vielleicht hatten wir diese Fähigkeit so nie gehabt.

Dass wir uns einander annäherten, konnte ich beim alljährlichen Weihnachtsritual meiner großen Schwester Beatrice in Augsburg sehen. Immer wieder stellten sich jedoch auch Gefühle ein, die ich vorher nicht kannte. Beatrice war mittlerweile Mutter eines zweijährigen Sohnes, der kurz vor meinem Zusammenbruch geboren worden war. Ein sehr süßer Junge. Ich liebte Kinder über alles und hatte früher oft mit den Kindern unserer Freunde und Bekannten gespielt. Aber bei diesem Besuch konnte ich mich mit ihrem Sohn nicht gut beschäftigen. Ich war in seiner Gegenwart recht bedrückt. Der Kleine strengte mich dermaßen an, dass ich mich sogar darüber mit Beatrice stritt. Wie in Watte gepackt war ich an diesem Abend, es zerriss mich regelrecht. Auch an meine Mutter musste ich wieder denken, wie jedes Jahr.

Dann brach es wieder aus mir heraus, ich weinte heftig. Dass markante Eckdaten wie Weihnachten und Geburtstage nun immer wieder zu solchen Trauerausbrüchen führten, erschien mir logisch. So schob ich auch mein Verhalten gegenüber Beatrices Sohn dem Verlust meiner Mutter zu.

Diese Trauerschübe waren heftig, aber nur von kurzer Dauer. Ich war eher befreit als unglücklich, und konnte auch wieder viel lachen. Depressiv war dies keineswegs, nur lebendige Trauer. Ich genoss den schönen Weihnachtsabend im Kreise der Familie.

Am nächsten Tag hatte sich Verwandtschaft angekündigt. Als ich die Tür öffnete, stand meine Tante mit einer mir unbekannten Frau vor der Tür:

»Hallo, das ist Jasmin.«

»Ja, hallo, ich bin Alex. Wer bist Du denn?«

»Das ist Deine Cousine! Die Tochter vom Andreas, kannst Du Dich nicht erinnern?«

Ich war sehr überrascht. Meine Cousine Jasmin hatte ich noch nie gesehen.

»Das ist ja eine Überraschung! Kommt rein!«

Wir freuten uns sehr, denn in unserer Familiengeschichte hatte es selten so schöne Begebenheiten gegeben. Und wir waren es eher gewohnt, dass Menschen uns verließen, als dass sich unsere Familie vergrößerte. Jasmin war unsere Cousine, das merkte ich sogleich. Ihr Verhalten und ihre Persönlichkeit waren sehr typisch für unsere Familie und Verwandtschaft. Aber auch Jasmin hatte ihr Päckchen zu tragen, denn ihr Vater, ein Bruder meiner Mutter und damit auch meines Onkels, hatte sich etwa ein Jahr nach dem Tod meiner Mutter das Leben genommen.

Von meinem Onkel Utzi erfuhr ich, dass Andreas damals chemisch-technischer Assistent gewesen war und Zugang zu allen möglichen Substanzen hatte. Nach einem Streit mit meiner Großmutter mütterlicherseits, die ja alles andere als liebevoll gewesen sein musste, hatte er ihre Wohnung verlassen und wohl aus lauter Verzweiflung einer Art Cyanid-Cocktail geschluckt. Man fand ihn am nächsten Morgen in einem öffentlichen Park, es war kein schöner Anblick. Die Polizei riet Onkel Utzi, der seinen Bruder unbedingt noch einmal sehen wollte, davon heftig ab.

Viel mehr erfuhr ich leider nicht, aber ich wusste, dass mein Onkel schon jahrelang mit seinem Selbstmord gedroht hatte, und keiner hatte es wirklich ernstgenommen. Dann hatte er es wahr gemacht. Aber es konnte doch nicht sein, dass sich diese Familie so konsequent der Wahrheit gegenüber verschloss? Vieles wurde totgeschwiegen. Nur mein Onkel Utzi war recht offen und half mir, dieses undurchdringliche Puzzle mit Bausteinen aus Verleumdung und Schmerz zusammenzusetzen.

Je mehr ich darüber erfuhr, wie es in unserer Familie und bei unseren näheren Verwandten zugegangen war, desto mehr verstand ich. Es war kein Wunder, dass meine Mutter solche Schwierigkeiten gehabt hatte. In ihrer Familie war von Beginn an vieles schiefgelaufen. Ihre eigene Mutter war zu einer Liebe gegenüber ihrer sieben Kinder überhaupt nicht fähig gewesen. Den Ehemann hatte sie früh verloren, und wahrscheinlich hatten die Kinder auch nie den Tod ihres eigenen Vaters wirklich betrauern können. Die finanziellen Nöte, die emotionale Kälte und die Aggression taten ihr Übriges. Wie hätte man in diesem Umfeld auch gesund aufwachsen können? Dazu kamen noch verschiedene negative Verhaltensweisen. Alles wurde noch schlimmer. Niemand hätte dies aufhalten können!

Daher fand man in unserer Verwandtschaft alle möglichen dysfunktionalen Verhaltensweisen. Drogen- und Alkoholmissbrauch waren bei Teilen unserer Verwandtschaft gang und gäbe. Ebenso wurde jahrelang verschwiegen, dass ein Verwandter einige Jahre im Gefängnis verbrachte. Wenn ich nachfragte, wo denn mein Cousin sei, sagte man mir:

»Ach, vergiss ihn einfach!«

Eines Tages bekam ich heraus, dass er im Gefängnis saß. Den Grund für seinen Gefängnisaufenthalt erfuhr ich erst, als ich ihn zwanzig Jahre später erstmals wiedersah. Auch hier zeigte sich der Verleugnungsmechanismus innerhalb der Verwandtschaft.

Es war schon auffällig, wie sehr sich diese seltsamen Familiengeschichten über Generationen hinweg fortsetzen konnten. Dies bestätigte mir auch mein Therapeut.

»Man nennt es Generationsübertragung, die wohl durch eine Mischung aus Beeinflussung der Gene und Umweltfaktoren stattfindet.« Nach einigem Zögern rang ich mich zu einer Nachfrage durch:

»Das heißt also, dass wir alle eine psychische Erkrankung in uns haben? Dann bleibe ich vielleicht für immer in Behandlung, oder wie kann ich das verstehen?«

»Nein, natürlich nicht, aber in gewisser Weise ist Ihre Erkrankung das Ergebnis aus vielen Generationen, die dies mitzutragen und mitzuverantworten haben. Ein Mensch kann durch genetische Vererbung einen gewissen Hang zu Sucht oder psychischen Erkrankungen haben. Dies heißt jedoch nicht, dass diese Krankheiten unbedingt auftreten müssen. Um sie auszulösen, müssen bestimmte Faktoren in der Umwelt des jeweiligen Menschen auftreten.«

»Heißt das, dass ich von meiner Mutter genetisch eine gewisse Veranlagung oder eine größere Wahrscheinlichkeit für den Ausbruch einer Depression vererbt bekommen habe?«

»Ja, das ist anzunehmen. Bei Ihrer Familiengeschichte, in der Tod, Trauer, Verlust und Depression ein Thema sind, zieht sich das durch. Aber bitte unterschätzen Sie nicht die Kraft von Umwelteinflüssen, und von Prägung durch Erziehung. Sie können ein absolut gesundes Leben führen, aber Sie haben ja auch schon einiges miterleben müssen, Herr Feodor.«

Es tat weh, das nochmals zu hören.

»Ja, das habe ich. Also denken Sie, dass es einen konkreten Auslöser gab?«

»Vielleicht auch mehrere. Dies alles nachzuvollziehen, kann Ihnen helfen. Wichtig ist aber nur Ihre jetzige Situation.« Ich überlegte.

»Nun ja, es ist schon eine Menge in unserer Familie und Verwandtschaft passiert. Ich habe alle möglichen Geschichten in Erinnerung. Wie mein Vater meine Cousine wegen Drogenproblemen behandelte, und meine Cousine samt Geschwistern dann für zwei oder drei Monate bei uns blieb, weil ihre Mutter wohl mit der Situation überfordert war. Ich war sehr klein gewesen, aber dass etwas nicht stimmte, war offensichtlich. Und bei näherem Nachdenken waren auch manche Gespräche zwischen meiner Mutter und einigen Verwandten recht seltsam gewesen. Es wurde darüber gesprochen, dass man eigentlich gar nicht sicher war, wer genau der Vater der Kinder einer meiner Cousinen war, und so weiter. Das klingt doch alles verrückt, oder?«

Er lächelte und brachte es auf den Punkt:

»Ja, Herr Feodor, man kann schon sagen, dass die alle nicht richtig ticken!« Ich liebte meinen Therapeuten für diese Kommentare, denn durch seine offene, lockere Art fand er immer die richtigen Worte.

»Wahrscheinlich sind sie nicht verantwortlich für Ihre Situation, aber es zeigt, wie gestört Ihr Umfeld war. Und es zeigt auch, wie dies die Probleme Ihrer Mutter verursacht hat. Wenn Sie, ihre Verwandten und vor allem Ihre Mutter mehr Stabilität gehabt hätten, wäre Ihnen wohl vieles erspart geblieben.«

Wie sehr sich der Anteil meiner Mutter auf mich ausgewirkt hatte, konnte ich nun zunehmend erkennen. Aber es machte mich auch offen für Gedanken über meinen Vater. Was war in seiner Familie alles passiert? Ich beschäftigte mich zunehmend mit der Frage, warum mein Vater eigentlich emotional so schwer zugänglich war.

Im Mai 2005 zeichnete sich ab, dass meine Großmutter väterlicherseits wohl nicht mehr lange leben würde. Gerade erst war ich von einem längeren Aufenthalt aus Neuseeland zurückgekommen und hatte diese Reise wegen einiger erheblicher Probleme etwas früher als geplant beendet. Ich war sehr froh, dass ich früher zurückgekommen war. Die Altersdemenz meiner Großmutter, die sie erst kurz vorher entwickelt hatte, war stark vorangeschritten. Daher besuchte ich sie in den nächsten Monaten regelmäßig. Ich wollte nicht denselben Fehler wie bei meinem Großvater machen, auch wenn wir uns nicht besonders nahestanden.

Es nahm mich sehr mit, wenn ich meine Großmutter sah. Oft erkannte sie mich nicht. Manchmal fragte sie mich, wo denn ihr Mann sei, und reagierte verstört auf meine Antwort, dass er schon seit 1991 nicht mehr leben würde. Sie verfiel zusehends. Da sie in den vergangenen Jahren eine sehr harte Frau gewesen war, hatte ich zu Beginn ihrer Demenz befürchtet, dass sich ihre Launen verschlimmern und sich nur noch das Schlechte zeigen würde. Zu meiner Überraschung passierte aber genau das Gegenteil. Das erste Mal seit Jahren sah ich sie zufrieden im Bett liegen und gemütlich auf einem Stück Schokolade kauen. Ihre Gesichtszüge waren so entspannt, wie ich sie nie zuvor gesehen hatte. Ob die Demenz ihr half, die schlechten Erinnerungen ihres Lebens zu vergessen?

In dieser Zeit verschwand die kontrollierende und kalte Persönlichkeit meiner Großmutter. Ich erlebte Züge an ihr, die ich früher vermisst hatte. Sie war eher friedvoll und umgänglich, trotz ihrer Verwirrung. Als ich sie eines Tages mit meinem Vater besuchte und wir aufbrechen wollten, sagte sie spontan zu ihm:

»Komm her, Dieter, lass Dich mal drücken!« Sie umarmte ihn ganz fest. So liebenswert hatte ich meine Großmutter nie gekannt.

Als mein Vater und ich das Heim verließen, hatte er Tränen in den Augen.

»Was ist denn?«, fragte ich verunsichert.

»Das ist das erste Mal seit vielen, vielen Jahren, dass sie mich mal wieder in den Arm genommen hat!«, brachte er mühsam hervor.

Es tat mir sehr leid für ihn. Wenn ich darüber nachdachte, konnte ich mich nicht daran erinnern, dass sie in irgendeiner Form jemals liebevoll mit ihm umgegangen war. Wie sehr musste auch er an diesem emotional distanzierten Umfeld gelitten haben. Ob er als Kind jemals Zuneigung von seinen Eltern erfahren hatte? Ich wusste es nicht.

Aus seinen Erzählungen wusste ich einige Dinge. Zu seiner Zeit als junger Turner war er in ein Mädchen verliebt gewesen, das jedoch früh an Kinderlähmung gestorben war. Ihr Tod hatte ihm wohl sehr zu schaffen gemacht, womöglich hatte er diese Trauer auch unterdrückt. Zudem hatte er ziemliche Probleme mit seinem Vater gehabt, über die ich aber nichts Genaues wusste. Mein Großvater hatte wohl nicht immer allzu großes Vertrauen in seinen eigenen Sohn gehabt, in erster Linie in dessen Selbständigkeit. Ich verstand ihn nur zu gut, denn genau dasselbe hatte ich durch meinen eigenen Vater auch erlebt.

Obwohl ich nach dem Tod meiner Mutter viele Aufgaben übernommen und ihm auch im Betrieb geholfen hatte, war mir die Anerkennung meines Vaters immer verwehrt geblieben. Ich wurde eher angemahnt und kritisiert. Daneben gab er mir auch häufig das Gefühl, nicht vertrauenswürdig zu sein, besonders wenn es um Dinge des alltäglichen Lebens ging. Wenn ich sein Auto haben wollte oder etwas erledigen sollte, spürte ich oft sein Misstrauen. Ja, ich verursachte damals einen Unfall mit seinem Auto, aber den Schaden bezahlte ich selbst, damit er nicht in der Versicherung hochgestuft wurde. Als ich ihm von dem Unfall berichtete, sagte er nur:

»Ich habe es ja gewusst!« Kein Wort der Erleichterung, dass mir nichts passiert war.

Er kritisierte mich natürlich nicht ständig. Dies wäre vielleicht auch gar nicht so schlimm gewesen. Was mir jedoch zu schaffen machte, war, dass ich keine Führung bekam. Bei der täglichen Arbeit wie auch im Leben vermisste ich Sicherheit und einen starken Vater, der mir den richtigen Weg wies und mich akzeptierte. Stattdessen warf er mir oft vor, dass ich nicht belastbar sei. Ich glaubte ihm dies und fühlte mich schwach und unnütz.

»Du verstehst es einfach nicht! Ich bin Teenager und habe meine

Mutter verloren! Ich hätte gerne ein normales Leben und würde mich gerne normal entwickeln können, anstatt alle anderen Dinge für die Familie zu tun und für Dich die Kohlen aus dem Feuer zu holen, obwohl Du alles andere als fehlerlos gewesen bist! Außerdem habe ich Depressionen! Deswegen bin ich nicht belastbar. Ich kann nicht mehr! Warum seht Ihr das denn nicht, warum?!« Dies alles hätte ich ihm ins Gesicht sagen müssen. Aber ich war machtlos, hilflos und ahnungslos.

Emotionen und Nähe zu zeigen, war für unseren Vater schon immer schwer gewesen. Kompensiert wurde diese Emotionslosigkeit in erster Linie von unserer Mutter, so hatte ich es zumindest bisher gedacht. Nach dem Tod meiner Mutter machte meinem Vater ihr Verlust sehr zu schaffen, denn er konnte ihn nicht an sich heranlassen. So entfernte er sich nur noch mehr von uns und stürzte sich in die Arbeit. Ob wir ihn die ganze Zeit an den Verlust erinnerten und er diesen Schmerz auf uns übertrug?

Etwa zwei Jahre nach dem Tod meiner Mutter eröffnete uns mein Vater, dass er wieder heiraten würde, und zwar seine griechische Freundin. Er hatte sie etwa eineinhalb Jahre nach dem Tod meiner Mutter im Urlaub kennengelernt. Ich fand es schon merkwürdig, dass mein Vater so früh nach dem Tod meiner Mutter wieder eine Partnerin hatte. Auch ähnelte sie sehr meiner Mutter, vom Aussehen und vom Verhalten her. Ich fand es etwas früh für eine neue Ehe, trotzdem waren wir positiv gestimmt. Mein Vater versicherte mir:

»Mein Sohn, in meinem Alter weiß man, was man tut!«

Dann aber ereigneten sich mehrere Dinge, die meinen Glauben an diese Ehe nachhaltig erschütterten. Mein Vater legte den Hochzeitstermin so ungünstig, dass wir als Familie gar nicht teilnehmen konnten, bis auf meine kleine Schwester. Beatrice und ich waren wie vor den Kopf gestoßen. Seine neue Frau, die etwa ein Jahr vor der Heirat noch liebenswert gewesen war, veränderte sich nach der Hochzeit zusehends. So saß sie oft zurückgezogen vor dem Fernseher und machte uns Kindern immer mehr Vorschriften. Wenn wir mit ihr reden wollten, wirkte sie eher abwesend.

»Lass Deinen Vater endlich in Ruhe!«, fauchte sie mich eines Tages an.

»Zieh gefälligst aus und lass Deinen Vater endlich sein Leben leben! Schau Dir meinen Sohn Janni an, er ist auch alleine aufgewachsen.« Das war er in der Tat, ganz alleine! Denn sie hatte ihn als Teenager bei seinen Großeltern gelassen, nachdem sein Vater die Familie verlassen hatte. Nun gut, sie musste damals arbeiten, die Situation in Griechenland gestaltete sich ja alles andere als einfach. Jedoch war ihr wohl nicht klar gewesen, was die Abwesenheit seiner Mutter mit ihrem Sohn machte. Seltsamerweise lebte zu dieser Zeit mein Stiefbruder auch wieder bei ihr. Wieso sollte ich also ausziehen?

Ich bekam mehr und mehr den Eindruck, dass ich nicht erwünscht war. Mein Vater sagte mir dies jedoch nie direkt ins Gesicht. Ich bekam aber sehr wohl den Eindruck, dass andere für ihn sprachen. Ich spürte es bei allen, bei meiner Großmutter, seiner neuen Frau, den Verwandten, der Putzfrau. Sie äußerten eindeutige Ansichten zu meinem Verhalten und nahmen mich als einen ungezogenen jungen Mann wahr, der seine Pflichten nicht kannte.

Mein Vater versuchte nicht nur, die Lücke zu füllen, welche meine Mutter in seinem Leben hinterlassen hatte, sondern versuchte auch, das dysfunktionale Rollenspiel zwischen ihm und ihr nachzustellen. Es gelang ihm in dieser Ehe erneut.

Die Ehe ging 2003 fast in die Brüche, und ich fand mich als Zeuge vor einem griechischen Gericht wieder. Da das Verfahren durch einen Fehler unseres Anwalts scheiterte, sind beide bis zum heutigen Tag miteinander verheiratet. Den Grund dafür erfuhr ich von meinem Vater nie. Ich fand mich einfach damit ab, es war schließlich sein Leben. Und meine Mutter hat sie sowieso nie ersetzen können.

Seit nunmehr achtzehn Jahren sind die beiden verheiratet, leben aber getrennt, und zwar auf über 2000 Kilometer. Sie sehen sich regelmäßig. Sie scheinen eine Art Freundschaft zu führen. Meine Stiefmutter profitierte von dieser Ehe all die Jahre. Aber was hielt meinen Vater in dieser Ehe? Er brauchte wohl diese Abhängigkeit, um weiter funktionieren zu können, und wahrscheinlich auch, um nicht trauern zu müssen. Meine Mutter war einzigartig! Sowohl im Positiven, wie auch im Negativen. Erst nach vielen Jahren ist mir klar geworden, wie sehr mein Vater sie liebte. Und das tut er bis heute.

16

Dass ich so lange brauchen würde, all diese Dinge auszugraben und so wahrzunehmen, wie sie abgelaufen waren, das hätte ich nie gedacht. Immer noch war ich nicht angekommen. Würde ich das jemals? Konnte ich diesen Schmerz über meine Vergangenheit überhaupt tilgen?

Wenn es um diese Themen ging, war, neben meinem Therapeuten, Frauke eine wichtige Ansprechpartnerin für mich. Sie half mir, viele der Dinge zu sehen, wie sie wirklich waren. Auch in meiner Arbeit unterstützte sie mich, so gut sie konnte. Trotzdem versuchte ich möglichst eigenständig zu bleiben und mir nicht zu viel helfen zu lassen, da dies einen Rückschritt für mich bedeutet hätte. Ich musste ein gutes Gleichgewicht finden.

Seit ich mich selbständig gemacht hatte, versuchten mich einige potenzielle Kunden über den Tisch zu ziehen. Natürlich gehörten Ellbogen auch zum Business, aber es gab mehrere Verhandlungen, die mich an der Legalität und den ehrenwerten Absichten zweifeln ließen. Auch wenn ich unsicher war, schlug ich diese Aufträge aus. Ich achtete im Vorfeld auf mein seltsames Bauchgefühl und lag damit richtig, wie ich später herausfand. Für mich waren diese Begebenheiten wichtig, denn sie zeigten meinen guten Geschäftssinn und meine Selbständigkeit. Ich wollte mein Geschäft ehrlich und verlässlich führen, und dies wollte ich um keinen Preis der Welt gefährden. Lieber ließ ich einen Auftrag platzen, als hinterher in Schwierigkeiten zu geraten. Damit hatte ich genug Erfahrung, schließlich war ich durch meinen Chef des Öfteren in unangenehme Situationen geraten!

Trotzdem blieb ich verunsichert und hatte immer wieder das Gefühl mangelnden Selbstvertrauens. Woher kam nur dieses Gefühl genau? Ich hatte einiges aus den Fehlern meines Vaters gelernt und machte viele Dinge anders, aber konnte ich in diesem Leben bestehen, wenn er es vermeintlich nicht geschafft hatte? Eigentlich hatte er viel in seinem Leben erreicht. Nur war alles, wofür er gearbeitet hatte, nun zerbrochen. Er war gescheitert, und wir als Familie mit ihm.

Was brauchte ich in meinem Leben, um die Schmerzen der Vergangenheit zu tilgen? Was gab mir die Geborgenheit und Zuversicht, bestehen zu können? Ich wusste es nicht. Immerhin fühlte ich mich nicht mehr so zerrissen wie in der Klinik. Der Erwachsene, der sich gleichzeitig wie ein Siebzehnjähriger fühlte, war verschwunden. Die Trauer hatte mich wieder zusammengefügt. Mich gab es ab jetzt nur noch als Ganzes.

Die Einzeltherapie tat mir gut. Vor allem die ruhige Art meines Therapeuten, gepaart mit den systemischen Elementen, hatte es in sich. Immer noch dachte ich, es würde nicht schnell genug vorangehen. Manchmal dachte ich sogar, es würde gar nichts mehr passieren. Dann fragte ich mich, ob die Therapie mir überhaupt noch etwas bringen würde.

»Ich habe heute eigentlich gar keine Lust!« Ich verzog mein Gesicht.

Er lächelte verschmitzt. »Ah, sehr schön! Das klingt ja richtig vielversprechend!«

Und er hatte recht damit. An solchen Tagen spülte es mich meist sauber von oben bis unten durch. Meine Verweigerung, dem von mir scherzhaft genannten »Gehirnrührer« mein Innerstes preiszugeben, spiegelte sich in der Unlust, mich therapieren zu lassen. Ich wollte einfach nicht an diesen nicht nachlassenden Schmerz heran.

Seit einiger Zeit tauchten in der Therapie ständig die Farben rot und schwarz auf. Meist legte ich farbige Decken übereinander und nutzte noch stellvertretend einige andere Gegenstände. An diesem Tag meiner Unlust waren es eine Spinne und ein Stück Holz mit umwickeltem Stacheldraht. Als ich die rote Decke ausbreitete und die schwarze Decke hineinlegte, wurde mir ganz anders. Und mir wurde schlecht, als ich die Gegenstände auf die schwarze Decke legte. Sofort drehte ich mich weg.

»Oh, das ist hart, können wir hier nicht aufhören? Es wird mir zu viel.«

Es ging mir gar nicht gut. Was hatte dies zu bedeuten? Verstehen konnte ich es nicht, aber es fühlte sich schrecklich an.

»Sie müssen nicht alles verstehen, Herr Feodor. Manchmal reichen Gefühle alleine aus. Sie waren bei Ihnen viel zu lange vergraben.«

Nach dieser Stunde ging ich wie benommen nach Hause. Ich hatte einen sehr tiefen, traumreichen Schlaf, und als ich am nächsten Morgen erwachte, fühlte ich mich entspannt. Ich blickte auf den Wecker.

»Was?! Halb zwei?!«

Ich hatte über 14 Stunden geschlafen! Die letzte Therapiestunde musste wirklich anstrengend gewesen sein. Ich dachte angestrengt nach, was sich da gestern in mir getan hatte. Vergebens. Ich konnte keinen vernünftigen Grund für mein Erlebnis finden. Die Farbe Rot hatte ich immer mit Aggression gleichgesetzt, da ich diese Farbe bereits in der Klinik in vielen meiner Bilder verwendet hatte. Die schwarze Farbe aber gab mir noch viele Rätsel auf, sie tat mir weh. Als ich ein paar Wochen später bei einer Autofahrt mit Frauke einen unerwartet heftigen Streit hatte, klärte sich zumindest eine der Bedeutungen. Durch die Aggression konnte ich mein Innerstes spüren, und ohne dass ich weiter darüber nachdachte, kam die Antwort ganz von alleine. Rot war die Trauer! Das half mir, aber was bedeutete die Farbe Schwarz?

Weiterhin gestaltete sich meine berufliche Situation schwierig. Ich zog einfach zu wenige Aufträge an Land. Dies lag an der kriselnden Luftfahrtbranche, aber auch an der Umstellung auf ein gesamteuropäisches Regelwerk. Mein letzter Kunde hatte mich immer noch nicht ausbezahlt, und ich machte mir ernsthaft Sorgen, wie ich mich denn weiter finanzieren sollte. Dies schlug sich natürlich auch auf meine Beziehung mit Frauke nieder. Sie hatte einen sattelfesten Job als Beamtin, ein Ingenieursstudium im Bereich Luftfahrt absolviert, und verdiente gut. Sie war auf Lebenszeit angestellt, und so etwas wie Existenzängste waren ihr völlig fremd.

»Ich verdiene ja genug für uns beide. Du musst doch gar nicht arbeiten.« Was sagte sie da gerade?

»Moment, und was soll ich dann hier machen?«

»Du kannst ja die Kinder großziehen. Ich will sowieso so schnell wie möglich wieder arbeiten gehen. Die Kinder werden nach einigen Tagen abgestillt, und dann passt das schon.«

»Wie, nach ein paar Tagen abstillen!?«

»Das war bei mir auch so.«

»Ich verlange ja gar nicht, dass Du die Kinder stillst, bis sie dreizehn sind, aber ein paar Monate wären sicher nicht schlecht, findest Du nicht?« Ich lachte, aber eigentlich war ich recht schockiert über ihre Aussage.

»Außerdem würde ich mich als Mann gerne in die Familie mit einbringen!«

»Das tust Du doch, wenn Du die Kinder großziehst!« Sie meinte das ganz ernst.

»Einen Moment ... gut, ich sitze dann da, koche, putze und erziehe die Kinder. Aber ich würde ganz gerne das Gefühl haben, meine Familie ernähren zu können.« Wurden hier gerade die Geschlechterrollen umgedreht?

»Ja, aber das ist doch egal?«

»Nein, mir nicht! Hör zu, Frauke, ich bin ein Mann und ich brauche ein gewisses Selbstwertgefühl. Ich kann doch nicht nur noch den Hausmann und Papa abgeben!«

Dieses Gespräch ließ mich erstmals ernsthaft zweifeln, ob Frauke wirklich die Frau an meiner Seite sein sollte. Es machte mir nichts aus, dass sie mehr verdiente als ich. Es war mir auch egal, dass sie eine starke und intelligente Frau war. Was mich aber wurmte, war das Verhalten gegenüber Kindern, wenn wir denn welche haben sollten. Frauke versuchte immer mehr, mich kleinzuhalten. Ich begann allmählich meine Eigenständigkeit zu verlieren. Seitdem ich die Medikamente nicht mehr nahm, hatte sich zwischen uns ein Ungleichgewicht eingestellt. Obwohl ich gesünder und eigenständiger wurde in meinem eigenen Leben, verlor ich meine Position in der Beziehung zu Frauke. Ich rutschte immer mehr in eine defensive Position ab. Ich erschrak, als ich erkannte, dass sie bei mir nun auch wieder die Helferrolle eingenommen hatte, wie bei ihrem Vater. Das hätte sie nie tun dürfen. Sie nahm einfach keine Rücksicht mehr auf mich. Die Rollenverteilung Alkoholiker und Co-Alkoholiker war wieder aufgetaucht. So kam es letztendlich zu einem riesigen Knall, nach dem ich ihre Wohnung verließ und nach München fuhr.

Für einige Wochen sahen wir uns nicht, um uns klar zu werden, wie es weitergehen sollte. Ich war so angespannt wegen meiner beruflichen Situation, dass ich einen Aushilfsjob in München annahm. Die regelmäßige Beschäftigung tat mir gut. Es wurde wieder einiges Geld in die Kasse gespült, und ich konnte mich erst einmal entspannen.

Noch dazu liefen meine Stunden in der Therapie allmählich aus. Mein Therapeut besprach mit mir die weitere Vorgehensweise und schlug vor, ich solle doch in eine Gruppentherapie unter seiner Aufsicht wechseln. Ich zögerte.

Meine Erfahrungen mit der Gruppentherapie in der Klinik waren eher durchwachsen gewesen. Ehrlich gesagt, war ich etwas hochnäsig geworden, denn ich glaubte mich so gut zu kennen, dass andere Gruppenmitglieder mir nur im Wege stehen würden. Meine intensive Einzeltherapie fortzusetzen und meinen Therapeuten nicht mit anderen Patienten teilen zu müssen, erschien mir sinnvoller. Ich vertraute meinem Therapeuten inzwischen aber so weit, dass ich mich auf einige Probesitzungen einlassen wollte. Ich gab ihm zu verstehen, dass ich äußerst voreingenommen war und eigentlich keine Lust auf eine Gruppe hatte. Aber ich würde mich dem stellen und es ausprobieren, ich könnte ja immer noch absagen.

Bei meinem neu angenommenen Aushilfsjob arbeitete ich als Aushilfe für etwa zwölf Euro die Stunde für eine Firma, die auf Bestuhlung spezialisiert war. In einem öffentlichen Gebäude sollten etwa 10.000 Stühle ausgetauscht werden. Dabei sollte unsere Arbeitsgruppe die alten Stühle ausbauen, überarbeiten und diese erneut einbauen. Ein Stuhl wog etwa um die 20 Kilogramm. Jeden Tag arbeiteten wir elf Stunden, oft sechs Tage die Woche. Auch wenn ich zunächst froh war, dass ich mir keine Gedanken mehr machen musste, wollte ich als Akademiker eigentlich nicht wieder auf diese Art von Jobs angewiesen sein. Schon nach den ersten Tagen explodierten unsere Muskeln, und unsere Hände waren ganz zerschunden. Für mich wurde dieser Job zu einer Bewährungsprobe. Aber ich stellte fest, dass ich trotz der Belastung abends zufrieden ins Bett fiel. Dabei verdiente ich nicht einmal annähernd das Gehalt, welches ich bei einem Auftrag mit meiner Firma bekommen hätte. Ich brauchte dringend diesen körperlichen Ausgleich. Mit meinen Kollegen verstand ich mich auf Anhieb sehr gut. Ab und zu wurde der Ton auch rau, aber dies sah ich eher als Übungsszenario, hatte ich mich doch in meiner alten Firma als Angestellter viel zu wenig gestritten.

Durch meine zügige Arbeitsweise und meine Einstellung, auch andere Kollegen anzuleiten und sie zu unterstützen, bekam ich gleich nach den ersten Wochen eine Gehaltserhöhung. Ich freute mich richtig über die Erhöhung um ganze zwei Euro, obwohl ich sonst einen deutlich höheren Stundenlohn verlangt hätte.

Mit fortschreitendem Projekt wurde mir zunehmend klarer: Hier lief einiges, aber nichts richtig. Ich erlebte ein Déjà-vu. Auch hier wiederholte sich das Szenario aus meiner ehemaligen Arbeit. Uns wurde immer mehr Leistung abverlangt, obwohl wir durchaus im Zeitplan lagen und die Stückzahlen erfüllten. Hatten wir uns einmal auf ein System eingearbeitet, gab es Veränderungen durch Kündigungen, oder aufgrund von internen Streitereien der Geschäftsführer und der Baustellenleitung. Der Vertrag mit einer Partnerfirma, die uns mit acht Mann unterstützte, wurde gekündigt, als man ihnen schlampiges Arbeiten unterstellte. Dabei hatte man sie nicht richtig instruiert. Leider mussten wir danach auch die

Arbeit dieser Jungs mit schultern. Die Arbeitslast war auf einmal um das Doppelte bis Dreifache angewachsen. Mit meinem Hintergrund als Projektmanager und meiner Erfahrung aus der Geschäftsführung sah ich viele der internen Probleme viel klarer als andere. Trotzdem wollte ich nicht den Fehler machen und mich hier einmischen. Und dies schon gar nicht für 14 Euro die Stunde. Ich beobachtete einfach.

Dann wurden uns sogar die Wochenenden gestrichen. Jetzt wurde die Belastung so groß, dass ich erneut einen stärkeren Tinnitus bekam. Eines Morgens war er plötzlich aufgetreten und ging für über eine Woche gar nicht mehr weg. Was tun? Kündigen? Freinehmen?

Ich versuchte erst einmal ein paar Urlaubstage zu bekommen. Mein Chef beharrte jedoch darauf, dass ich diesen Samstag auch noch arbeiten sollte, obwohl wir bereits seit 12 Tagen ohne freien Tag gearbeitet hatten. Nun brach es aus mir heraus. Ich packte einen der Stühle und warf ihn quer durch den Raum.

»Was soll das denn?«, tönte es mir entgegen.

»Ich habe genug! Ihr glaubt wohl, Ihr könnt uns immer mehr Daumenschrauben ansetzen, und wir machen immer mehr Arbeit! Mehr Geld sehen wir auch nicht dafür. Durch Eure Kündigungen habt Ihr viel Lohn eingespart, und die Hotel- und Reisekosten aus Norddeutschland! Ihr macht Euch doch nur die Taschen voll!«

»Beruhige Dich, Alex!«, redete der Chef auf mich ein.

»Nein, das tue ich nicht! Ich brauche Ruhe, ich habe seit einer Woche einen Tinnitus. Wenn der Tinnitus nicht weggeht, dann kündige ich!«

Mein Chef lenkte ein. Aber er bat mich wegen der vielen anstehenden Arbeit nochmals, am Samstag zu kommen. Danach könne ich ein paar Tage frei machen und mich erholen. Ich sagte ihm unter der Bedingung zu, dass ich am Wochenende erst etwas später anfangen würde zu arbeiten, damit ich wenigstens ein bisschen Schlaf bekommen könnte. Ich war überlastet.

Abends war der Tinnitus plötzlich fort! Ich saß entspannt mit einem Freund zusammen, der mich fragte, wie es mir ging.

»Mir geht's super!«

Ich hatte genau das Richtige getan, mir Luft gemacht und meine Aggressionen nicht heruntergeschluckt, sondern alles ausgesprochen, ohne Angst zu verspüren. Trotzdem befürchtete ich, durch diesen Ausbruch könnte ich wohl doch zu denen gehören, die demnächst gekündigt werden sollten. Aber es passierte nichts! Ich behielt den Job, weil ich einfach gute Arbeit leistete. Dies bekamen wir auch öfters von Auftraggebern zu hören, und bei dem ganzen Ärger tat es gut zu wissen, dass unsere Arbeit auch anerkannt wurde.

Dann brachen die letzten Wochen meines Aushilfsjobs an, die sehr anstrengend waren. Mit 200 Stunden pro Monat hatte ich mir ein gutes finanzielles Polster erarbeitet, aber nun konnte dieses Projekt allmählich zu einem Ende kommen. Gleichzeitig blühte auch mein eigenes Geschäft wieder auf. Unerwartet kam noch einmal Geld in die Kasse. Endlich hatte ich wieder Luft, Pläne zu schmieden und neue Dinge auszuprobieren.

Alles in allem war diese Zeit der Aushilfsarbeit ein wichtiger Test für mich gewesen. Mein Umgang mit der hohen Arbeitsbelastung, den internen Streitereien der Geschäftsführung, den widersprüchlichen Anweisungen hatten mir gezeigt, dass ich wieder in der Arbeitswelt bestehen konnte. Ich stand meinen Problemen nicht mehr so machtlos gegenüber wie noch eineinhalb Jahre zuvor. Bei Überforderungen traten zwar immer noch Symptome auf, aber ich hatte den guten Selbstschutzmechanismus, wieder einen Gang zurückschalten. In solchen Situationen war dies genau das Richtige.

Der erste Gruppentermin stand an. Unter einem Vorwand verließ ich die Arbeit etwas früher. Als ich den Raum betrat, war ich aufgeregt und verunsichert. Meine einzige Sicherheit war mein Therapeut, auf den ich mich verlassen konnte.

Es waren mehr Frauen als Männer in der Gruppe, etwas, was ich so in der Klinik nicht erlebt hatte. Auf den ersten Eindruck waren sie mir alle durchaus sympathisch. Daher ging der erste Termin auch recht ruhig vorbei, der zweite Termin jedoch hatte es in sich.

Eine junge Mitpatientin sprach gleich zu Anfang unter Tränen ihre persönlichen Themen an. Wie es Katerina damals in der Klinik getan hatte, öffnete sie mir durch ihre Traurigkeit einen Zugang zu meinem inneren Schmerz. Ich begann heftig zu schluchzen, das hatte ich nicht erwartet.

»Alles in Ordnung, Herr Feodor?«

»Ja, alles bestens. Tut mir leid, meine Tränen mussten sein. Mir geht's gut.«

Bisher hatte ich viel im stillen Kämmerchen geweint und getrauert, aber hier durfte ich es nun offiziell, ohne dass sich jemand daran störte. Meine Trauer wurde gesehen.

Als ich in der dritten Stunde gefragt wurde, wie ich mich denn nun entschieden hätte, rief ich sogleich:

»Ja, ich bin dabei!«

Ich bedankte mich bei meiner Mitpatientin, schließlich hatte sie mir ja bei der Entscheidung geholfen. Hier konnte ich mich öffnen und wurde nicht blockiert, wie ich befürchtet hatte.

Regelmäßig ging ich wieder in die Kirche, obwohl ich mittlerweile ausgetreten war. Ich kam nicht zum Gebet, sondern um Kerzen für meine Mutter und meinen Großvater anzuzünden. Wenn ich nun, ein Jahr nach meinem Kirchenaustritt, in mich hinein hörte, dann war ein Hauptgrund meines Austrittes, dass Gott mir meine Mutter weggenommen hatte. In meinem Gefühlstagebuch beschimpfte ich ihn und konnte ihm all das, was mir widerfahren war, nicht verzeihen.

Gegen Ende 2005 ging es meiner Großmutter zunehmend schlechter und es schien nur eine Frage der Zeit zu sein, wann sie uns verlassen würde. Deswegen war ich nun regelmäßig im Altersheim, um sie zu besuchen. Ich freute mich, wenn ich sie mit zwei älteren Damen am Tisch Bier trinken sah. Zu Anfang war meine Großmutter

sehr schüchtern und unsicher gewesen, aber die beiden älteren Damen hatten sie von Anfang an herzlich aufgenommen.

»Lissi, setz Dich hin und trink a Bier!«

Diese beiden Damen hatten sie auf der letzten Etappe ihres Lebens begleitet und waren ihre letzten Freundinnen gewesen. Ich bin ihnen heute noch sehr dankbar dafür.

Oft saß ich am Bett meiner Großmutter und war gleichermaßen erfreut und bedrückt zugleich. Mich freute, dass sich unsere belastete Beziehung doch noch zum Guten gewendet hatte und ich die letzten Monate dazu nutzen konnte, eine andere, liebevollere Großmutter kennenzulernen.

Eines Vormittags rief mein Vater an. Seine Stimme war schwach.

»Heute Morgen ist Oma gestorben!« Er riss sich zusammen.

Es war also soweit. Auf diesen Tag hatte ich mich vorbereitet. Ich war nicht sonderlich überrascht und ganz bei ihm.

»Wie geht's Dir?«, fragte ich ihn besorgt, und er erwiderte: »Ist schon okay!«

»Ich bin sofort da!«, sagte ich und bestellte mir ein Taxi zum Altersheim.

Dort angekommen, traf ich auf das, was von unserer Familie noch übrig war, meinen Vater und meine beiden Schwestern. Wir waren alle bedrückt und schwiegen. Als wir den Flur ihres Zimmers erreichten, saßen die beiden Freundinnen meiner Großmutter am Esstisch. Eine der beiden erschrak, als sie uns sah.

»Nein! Oh mein Gott!« rief sie aus. Wir sagten nichts. Schweigend sah ich sie an, es tat mir für sie sehr leid. Diese älteren Menschen hier saßen in einem Heim, in dem der Tod ihnen jeden Tag vor Augen geführt wurde. Ich war mir nicht sicher, ob ich meinen Lebensabend so verbringen wollte.

Wie uns die Schwester mitteilte, hatte meine Großmutter entspannt ihren Joghurt gegessen, als das Leben auf einmal aus ihrem Körper wich. Sie hatte nicht gelitten.

Vor der Tür zu ihrem Zimmer fragte ich meine ältere Schwester Beatrice:

»Magst Du mit uns hineingehen?«

»Nein! Ich möchte sie so in Erinnerung behalten, wie sie gelebt hat. Ihren Leichnam möchte ich nicht sehen.«

Ich nickte. Ihren Wunsch konnte ich für mich akzeptieren. Jeder von uns musste selbst entscheiden, wie er mit dem Tod umgehen wollte. Ich beschloss in diesem Moment, mich der Konfrontation mit dem Tod zu stellen. Von meiner Mutter hatte ich mich ja nie verabschieden können, und auch meinen Großvater hatte ich nicht wieder gesehen. Mit dem Willen, meine Oma zu sehen und zu verabschieden, betrat ich ihr Zimmer. Ich nahm einen tiefen Atemzug und stieß ihn wieder aus. Es war ganz still. Das Fenster war geöffnet an diesem schönen, warmen Herbsttag. Die weißen Gardinen wiegten sich sanft im Wind. Ich drehte mich zu ihr und trat an das Fußende ihres Bettes heran. Ganz bleich lag sie da, den Mund weit geöffnet, die Augen geschlossen. Trotzdem wirkte sie ganz entspannt. Ich war nicht alleine.

Mein Vater, der mit mir das Zimmer betreten hatte, ging auf sie zu und berührte sie vorsichtig. Ich beobachtete ihn und wartete. Ich wollte ihn nicht stören und ihm Zeit geben, sich zu verabschieden. Dann drückte er sich nochmals fest an sie, so als würde er jegliche noch vorhandene Energie in sich aufnehmen wollen. Einige Minuten verharrte er vor ihrem Bett. Er weinte, küsste und berührte sie. Alles, was er noch hatte, waren wir, seine Kinder. Sein Vater, seine Frau und seine Mutter waren gegangen, für immer.

Als er aufstand, schaute ich ihn an. Er gab mir zu verstehen, dass er sich nun verabschiedet hatte. Dann trat auch ich an ihr Bett heran. Ich betrachtete sie. Seitdem wir ihr Zimmer betreten hatten, war die Zeit stehen geblieben. Ich berührte sie vorsichtig an der Stirn und streichelte sie. Noch nie war ich meiner Großmutter so nahe gekommen. Das hätte sie nie zugelassen. Berühren konnte ich sie erst jetzt nach ihrem Tod, es war wie ein Geschenk, für das ich ihr immer dankbar sein werde. Trotz aller Schwierigkeiten, die wir je miteinander gehabt hatten, konnte sie mir in diesem Moment etwas geben, das mir niemand anders auf dieser Welt hätte geben können. Ich begriff.

»Das ist also der Tod, und so fühlt er sich an.«

Ihre Haut war ganz weich. Ich streichelte sie über den Kopf und gab ihr einen Kuss auf die Stirn. Es fühlte sich ganz normal an. Ich kniete mich vor das Bett und betete für sie. Dann verabschiedete ich mich von ihr.

Ich trat aus dem Zimmer und ging auf den Balkon des Altersheimes. Es lag mitten in einem Waldstück. Die Sonne strahlte mir warm ins Gesicht. Ich streckte meine Arme nach oben zum Himmel und atmete tief durch. Ich nahm diesen Moment ganz bewusst in mich auf und spürte ihn mit all seinem Schmerz. Nachdem sich auch meine jüngere Schwester Nadja verabschiedet hatte, verließen wir diesen Ort des Schmerzes und des Verlustes.

Leider musste unsere Familie nun auch wieder durch den anstrengenden Ablauf mit der Trauerhilfe. Als die Beerdigung stattfand, war der Gottesdienst für mich ziemlich schwierig, denn der Pfarrer hatte schon die Beerdigung meiner Mutter begleitet. Es kamen all die alten Gefühle hoch, die ich während der Beerdigung meiner Mutter erlebt hatte. Mir war alles zu viel. Die Emotionen überrollten mich.

Der Tod meiner Großmutter war der Grundstein für meine Trauerarbeit. Obwohl ich erst vier Jahre später wirklich an meine Trauer herankommen konnte, so war dieser Moment ein wichtiger erster Schritt gewesen. Ich glaube heute, dass er den Trauerprozess erst anstieß, denn meine Gefühlswelt änderte sich in den folgenden Monaten gravierend. Ich ließ andere Menschen wieder näher an mich heran. Ich konnte jedoch durch das Erlebte den Verlust meiner Mutter nicht mehr ignorieren und begriff nach 12 Jahren endlich, wie der Tod sich anfühlte.

Den eigentlichen Schmerz aber hatte ich bis zu meinem Zusammenbruch nicht an mich heranlassen können. Dies galt auch für alle anderen Menschen, die ich in meinem Leben verloren hatte. Hätte ich nur früher die Möglichkeit gehabt, dies zu begreifen. Es wäre sicherlich vieles anders gekommen.

17

I

ch wünschte mir weiterhin, mein Leben soweit im Griff zu haben, dass ich nicht mehr auf eine Therapie angewiesen war. Auch die Gruppentherapie hatte nichts daran geändert, dass ich in manchen Phasen nicht so gut vorankam.

Immer und immer wieder verlor ich meinen Glauben daran, ob ich jemals in der Lage sein würde, völlig zu genesen. Ich wollte zu sehr etwas erzwingen, was nicht zu erzwingen war. Ich konnte nur eine Tür nach der anderen durchschreiten, und das zugehörige Schloss konnte ich einmal schneller, einmal langsamer öffnen. Auch wenn ich wusste, was sich hinter der Tür befand, war es oft nicht leicht, diese überhaupt zu öffnen und hindurchzugehen. Oft wusste ich nicht einmal, dass ich durch eine Tür gehen musste. Erst durch zufällige Erkenntnisse oder Erzählungen meiner Mitpatienten wurden neue Möglichkeiten sichtbar.

Eine der Türen hatte sich ganz zufällig geöffnet, als ein Mitpatient uns von seiner Ehefrau erzählte. Mit ihr befand er sich in einem Sorgerechtsstreit vor Gericht. Mir wurde ganz anders, als der Mitpatient von seiner bösartigen Frau erzählte, die ihn und seine beiden Kinder heftig schikanierte, kontrollierte und beleidigte. Sogar die gegnerische Anwältin hatte seine Ex-Frau in die Schranken gewiesen und ihn am Ende des Termins verwundert gefragt:

»Sagen Sie, wieso haben Sie diese Frau überhaupt geheiratet?«

Nach seinen Schilderungen war ich sehr aufgebracht und traurig. Ich empfand Mitleid für seine Kinder, die ja völlig unschuldig an dem Streit der Eltern waren. Vor allem für seine dreizehnjährige Tochter tat es mir leid.

All diese Schilderungen ließen Erinnerungen an Mariella in mir hochsteigen.

»Oh mein Gott! Wäre unser Kind damals zur Welt gekommen, es wäre in demselben Alter wie die Tochter des Mitpatienten!« Mir schossen die Tränen in die Augen.

Also ging es hier um das Kind, das ich selbst nie hatte. Ich versuchte nachzudenken und fand keinen klaren Gedanken. Was war eigentlich damals geschehen? Also, das Kind wurde abgetrieben, ohne mir etwas zu sagen. Diese Wahrheit wurde mir bei einem Streit einfach so ins Gesicht geschleudert. Aber war dies wirklich alles gewesen? Hatte ich mich genug damit auseinandergesetzt? Ich fragte mich, was eigentlich bei einer Abtreibung passiert.

Details zu Abtreibungen waren mir nicht bekannt, so suchte ich im Internet nach Antworten und las Einzelheiten zu medikamentösen oder chirurgischen Schwangerschaftsabbrüchen. Als ich mir ein Internetvideo mit dem Abtreibungsprozess eines Kindes vor der zwölften Woche live in einer Ultraschallaufnahme ansah, war ich schockiert von den Aufnahmen.

Ich fragte mich immer wieder, warum Mariella erst jenseits der zwölften Woche in die Niederlande gefahren war, um das Kind abtreiben zu lassen. Warum hatte sie sich so spät dazu entschieden? Das Kind war meinen Recherchen nach schon weit entwickelt gewesen. Das Herz intakt, die Augenlider und Lippen bewegten sich. Die Vorstellung, dass dieses Kind auf diese Weise und ohne mein Wissen abgetrieben worden war, verfolgte mich.

Die nächste Frage schoss mir durch den Kopf. »Was ist denn mit dem Leichnam passiert?« Auch dies war ein Schock. In einem medizinischen Artikel las ich nach, dass für abgetriebene Embryonen eine Bestattung oft gar nicht stattfindet. Ich rief Beatrice an, und sie bestätigte mir diese Vorgehensweise. Dies alles war zu viel für mich. Ich versuchte das Ganze noch zu verdrängen, aber zu spät! Ich hatte es schon an mich herangelassen.

Endgültig brachen die Dämme, als ich in den Winterferien abends mit Frauke zusammen auf der Couch saß. Ich las gerade ein interessantes Buch, das mir vor einigen Wochen ein mit mir reisender Mann im Zug empfohlen hatte. Dieses Buch über Rituale, die man zur Trauerbewältigung einsetzen konnte, verschlang ich nun Kapitel für Kapitel.

Als ich dort über die Bestattung und den Abschied von Kindern und ungeborenen Kindern las, übermannte mich auf einmal so viel Schmerz, dass ich auf der Couch zusammenbrach.

Zum ersten Mal sah Frauke mich hilflos an. Meine Reaktion war so heftig, dass ich mich nicht einmal von ihr trösten lassen wollte. Sie versuchte mich festzuhalten, aber ich riss mich los und lief in die Küche. Ich konnte nicht anders. Ich versuchte verzweifelt, mich abzulenken. Ich musste kochen, schnell! Wie besessen schälte ich Gemüse und brach fortlaufend in Tränen aus.

Frauke blieb im Wohnzimmer. Ihr hilfloser Blick holte mich immer wieder ein, aber ich konnte nichts tun. Ich hatte einfach keine Kraft, mich mit ihr auseinanderzusetzen. Ich musste für mich alleine sein, und allmählich konnte ich mich wieder beruhigen.

In den nächsten Wochen stiegen ständig meine Schmerzen in mir hoch. Manchmal äußerten sie sich in Traueranfällen, und manchmal in richtigen Wutanfällen gegenüber Mariella. Wäre ich damals nicht so schwach und entwaffnet gewesen, hätte ich mich wohl schon vor Jahren mit ihr direkt auseinandergesetzt. Aber zumindest fand ich nun eine Möglichkeit, den Schmerz nachträglich auszudrücken. All die Jahre hatte ich Probleme mit Frauen gehabt, manchmal regelrechte Hassgefühle gegen sie. Der Schmerz hatte mich daran gehindert, Frauen wirklich an mich herankommen zu lassen und ihnen zu vertrauen. Und daran war ich auch mit meiner Therapeutin beim ersten Versuch einer ambulanten Therapie letztendlich gescheitert.

Ich kramte meine alten Bilder aus der Klinik hervor und fand ein Bild, das ich mit Erstaunen betrachtete. In einer der Kunsttherapiestunden hatten wir uns aus einem Stapel Karten mit verschiedenen Abbildungen ausgesucht. Wir sollten die Karten auf ein großes Blatt Papier legen und dieses dann bemalen. Auf dem Bild, das ich nun in der Hand hielt, war ganz deutlich ein Kind in liegender Position abgebildet. Es war über einen schwarzen Strang mit zwei Menschen, die sich liebten, verbunden. Bis jetzt hatte ich immer gedacht, dieses Bild hätte für mich und meine Eltern gestanden. Aber nein! Es waren Mariella und ich, und das Kind, das nie geboren wurde. Ich hatte ein Messer über den Kopf eines Elternteils gemalt und bisher angenommen, dass es für die versteckten Aggressionen gegenüber meiner Mutter stand. Aber offensichtlich symbolisierte es die Wut angesichts von Mariella Handlungen. Das Kind schützte ich mit dem gemalten Messer vor einer schwarzen Fledermaus. Sie wollte es attackieren. War dies vielleicht symbolisch die Abtreibung, die ich gerne verhindert hätte? Ich starrte das Bild an.

»Es tut mir so leid! Ich habe Dich nicht beschützen können.«

Ich glaubte, alles falsch gemacht zu haben. Die Last der Schuldgefühle war erdrückend für mich. Auch wenn ich mir immer wieder zu sagen versuchte, dass ich diese Entscheidung nicht getroffen hatte, so fühlte ich mich mitschuldig an dem, was passiert war. Ich fragte mich, ob ich nicht vielleicht etwas hätte anders machen können.

Ich konnte nie wirklich verstehen, was Mariella zu diesem Schritt brachte. Ihre Vergangenheit und ihre gravierenden Erlebnisse blieben mir verborgen. Hätte ich gewusst, was ihr früher wiederfahren war, hätte ich es vielleicht verstehen und ihr verzeihen können. Ihr Wille, die Kontrolle über ihren Körper behalten zu wollen, musste überaus stark gewesen sein. Anders ließ sich alles nicht erklären.

Manche Freunde konnten meine Aufregung und meinen Schmerz gar nicht nachvollziehen.

»Das ist doch schon so lange her, Alex! Mach Dir keine Gedanken mehr. Es war doch nur ein Zellklumpen, und Du weißt doch nicht einmal, ob sie Dich nicht angelogen hat.«

Solche Deutungen taten mir weh. Mir war der Verlust emotional widerfahren. Und es war ja auch nicht nur der Verlust des Kindes gewesen, der mir alleine wehtat, sondern auch die Sehnsucht, meine Rolle als Vater zu erfüllen und eine Familie gründen zu können, etwas, das mir bisher verwehrt geblieben war. Die meisten meiner Freunde hatten etwas Vergleichbares nie erlebt.

Ein Kind ohne Namen. Ohne Geburtsdatum. Kein Ort, an dem es begraben liegt. Junge oder Mädchen? Wie sollte man denn so etwas begreifen können?

Dies war aber noch nicht alles. Eines Tages rang ich bereits auf dem Weg zur Gruppensitzung mit den Tränen. Den ganzen Tag fühlte ich mich schon so. Eine Patientin kam vor der Praxistür auf mich zu und nahm mich in den Arm.

»Hallo, Alex, alles gut bei Dir?«

»Ja und nein!« Ich brach wieder in Tränen aus. Es fiel mir so schwer, mich zu beherrschen.

In der Gruppe konnte ich zunächst nicht darüber sprechen. Ich winkte ab, als mich der Therapeut fragte, ob alles in Ordnung sei. Ich nickte lediglich, denn die Gefühle strömten ungehindert aus mir heraus. Ich hatte Angst, komplett die Kontrolle über mich zu verlieren, wenn ich nur den Mund aufmachte. Am Ende der Stunde hatte ich so viel geweint, dass ich doch noch fähig war, einige Worte zu sprechen.

»Ich wollte Euch nur sagen, dass es mir gut geht. Tut mir leid, dass ich so viel weine, aber es ist etwas ganz Gutes passiert, und das tut mir gleichzeitig so unendlich weh!«

Seitdem der Schmerz über den Verlust meines ungeborenen Kindes herausgebrochen war, fühlte ich mich seltsam verändert. Es tat sehr weh, und doch fühlte ich mich erleichtert. Der Schmerz über das verlorene Kind hatte mich wohl auch so lange beschäftigt, weil er durch die Trauer über meine Mutter und meinen Großvater zugedeckt gewesen war. Vermutlich hatten alle Verluste eine gravierende Rolle gespielt.

Dazu kam, dass ich vor einigen Wochen eine Frau kennengelernt hatte. Sie war mir über den Weg gelaufen, und Amors Pfeil hatte mich getroffen. Alles Vorherige wurde infrage gestellt.

So etwas war mir wirklich noch nie passiert. Wenn ich mich in meinem bisherigen Leben richtig verliebt hatte, war ich immer abgewiesen worden. In die bisherigen Beziehungen war ich oft hineingeschlittert und hatte mich nie richtig angenommen gefühlt. So auch bei Frauke. Ja, ich mochte sie und sie war mir eine große Hilfe gewesen, aber jetzt begriff ich erstmals, dass ich sie nicht liebte. Mein Gefühl, in eine andere Frau verliebt zu sein, durchströmte mich von Kopf bis Fuß.

All die Jahre hatte ich gekämpft und Probleme gehabt, war depressiv gewesen. Die nicht gelebte Trauer hatte verhindert, dass ich mein Leben weiterlebte und jemanden an mich heranließ. Ich hatte immer gedacht, ich wäre nicht fähig gewesen zu lieben oder mich zu binden. Aber in Wahrheit war die Fähigkeit zu lieben stets in mir gewesen. Nur deswegen hatte ich so gelitten und getrauert, weil ich alle Gefühle unterdrückt hatte. Das war es gewesen, was die Bezugsschwester meinte, als sie sagte, ich würde Liebe an Schmerz koppeln. Und erst das Hindurchgehen durch die Trauer ermöglichte es mir wieder zu lieben.

»Der Platz in Ihrem Herzen war besetzt, Herr Feodor, und zwar von Ihrer Mutter! Sie mussten sich erst trennen.« Dies ergab wirklich Sinn.

»Oh nein, wie sage ich es Frauke?«, fragte ich in der Gruppe. Alle nickten und verstanden mein Problem nur allzu gut. Es hatte keinen Sinn, ein Leben mit einer Frau zu verbringen, wenn ich emotional nicht bei ihr war. Mir waren meine Gefühle in Beziehungen einfach nie klar gewesen, weil sie durch den Schmerz verdeckt gewesen waren.

Und das mit Abstand Schmerzhafteste war, dass ich jetzt einen Ort sehen konnte, den ich vorher nie hatte betrachten können. Es war entsetzlich, festzustellen, wie lange ich mein Leben ohne dieses Gefühl der Liebe und der Nähe geführt hatte.

Bisher hatte ich immer gedacht, es seien nur die Trauer und der Verlust der Menschen in meinem Leben, die mich so schmerzten. Nun aber spürte ich, wie wenig meine eigene Mutter in meinem Leben präsent gewesen war, und dies schon vor ihrem Tod. Natürlich hatte ich dies vorher gewusst. In diesem Ausmaß gespürt hatte ich es jedoch nie.

Ich versuchte mich zu erinnern, wann meine Mutter mich das letzte Mal in den Arm genommen hatte. Wann hatte sie mir das letzte Mal gesagt, dass sie mich liebte, oder mir das Gefühl gegeben, ihr Sohn zu sein? Dies war in den letzten Jahren vor ihrem Tod gar nicht mehr vorgekommen. Mein Vater hatte unter der kalten Beziehung zu seiner eigenen Mutter gelitten, und meine Schwestern und ich waren genau in derselben Situation gewesen. Ich hatte dies nie sehen wollen.

Meine Mutter hatte in ihrer Familie genau dasselbe durchgemacht. Durch ihre Krankheit war sie nur mit sich selbst beschäftigt gewesen. Die Verantwortung für ihr Leben hatte sie an andere, an uns Kinder, abgegeben. Sie, die selbst unter ihrer harten Mutter und dem Verlust ihres Vaters gelitten hatte, hätte es eigentlich besser wissen müssen. Wann hatte alles angefangen? Sie war nicht immer krank gewesen, denn ich hatte auch viele gute Erinnerungen an sie. Und doch musste schon sehr lange etwas nicht in Ordnung gewesen sein. Vielleicht war ich auch schon als Kleinkind alleine gewesen? All diese Gedanken taten sehr weh. Ich erinnerte mich an mehr und mehr Szenen, in denen mich meine Mutter abgewiesen hatte.

Zwei Jahre vor ihrem Tod kam meine Mutter wegen Nierenproblemen ins Krankenhaus. Als ich sie dort besuchte, lächelte sie nicht einmal. Sie hatte ihren depressiven, ausdruckslosen Ausdruck auf ihrem Gesicht. Ich wollte ihr doch nur etwas Gutes tun und für sie da sein. Sie aber stieß mich weg. Als ich mich daran erinnerte, spürte ich noch immer den starken Druck in der Magengegend.

Daheim war meine Mutter oft überlastet, wusste sich nicht zu helfen und gab uns die Schuld für ihre Probleme. Diesen Gedanken konnte ich schwer ertragen. Eines Tages schrie sie mich an, weil ich aus Versehen eine Geltube fallen gelassen hatte. Diese war ihr auf den Fuß gefallen und explodiert. Es traf mich tief, wenn meine Mutter mich so anging.

Des Öfteren griff sie auch meine Schwester Nadja sehr hart an. Auf eine Entschuldigung warteten wir alle vergebens. Ein anderes Mal vergaß sie Nadja einfach im Kindergarten. Nadja hing dies lange nach, da dieses Vergessen dafür stand, dass sich meine kleine Schwester wohl ebenfalls von meiner Mutter vernachlässigt gefühlt hatte.

Meine Mutter war depressiv gewesen, die ganzen letzten Jahre, und niemand von uns hatte es wahrhaben wollen. Ich fragte meinen Vater. Er sagte mir, er habe sie in den letzten Jahren auch eher als depressiv wahrgenommen. Dass sie aber regelmäßig geweint und damit ihren traurigen Gefühlen Ausdruck verliehen habe, konnte er nicht behaupten. Auch ich erinnerte sie als wütend und schreiend, oder depressiv vor sich hinstarrend.

Nur einmal begann sie laut schreiend zu weinen. Das war, als sich der Freund meiner Cousine erschossen hatte. Den genauen Grund für seinen Selbstmord erfuhren wir nicht. Er litt an Schizophrenie und hatte seinem Leben ein Ende gesetzt. Meine Mutter hatte ihn nicht gut gekannt, und vielleicht bahnte sich mit ihren Schreien etwas aus ihrer Vergangenheit den Weg, was sie dringend hätte bearbeiten müssen.

Trotz allem kannte ich meine Mutter auch als sehr humorvolle Frau, wenn es ihr gut ging. Sie hatte viele Talente und war künstlerisch und sprachlich begabt. Und sie besaß eine natürliche Intelligenz, die ihresgleichen suchte. Ihr eigenes Leben betreffend, hatte sie sich jedoch nicht helfen lassen können.

An einem Punkt dieses eher schleichenden Prozesses führte ihre Krankheit zur völligen Abschottung. Mein Vater versuchte ihr zu helfen, aber sie wollte sich nicht helfen lassen. Ich fragte mich, warum mein Vater dieses Verhalten meiner Mutter so lange mitgemacht und sie nicht verlassen hatte. Vielleicht hätte dies eine Krise bei ihr ausgelöst, und sie wäre bereit gewesen, Hilfe anzunehmen?

An genau diesen Punkt gelangten sie eines Tages. Es ging meiner Mutter durch ihre Lebensweise körperlich schon so schlecht, dass sie neben Nierenproblemen und Bluthochdruck bereits auf einem Auge langsam erblindete. Dadurch verstärkten sich ihre Depressionen und ihre Ängste. Trotzdem rauchte sie weiter und änderte nichts an ihrem Lebensstil. Jedoch hatte sich etwas in ihrem Verhältnis zu meinem Vater geändert, der inzwischen ausgezogen war.

In einem Brief an meinen Vater entschuldigte sich meine Mutter für all die Jahre, in denen sie ihm Kummer bereitet hatte. Sie begann zu verstehen, dass sie zumindest an ihrer Misere mitschuldig war. Mein Vater zog wieder zu uns und gab seine Wohnung auf. Jetzt verbrachten meine Eltern wieder mehr Zeit miteinander. Meine Mutter lachte wieder mehr. Sie wurde ruhiger, war aber deutlich geschwächt. Und als meine Eltern endlich den richtigen Weg einschlagen wollten, da schlug das Schicksal zu.

Mit dem Ausbruch meiner Gefühle veränderte sich nochmals vieles in mir. Im März 2013 fühlte ich, dass ich mein Leben nun endlich fortführen konnte. Nach meinem Zusammenbruch hatte ich dies bereits getan, einen riesigen Problemberg vor mir herschiebend. Jetzt glaubte ich endlich daran, dass ich den Großteil meiner Probleme bewältigt hatte. Einen Teil meiner Vergangenheit wollte ich ruhen lassen. Nach zwanzig Jahren fand ich endlich zu mir.

Nicht alles war perfekt. Ich wusste, dass das Erlebte immer ein Teil von mir sein würde. Der Verlust von drei Menschen, die mir alles auf dieser Welt bedeuteten, und viele weitere Rückschläge, die ich und meine Familie in den letzten zwanzig Jahren erfahren hatten, hinterließen ihre Spuren für immer. Es würden Narben bleiben, aber unsere Familie hatte wieder zusammengefunden.

Nun war ich ruhiger geworden und schlief viel besser. Natürlich würde es noch brauchen, bis ich alle negativen Gefühle meiner Mutter gegenüber, und auch den Verlust meines Kindes, aufgearbeitet haben würde, aber ich befand mich auf einem guten Weg. Nicht alles an meiner Mutter war schlecht gewesen, aber ich hatte sie zu lange glorifiziert und meine erlittenen Enttäuschungen nicht sehen wollen. Trotz allem liebte ich sie.

Wenn ich zuhause die alten Bilder meiner Mutter betrachtete, konnte ich die Depression in ihrem Gesicht erkennen, denn ich hatte ja mittlerweile viele depressive Gesichter gesehen. Diese Fotos, auf denen sie überhaupt nicht glücklich aussah, hatte ich überall im Regal stehen. Ich hatte sie bisher aus sentimentalen Gründen aufbewahrt. Aber nun packte mich eine solche Wut, dass ich diese

Bilder spontan vom Tisch fegte und sie zerriss. Ich wollte meine Mutter nicht so in Erinnerung behalten, sondern jene Momente für mich bewahren, in denen ich sie als glücklich erinnerte. Und diese Momente gab es, auch wenn diese selten waren.

Ich war frei! Ich konnte sehen, was sie getan hatte, und es hatte keine Macht mehr über mich. Der Schmerz beherrschte nicht mehr mein Leben.

Und ich fühlte, dass ich meine Mutter endlich loslassen wollte. Sie sollte gehen, auch wenn sie trotzdem für immer in meinem Herzen bleiben würde. Deswegen organisierte ich zum 20. Todestag ein Treffen unserer Verwandtschaft, um uns gemeinsam zu erinnern und ihrer Seele zu gedenken. Es kamen nicht viele, aber die wichtigsten Verwandten.

Es war kalt und windig am Friedhof. Kein schöner Tag, wie derjenige, an dem wir sie begraben hatten. Wir schritten langsam in Richtung des Grabes und unterhielten uns. Mein Vater hatte das Kinn fast auf die Brust gelegt und setzte einen Schritt vor dem anderen. So gefühlsbetont wie in den letzten Monaten hatte ich ihn noch nie gesehen. Ich wusste nicht warum, aber offenbar hatte ich in ihm durch meine Fragen und meine Trauer einige Veränderungen hervorgerufen. Ich fand es wundervoll zu sehen, wie ein Mann seines Alters sich noch verändern konnte. Früher hatte ich oft den Spruch gehört:

»Was Hänschen nicht lernt, lernt Hans nimmermehr!«

Welch ein Unsinn, mein Vater war das lebende Beispiel für das Gegenteil! In den letzten Monaten hatten wir regelmäßig von meiner Mutter gesprochen, und ich konnte sehen, wie viele Gefühle in ihm waren.

Ich war mir eine Zeit lang nicht sicher gewesen, ob er sie wirklich geliebt hatte. Anfangs hatte ich ihn für das Leiden meiner Mutter mit verantwortlich gemacht, weil ich dachte, er sei ohne Liebe und Zuwendung für sie gewesen. Aber es stimmte nicht. Vielleicht war er ein Teil der Probleme gewesen, aber sicherlich hatten beide Fehler gemacht. Wenn ich mich selbst betrachtete, konnte ich wohl schlecht behaupten, unfehlbar zu sein. Ich selbst hatte recht viele

Fehler in den letzten Jahren begangen, wieso sollte ich einen Stein werfen?

Mein Vater hatte vieles über meine Mutter erzählt, und etliche meiner Zweifel über ihre Ehe waren verschwunden. In diesem Moment rang ich mich zu einer für mich wichtigen Frage durch:

»Sag mal ... wo möchtest Du eigentlich begraben werden?« Er zögerte keinen Moment.

»Hier bei der Mama.«

Mir ging das Herz auf und meine Augen füllten sich mit Tränen. Mein Vater hatte meine Mutter immer geliebt. Das hatte sich auch nach ihrem Tod nicht geändert, trotz ihrer gemeinsamen Schwierigkeiten. Ich musste nicht alles verstehen, was in meinem Vater vorging, aber dies war mir ein wichtiges Anliegen gewesen.

Wir versammelten uns alle um das Grab und blickten auf die Grabinschrift.

»Mein Gott, zwanzig Jahre!«, seufzte mein Onkel.

»Ja, eine lange Zeit!«, fügte mein Vater hinzu.

Wir verweilten einige Zeit an dem Grab. Nach einer Zeit des Schweigens nahm mein Onkel einen Stein aus seiner Tasche und legte ihn auf das Grab.

»Liebe Ninnie, das ist für Dich!«

Ich betrachtete die Inschrift.

»Wir vermissen Dich!«

Auf einmal fielen solch dicke Schneeflocken vom Himmel, wie ich sie selten gesehen hatte. Die Schneeflocken verwandelten unsere Traurigkeit. Ich lächelte.

»Liebe Mami, ich liebe Dich und vermisse Dich für immer!«

Epilog

EPILOG

Die wichtigsten Dinge sind gesagt worden, denke ich. Jede weitere Erzählung wäre nur eine Abfolge von wiederkehrenden Mustern, die hoffentlich eines Tages komplett aufgelöst sein werden. Der Prozess meiner Trauer wird lebenslang voranschreiten und immer ein Teil von mir sein.

In der heutigen Gesellschaft ist es zunehmend schwieriger geworden, zu trauern und sich eigenen emotionalen Belangen zuzuwenden. Einerseits liegt es wohl daran, dass immer mehr Leistung bei gleichzeitiger Reizüberflutung abgerufen wird. Andererseits liegt es wohl auch an der zunehmenden Anonymität und menschlichen Kälte in einer Gesellschaft, in der Verbindlichkeit und menschliche Nähe zunehmend gestört sind. Indem Tod und andere Probleme des alltäglichen Lebens tabuisiert werden, wird es uns immer schwerer fallen, uns um uns selbst zu kümmern. Dies ist aber wichtiger denn je. Menschen leben durch ihre Erfolge und ihre Misserfolge. Niemand ist perfekt und niemand ist unfehlbar, jedoch leider sehen es nicht alle so. Die heutige Gesellschaft kontrolliert, reguliert und lässt wenig Spielräume für Fehler. Vor allem in der Wirtschaft gilt das Minimalprinzip, also größtmögliche Ausbeute mit geringstem Aufwand. Aber warum gilt dies nicht auch für unser Arbeitsleben? Viele haben sich bereits sehr angepasst und spielen dieses Spiel besser als jemals zuvor.

Auch mir ging es so. Ich hatte mich aufgearbeitet. Aber nach einem kompletten Zusammenbruch habe ich es geschafft, mich aus einer Depression und Angststörung herauszuarbeiten, mein Leben neu zu ordnen und zu verändern. Seitdem ich mir vor Augen halte, dass es im Leben um die Hinwendung zu unseren »seelischen Verwundungen« geht, sehe ich Diagnosen wie Burn-out und Depression ganz anders.

Es gibt Menschen auf dieser Welt, die Verluste und Traumata relativ unbeschadet überstehen, nicht weil sie verdrängen, sondern weil sie diese gut verarbeiten können. Sie haben gelernt, wie man richtig fühlt. Aber nicht alle Menschen haben dies in ihrem Leben gelernt. Wenn dies der Fall ist, dann ist jede Verarbeitung schwer oder gar unmöglich, und man kann an vermeintlichen Nichtigkeiten des Lebens zerbrechen.

Das Wichtigste meines Genesungsprozesses war, dass ich mich aus eigenem Antrieb entschloss, mir helfen zu lassen. Ich kam damals an einen Punkt, an dem ich nicht mehr leugnen konnte, dass etwas nicht stimmte. Mich auf die Therapie einzulassen, fiel mir jedoch keineswegs leicht, da ich mich überaus großen Schmerzen stellen musste. Im Leben braucht man unbedingt Menschen, die einem helfen, und das müssen nicht immer enge Freunde und Familienmitglieder sein. Manchmal kann gerade auch ein Fremder Dinge in uns auslösen, von denen wir nie dachten, dass sie in uns stecken.

Wenn man aber nicht bereit ist, sich auf diesen Prozess einzulassen, wird man nie wirklich den Weg in ein völlig gesundes Leben gehen können. Natürlich gibt es bisweilen auch Menschen, die Selbstheilungskräfte mobilisieren und sich selbst wiederfinden können. In der Klinik habe ich jedoch viele Menschen gesehen und auch später von vielen gehört, die nach wie vor zu kämpfen haben.

Für mich war es sehr wichtig, in die Klinik zu gehen. Ich habe diese Entscheidung nie bereut. Gerade durch die Intensität und die Vielzahl der Therapeuten, die gleichzeitig mit mir arbeiteten, konnte ein viel genaueres Bild meines Inneren aufgezeigt werden. Eine normale ambulante Therapie schafft dies nicht in so kurzer Zeit. Die Klinik war das Diagnosemittel und zugleich die Vorbereitung. Mit der anschließenden ambulanten Therapie und meiner eigenen Arbeit mit mir selbst erfolgte die wirkliche Aufarbeitung.

Vielleicht hätte ich einige Erlebnisse alleine bewältigen können, wenn sie nach und nach in meinem Leben passiert wären. Vielleicht hätte ich angemessen auf sie reagieren können, wenn ich jemanden an meiner Seite gehabt hätte, der für mich so da gewesen wäre, wie ich es gebraucht hätte.

Trotz aller Erlebnisse habe ich mich heute gut entwickelt und lebe mein Leben viel besser, als ich mir dies je hätte vorstellen können. Ich lebe heute viel bewusster und habe meinen Zusammenbruch nie bereut.

Habe ich in der Therapie immer alles richtig gemacht? Das glaube ich nicht. Ich bin ständig wieder in dieselben Fallen getappt, bis ich endgültig meine Widersprüche verstanden hatte. Ab und zu ging ich einen Schritt nach vorne, dann wieder drei zurück.

War ich immer mit voller Disziplin dabei? Dies fiel mir auch anfangs insofern nicht schwer, da der Leidensdruck einfach zu groß war, um nicht bei der Stange zu bleiben. In der Therapie zeigte ich große Disziplin, und ich arbeitete wirklich an mehreren Fronten, um zu genesen. Man kann jedoch nicht die ganze Zeit damit verbringen, in seinem eigenen Kopf herumzuwühlen. Der Kopf benötigt auch Pausen. Daher habe ich diese Pausen dazu genutzt, immer wieder andere Bereiche zu bearbeiten. Ich habe mich abwechselnd auf meine Arbeit, meine Beziehungen, sowie auf meine körperliche und psychische Gesundheit konzentriert. Ich bezeichne diese Bereiche als meine drei Säulen, auf denen mein Leben aufgebaut ist. Als ich meinen Burn-out hatte, stand keine einzige der Säulen. Ich war völlig überarbeitet, hatte kaum soziale Kontakte und war körperlich eingefallen und schlecht ernährt.

Um ein stabiles Leben zu führen, sollten alle drei Säulen ausgeglichen sein und sich stetig weiterentwickeln. Immer wieder im Leben können diese Säulen wegbrechen, das wird sich nicht vermeiden lassen.

Man darf zwei Dinge nicht verwechseln, die Melancholie und die Trauer. Die Trauer ist für mich eher als »gesunder« Vorgang zu betrachten, bei dem man sich von Menschen und Dingen verabschiedet. Man kann und muss vieles im Leben betrauern. Dazu gehören Abschiede von Lebensabschnitten, Menschen und materiellen Dingen, und vieles mehr.

Die Melancholie aber ist ein Zustand von unerfüllbarer Sehnsucht, welcher sich in Kunst und Literatur zuhauf findet. Auch mit dieser Sehnsucht sollten wir uns beschäftigen. Wenn wir uns jedoch zu lange in der Melancholie aufhalten, erstarren wir und erfahren keine Entwicklung. Wir ergeben uns dem Schmerz und verschleppen ihn.

Wie ich mir die Zukunft vorstelle? Schwer zu sagen, bei einer sich so rasant verändernden Welt. Unsere Eltern hatten noch Zeit, sich auf viele Dinge einzulassen. Damals dauerte beispielsweise ein Briefverkehr noch deutlich länger. Während sich jetzt alles so schnell weiterentwickelt, wird es immer schwerer, stehenzubleiben und aus dem Hamsterrad auszusteigen. Es wächst der Arbeitsdruck bei fehlender Arbeitsplatzsicherheit und steigender Informationsflut. Die Selbstverständlichkeit, mit der Menschen in der Arbeitswelt Ungerechtigkeiten und unrealistische Arbeitsvorgaben hinnehmen oder diese sogar an Ihre Angestellten und Kollegen weitergeben, wird den bestehenden Trend schwer umkehrbar machen. Alles, was man tun kann, ist zu versuchen, die »Säulen« im Griff zu behalten und sich abzugrenzen.

Manche Menschen können einfach nicht aus ihren Hamsterrädern heraus. Sie sind in ihnen gefangen, weil sie entweder durch äußere oder innere Faktoren festgehalten werden, wie durch die Arbeit, durch ihre Bildung, durch finanzielle Probleme, oder durch ihre Partner und Familien, vielleicht auch einfach durch ihre Ängste. So bleibt ihnen nur, ihr Leben möglichst ausgeglichen zu führen, sich abzugrenzen und sich eine Insel der Ruhe aufrechtzuerhalten.

Es wird sich vieles verändern müssen, um den gegenwärtigen gesellschaftlichen Trend zu stoppen. Wir sind eine Burn-out-Gesellschaft. Solange es dem Menschen bei schnell voranschreitender technischer Entwicklung nicht möglich ist, sein Gehirn langsam darauf einzustellen, solange der Stress in der Gesellschaft durch die heutigen marktwirtschaftlichen Systeme aufrecht erhalten wird, solange Menschen sich nicht für ihre persönlichen Bedürfnisse sowie für die angemessene Verarbeitung ihrer Lebensereignisse Zeit nehmen, so lange werden wir auch eine »Burn-out-Gesellschaft« bleiben!

Man sollte herausfinden, was einem guttut und was nicht. »Bleibe bei Dir! Schaue auf Dich! Hilf anderen Menschen, aber erst, wenn Du Dir sicher bist, dass Du in Dir gefestigt bist! Dein Leben kann nur richtig gelebt werden, wenn Du Dich um Dich selbst kümmerst! Mit Egoismus hat das wenig zu tun! Es ist Dein Leben, Dein einziges!«

Danksagungen

Danke

Ich bedanke mich herzlich bei allen Menschen, die mich in meinem Leben begleitet haben und es mir ermöglicht haben, dieses Buch zu schreiben und zu veröffentlichen. Ganz besonders danke ich meiner Familie, dass wir wieder zueinander gefunden haben. Wir waren nie wirklich getrennt! Der Schmerz war einfach zu stark!

Ich danke meiner Mutter, die mir viele ihrer guten Eigenschaften weitergegeben hat und die mir trotz ihres schwierigen Lebens viele gute Eigenschaften mit auf den Weg gegeben hat. Ich wünschte wir hätten noch viele Jahre zusammen gehabt.

Mein Dank geht an Doris Breitschaft: «Liebe Dodo, danke für Deine Hilfe und Deine guten Ratschläge!«

Ich danke Florian Winkler für die Vorschläge und Illustrationen dieses Buchs!

Ich danke meinem Vater für sein Verständnis und seine Hilfe, obwohl er in diesem Buch nicht besonders gut weggekommen ist. »Papa, Du hast mir gezeigt, dass man sich noch im Alter verändern kann, und ich bin froh, dass wir immer so offen über alles reden können. Ich weiß, Du hattest es schwer.«

Ich danke meiner kleinen Schwester dafür, dass sie diesen Kampf mit mir gefochten hat. »Du weißt, was es bedeutet, diesen Weg gehen zu müssen!«

Ich danke meiner großen Schwester, dass sie sich in einer schweren Zeit für uns aufgeopfert hat, und ich bin froh, dass ich Dein Bruder sein darf. Du bist Diejenige, die mir den entscheidenden Tritt gegeben hat.

Ich danke meinem Onkel und meiner Tante für Euren Beistand, Eure Ehrlichkeit und die vielen Gespräche.

Darüber hinaus danke ich meinen engsten Freunden für ihren Beistand und ihre Hilfe in all diesen Jahren. Ganz besonders danke ich dabei, Miles, Didi & Esther, Steven Graves (Munich Kettlebells), Tobi, Maurice, Mirko, Jürgen, Tim K. (Danke für das Lektorat!), Melanie, Kosta, Eva, Pina, ...

... und Dir natürlich! Alles wird gut!

Literaturverzeichnis

Literatur verzeichnis

Seite 59 ◎ »Konzentrative Bewegungstherapie«
de.wikipedia.org/wiki/Konzentrative_Bewegungstherapie

Seite 84 ◎ »ICD-10«, ICD-10 steht für die aktuelle Ausgabe der "International Statistical Classification of Diseases and Related Health Problems«, herausgegeben durch die WHO.

Seiten 106-111 ◎ »Verena Kast, »Trauern – Phasen und Chancen des psychischen Prozesses«, Kreuz Verlag 1999

Seiten 106-111 ◎ »Sich einlassen und loslassen«, Verena Kast, Herder Verlag 2008

Seiten 106-111 ◎ »Zurück ins Leben«, Martina Nicolaidis, Rowohlt Taschenbuch 2005

Seiten 175,176 ◎ »Feng Shui gegen das Gerümpel des Alltags«, Karen Kingston, Rowohlt Taschenbuchverlag 2009

Seiten 175,176 ◎ »Den Willigen führt das Schicksal, den Unwilligen zerrt es dahin«, Seneca

Seite 118 ◎ Informationen zum Krankengeld finden sie im §44 und ff. des SGB V

Seite 121-122,239-240 ◎ »Wenn Frauen zu sehr lieben. Die heimliche Sucht gebraucht zu werden«, Robin Norwood, Rowohlt Taschenbuch Verlag 2008

Seite 191-192 ◎ *de.wikipedia.org/wiki/Eye_Movement_Desensitization_and_Reprocessing*

Seite 202 ◎ »Das Angstbuch«, Borwin Bandelow, Rowohlt Taschenbuch Verlag 2008

Seite 214 ◎ »Letzte Reise und zurück«, Charlotte Janson, Wilhelm Heyne Verlag, 2010

Seite 273 ◎ »DAS LETZTE FEST – Neue Wege und Heilsame Rituale in der Zeit der Trauer«, Nicole Rinder und Florian Rauch, Irisiana Verlag 2012

Copyright by
Alexander Feodor Verlag
Gabelsbergerstraße 48
80333 München
www.alexanderfeodor.de
autor@alexanderfeodor.de

1. Auflage München, 2017

Gesetzt in Fabiol (Innenteil) · Labtop (Umschlag)
Gestaltung freudigerregt.de

ISBN 978-3-9819454-1-6